SILKE RUTHENBERG

SALZ AUF UNSEREN FELDERN
WIE DIE TIERRECHTSBEWEGUNG
AM SYSTEM SCHEITERT

AF223232

SILKE RUTHENBERG

SALZ AUF UNSEREN FELDERN

WIE DIE TIERRECHTSBEWEGUNG AM SYSTEM SCHEITERT

für die Tierheit

Bibliografische Information der Deutschen Nationalbibliothek:
Die Deutsche Nationalbibliothek verzeichnet diese Publikation in der
Deutschen Nationalbibliografie; detaillierte bibliografische Daten
sind im Internet über www.dnb.de abrufbar.
© 2025 Silke Ruthenberg
Titelgestaltung unter Verwendung eines Fotos von dimitrisvetsikas1969
und einer Karikatur von OpenClipart-Vectors
Lektorat: Nicole Huber, Isabella Rupprecht
1. Auflage Juli 2025
Verlag: BoD · Books on Demand GmbH,
Überseering 33, 22297 Hamburg,
bod@bod.de
Druck: Libri Plureos GmbH,
Friedensallee 273, 22763 Hamburg
ISBN: 978-3-8192-4456-8

Inhalt

TEIL 1
Grundsätzliches

TEIL 2
Zerfall und Dekonstruktion

Nicht überall, wo Tierrecht draufsteht,
ist Tierrecht drin

Vorwort –
Ein Überblick über den Status quo

Die Realität setzt sich nicht von alleine durch, sie braucht eine Stimme. Das gilt natürlich auch für die Realität, die die herrschende Spezies der unterworfenen Tierheit bereiten und die einige Menschen verändern wollen.

Im Nachkriegsdeutschland entwickelte sich erst Ende der siebziger Jahre eine politisierte Tierrechtsbewegung, nachdem vergleichbare Bestrebungen mit radikalem und veganem Anspruch in der Weimarer Republik mit der Machtübernahme durch die Nationalsozialisten eliminiert wurden. Wir blicken damit auf bald ein halbes Jahrhundert aktiver politischer Tierrechtsarbeit zurück. Doch die Resultate sind dürftig. Für die Betroffenen ist zumindest quantitativ die Lage deutlich schlimmer geworden. Die Schlachtzahlen in Deutschland haben sich in dieser Zeit verdoppelt. Andererseits kennt heute jeder den Begriff „vegan" und das Label hat in einer sensationellen Weise die Supermärkte erobert. Wir haben unzählige vegane Restaurants und fast überall vegane Optionen – vegan ist zum Bestandteil unserer Kultur geworden. Auch der karitative Tierschutz heute grundsätzlich deutlich besser da. Was vor 50 Jahren noch die schrullige Marotte mannloser älterer Damen war, ist heute anerkanntes

Engagement. Und nicht nur das Retten von Katzen und Hunden ist akzeptiert. Mittlerweile gibt es zahlreiche Reservate für Hühner und Schweine, Bären und Rinder, die mitten in der Tyrannei todesbedrohten Tieren ein würdevolles und sicheres Zuhause bieten, und damit die Idee der Tierrechte Gestalt annimmt. Die Hölle selbst haben wir leider nicht heller machen können.

Seit Jahrtausenden ist die Stimme der Täter ohrenbetäubend, während die Opfer vom Diskurs ausgeschlossen sind und nur von wenigen Tierbewegten irgendwie und eigentlich mehr schlecht als recht vertreten werden. Dabei hat es zu allen Zeiten Widerspruch gegeben. Bereits in der Antike gab es Philosophen, die das Misshandeln und Töten von Tieren verurteilten. Das Nein zur Unterjochung, Ausbeutung, zum Pogrom an der Tierheit war immer da, aber es ist an der Entschlossenheit der Gewalttäter, die blutig über die Tierheit herrschen wollten, bis heute gescheitert. Diese halten bis heute die wirklichkeitsstiftende Macht in den Händen, und auch deshalb macht die Masse mit.

Die Spieltheorie gibt uns diesbezüglich einen interessanten Erklärungsansatz: Sie vergleicht uns mit Bakterien in einem Teich: Etwa 10% dieser Bakterien sind „gute" Bakterien, die für ein gesunde Ökosystem unerlässlich sind. Genau so viele sind „schlechte" Bakterien, die das Potential haben, ein Gewässer kippen zu lassen. 80% Bakterien sind grundsätzlich neutral. Wenn die „guten" Bakterien gegenüber den „schlechten" überwiegen, werden die eigentlich neutralen Bakterien zu „guten" Bakterien und stabilisieren das Gewässer. Dominieren allerdings die „schlechten" Bakterien gegenüber den „guten", so orientieren sich die neutralen Bakterien um und werden zu „schlechten" Bakterien. Dann kippt das Gewässer.

Das ist in der menschlichen Gemeinschaft nicht viel anders. Die breite Masse ist eigentlich „neutral", was nichts anderes bedeutet, als dass sich diese 80% an der Macht orientieren, je nachdem, welcher Meinungsflügel die Deutungshoheit hält, weil er – oft nur geringfügig – stärker ist. So haben wir beispielsweise einen verhältnismäßig kleinen prozentualen Anteil an echten Tätern: Jäger, Metzger, Fischer, Angler, Züchter und Bauern, Schlachthausbetreiber, Vivisektoren, Zoobetreiber , Tierhändler usw., also diejenigen, die ein unmittelbares und persönliches Interesse daran haben, dass Tiere rechtlose Verfügungsmasse sind, weil sie sich auf ihren Knochen gesundstoßen bzw. einen substantiellen Vorteil daraus ziehen.

Bis heute sind diese Täter und Nutznießer realitätsbestimmend, während die Tierbewegten mit ihrer Überzeugung schwächer und zahlenmäßig weniger sind. Deshalb – so deutet es die Spieltheorie – orientiert sich die Masse an den Gewalttätern an den Tieren. Sie tun dies nicht aus echter Überzeugung, sondern machen aus Opportunismus mit: besuchen Zoos, tragen Lederschuhe, fressen Lämmchen. Und auch wenn sie sich selbst die Hände nicht blutig macht, reagiert diese schweigende und mittuende Masse auf genau zwei Arten: Entweder identifizieren sich die mampfenden Mitläufer mit den Tätern, obwohl sie selber unmittelbar gar keine sind. Sie bilden die ideologische Vorhut und machen sich zu den Fürsprechern und Vertretern der Gewalt gegen Tiere. Oder sie sagen, dass sie es auch nicht gut finden, wie Tiere misshandelt werden – während sie sich trotzdem dem herrschenden System anpassen und an der Fleischtheke die Putenbrust ordern. Sie sind korrumpiert und drücken ihre Unterwerfung aus, indem sie die Toten verdauen und vernutzen, während sie dabei eine scheinbar kritische Haltung zum Besten geben.

Warum ist das so? Menschen sind soziale Lebewesen, für die die Zugehörigkeit zur Gemeinschaft einst überlebensnotwendig war und auch heute noch von großer Bedeutung ist. Die vielen Esskulturen (eigentlich ja Unkulturen) offenbaren, welch zentrale Rolle das Essen dabei spielt, um die Zusammengehörigkeit auszudrücken. Je nachdem, wie wichtig es dem Individuum ist, dazuzugehören, passt es sich den Gepflogenheiten an und entwickelt in Folge gegenüber Kritik die krudesten Abwehrstrategien. Das ist das eigentliche Phänomen des „Bullshitbingos" und der im Grunde so unfassbar armseligen Gegenargumente, die kein Mensch mit einem Funken Verstand im Kopf eigentlich ernst meinen kann.

Die Macht aber hatte es noch nie nötig, sich mit guten Argumenten zu erklären. Macht kommt von machen. Wer dreist genug ist zu machen, hält die Macht. Wer etwas Gutes verhindern will, muss unfair spielen, und dazu gehört es, den Widersacher mit billigen Phrasen abzuspeisen und damit auch zu verhöhnen, und natürlich fällt darunter auch der Ad-hominem-Schlag unter die Gürtellinie.

Erwähnenswert sind in diesem Zusammenhang auch Studien, die nachgewiesen haben, dass das entsprechende Zahlenverhältnis offensichtlich eine Konstante ist, die nicht durch die herrschenden Verhältnisse in irgendeiner Weise beeinflusst wird. Egal wie diese beschaffen sind, haben immer nur 10% das Potential, sich gegen die herrschenden Verhältnisse zu stellen – sei es durch Verweigerung, mitzumachen, oder durch aktiven Widerstand. 90% unterwerfen sich den herrschenden Machtverhältnissen und es spielt dabei überhaupt keine Rolle, ob diese durch Lüge, Unheil und Unrecht getragen sind.

Am Inhalt liegt es also nicht. Offenbar handelt es sich hierbei um ein sozialpsychologisches Phänomen, das sich ausgebildet hat, damit Gruppen funktionieren. Eine Gruppe mit zu vielen Quertreibern wird über kurz oder lang zerfallen. Andererseits braucht eine Gruppe Außenseiter als Kontrollinstanz. Sie sind die kritische Stimme, die laut wird, wenn die Dinge in eine falsche Richtung laufen.

Man kann das Phänomen auch auf einer individuellen Ebene betrachten, je nachdem, welche Bedeutung das Wahre, Schöne und Gute im Leben eines Individuums hat und wie groß im Verhältnis dazu das Sicherheitsbedürfnis ist. Es ist nämlich vor allem das Sicherheitsbedürfnis, das uns zur stärkeren Gruppe und eben auch zur Mehrheitsmeinung drängt, und es ist die Bedeutung der Transzendenz, die uns die Kraft gibt, alleine zu stehen und zu widerstehen. Je nachdem, was in unserem Leben die stärkere Rolle spielt, verhalten wir uns massenkonform oder widerständlerisch.

Möglicherweise hat es auch etwas mit Dominanz zu tun. Primatologen von der *University of St. Andrews* und der *Université Neuchâtel* haben jedenfalls ein interessantes Phänomen bei Vertretern der Grünen Meerkatze in Südafrika entdeckt. In ihrer Studie versorgten die Forscher die Primaten mit Kisten voller Popcorn, das entweder blau oder rosa gefärbt war. Bei zwei Gruppen wurde das blaue Popcorn zuvor in einen pflanzlichen Bitterstoff getaucht, sodass es ungenießbar war. Natürlich bedienten sich die Meerkatzen schnell nur beim rosa Popcorn und verschmähten das blaue. Mit der gleichen Methode wurden dann zwei weitere Meerkatzengemeinschaften dazu gebracht, das rosa Korn zu bevorzugen. Wie erwartet, wurden die entsprechenden Präferenzen dann auch dem Nachwuchs beigebracht – sogar, wenn mittlerweile beide Popcorn-Farben genießbar waren.

Die entscheidende Entdeckung gelang den Forschern aber bei jenen heiratswilligen Männern, die in eine fremde Gruppe wechselten, die auf die jeweils andere Popcorn-Farbe geprägt war: Neun von zehn Männern passten sich an an und wechselten rasch zum anders gefärbten Popcorn. Die einzige Person, die die fremden Essgewohnheiten ignorierte, war ein Alpha-Mann, der sich an die Spitze der neuen Gruppe hatte setzen können. Mit hohem Status kann man sich offenbar mehr herausnehmen. Anpassung wird nur gegenüber Untertanen durchgesetzt. Quod licet Iovi, non licet bovi – was den Göttern erlaubt ist, ist dem Ochsen noch lange nicht gestattet.

Vielleicht sollte man als Veganer deshalb die dummen Sprüche und Untergriffigkeiten nicht als persönlichen Angriff verstehen oder ihnen auf der argumentativen Ebene begegnen, sondern sie als Test erkennen, wie standhaft und stark man in seiner Rolle als Vertreter einer Mindermeinung ist. Wer die Position souverän halten kann und nicht in die Falle läuft, ist der Sieger.

All diese psychologischen Grundlagen sollte man kennen und berücksichtigen, wenn man sich mit Fragen politischer Strategien auseinandersetzt. Es gibt aber noch einen weiteren wichtigen Punkt, den man sich verdeutlichen muss, wenn man sich nicht nur tiersolidarisch positionieren, sondern erfolgreich politisch wirken will. Hier möchte ich Max Frisch ins Boot holen, denn er hat das Grundsatzproblem in seinen Tagebüchern[1] scharfsichtig auf den Punkt gebracht:

„Die ganze Erziehung, die nicht nur unsere Kirche, sondern auch unsere Schulen abliefern, geht wesentlich dahin, dass wir anständige Menschen werden, beispielsweise dass wir nicht stehlen – sie geht nicht dahin, dass wir uns wehren, wo immer gestohlen wird, und dass wir für das Gute, das sie uns lehrt, kämpfen sollen. Das Gute, wir wissen es, lässt sich allerhöchstens in deiner eignen Brust verwirklichen. Ein guter Gedanke, gewiss, gut für die Herrschenden."

Politische Arbeit, die das Zusammenleben gestaltet, ist immer ein Streit um widerstreitende Interessen. Üblicherweise drücken sich im Diskurs die Meinungen über Interessensgruppen aus, die sich dabei allein aus Eigeninteresse Gehör verschaffen. Hier geht es nie um Werte oder Moral, sondern nur um Durchsetzung nach allen Regeln der Kunst. Die Teilnehmer der Auseinandersetzung verfolgen dabei eigene Ziele.

Die Sache der Tiere ist zweifelsohne ein Thema, bei dem es um widerstreitende Interessen geht, aber die Tiere sind vom Diskurs ausgeschlossen, und so gehen

---

[1] Dieses und die folgenden Zitate aus Max Frisch, Tagebücher, 1946-1949 Tgb. I, 565

die diesbezüglichen Verhandlungen im vollen Umfang auf ihre Kosten. Die Partei der Menschen entscheidet in eigener Angelegenheit zu ihren eigenen Gunsten. Die Partei der anderen Tiere wird nicht angehört. Sie wird bestenfalls von freiwilligen Tierrechtlern vertreten, die unweigerlich aber auch zur Partei der Menschen gehören und damit zwangsläufig befangen sind. Wie soll da etwas Vernünftiges herauskommen? Es macht den Kampf um die Deutungshoheit und Interessensdurchsetzung zu einem ideologischen Kampf um das Gute. Diesen erfolgreich zu führen haben wir aber nie gelernt.

Nüchtern schreibt Max Frisch: *„Man kann darauf bedacht sein, das Gute durchzusetzen und zu verwirklichen, oder man kann darauf bedacht sein, ein guter Mensch zu werden - das ist Zweierlei, es schließt sich gegenseitig aus. Die meisten wollen gute Menschen sein. Niemand hat größere Freude daran, wenn wir gute Menschen werden, als das Böse. Solange die Menschen, die das Gute wollen, ihrerseits nicht böse werden, hat das Böse es herrlich!"*

Wer setzt sich für Tiere ein? Menschen, denen „das Gute" wichtig ist und die genau deshalb umso mehr zum Scheitern verurteilt sind, weil ihre Intention, das Gute durchzusetzen, immer beinhaltet, ein guter Mensch zu sein. Genau damit hatte man uns als Kind diszipliniert. Die in Aussicht gestellte Belohnung, „wenn wir brav sind" hat uns dahingehend geformt, auch als Erwachsene noch an den Weihnachtsmann zu glauben. Wir erhoffen uns, Ziele zu erreichen, wenn wir nur gut genug sind.

Welch verheerender Irrglaube! Die Guten denken, es ginge um Gut und Böse, während die Bösen wissen, dass es nur ums Siegen und Verlieren geht. Dazu schreibt Frisch: *„Tägliche Erfahrung im Kleinen: Dein Anstand ist die beste und billigste Waffe deiner Feinde! Du hast dir versprochen, nicht zu lügen - zum Beispiel - und das ist schön von dir, splendid, wenn du es dir leisten kannst; es ist närrisch, wenn du dir einbilden würdest, dass du damit ohne weiteres der Wahrheit dienst. Du dienst deiner Anständigkeit."* Und nüchtern stellt er fest:*„Die Sittlichkeit, wie sie uns gelehrt wird, schließt immer schon die weltliche Niederlage in sich; wir retten die Welt nicht vor dem Teufel, sondern wir überlassen ihm die Welt, damit wir nicht selber des Teufels werden. Wir räumen einfach das Feld, um sittlich zu sein. Oder wir räumen es nicht; wir lassen uns nicht erschießen, nicht ohne weiteres, nicht ohne selber zu schießen, und das Gemetzel ist da, das Gegenteil dessen, was wir wollen [...]."*

Wir aber schießen nicht. Auf uns wird geschossen, in England gibt es bereits Tote auf unserer Seite zu beklagen, aber wir schießen nicht zurück. Möglicherweise wollen wir gar nicht siegen, sondern einfach nur gut sein und deshalb fordern wir uns auch noch gegenseitig zum Anstand auf. Wir lassen uns durch sittliche Forderungen fesseln und in die Ecke drängen. Es kann kein Zufall sein, dass uns die Täter und Mittäter dazu auch gern ermahnen.

„Womit arbeitet jeder Terror?", fragt Frisch und gibt eine schlüssige Anwort: *„Mit unserem Lebenswillen und also mit unserer Todesangst, ja, aber ebenso mit unserem sittlichen Gewissen. Je stärker unser Gewissen ist, um so gewisser ist unser Untergang. Je größer*

eine Treue, umso gewisser die Folter. Und das Ergeb-
nis jedes Terrors: die Schurken gehen ihm durch die
Maschen. Denn der Terror, scheint es, eignet sich be-
sonders zur Vernichtung sittlicher Menschen."

Und ja, wir leben im Terror. Im längsten und fürchterlichsten Terrorregime, das es je gegeben hat. Mit
Milliarden von Opfern. Und wir stehen da, als gute
Menschen, und spüren jeden Tag, dass es eben nicht
ausreicht, selbst gut zu sein, und dass wir völlig hilflos
und ohne Orientierung sind, wie wir uns selbst zu einem
Werkzeug des Guten machen können, während die Täter Tat auf Tat setzen und damit ihre Macht Minute um
Minute blutig beweisen. Meine Antwort darauf lautet:
Wir müssen aufhören, gute Menschen sein, und im Be-
freiungskampf für die Tiere stattdessen zu einem scharfen Schwert werden. Wir müssen das Kämpfen lernen.

Die Tierrechtsbewegung in Deutschland begann Anfang der 80er Jahre, sie veganisierte sich in den 90ern.
Sie starb langsam, als ihr Erfolg sich marktwirtschaftlich
manifestierte und sich Geschäftsfelder eröffneten: vegane
Kochbücher, vegane Restaurants, vegane Schuhgeschäf-
te, Hotels, Ernährungsberatungen. Man filmte Sterbende
und verkaufte die Bilder ans Fernsehen, Influencer versuchten ihr monetäres Glück in den sozialen Netzwerken. Für Klickzahlen verkauft man den Anspruch und
haut nichtssagende und wohlfeile Phrasen raus.

Und ja: man gründete auch spendenfinanzierte Lebenshöfe, die den Tierrechtsgedanken in die Praxis umsetzen
und einzelnen todesbedrohten Rindern, Schweinen, Hühnern und anderen „Nutztieren" ein Leben in Sicherheit und
unter Wahrung ihrer natürlichen Rechte ermöglichen. In

diesen neugeschaffenen Reservaten für die Überlebenden des Holocausts bewahrte sich der Geist des Tierrechts, wie er in den 80ern und vor allem 90ern in die Welt getragen wurde, und wird in seiner reiner Form umgesetzt. Doch ansonsten ging der geistige Anspruch des Tierrechtsgedankens gründlich verloren. Die in den 90ern geformten zentralen Begriffe wie Tierrechte, Veganismus und Speziesismus wurden umgedeutet, man protestiert heutzutage vorzugsweise dort, wo man sich der (oberflächlichen) Zustimmung der Bevölkerung eigentlich sicher sein kann. Nicht mehr vor Zoos, aber beim Zirkus. Nicht mehr für Lebensrechte der Tiere, aber gegen die grausame Massentierhaltung. Man traut sich noch nicht einmal mehr, klare Forderungen für die Tiere zu erheben. „Schließung aller Schlachthäuser" steht auf den Transparenten und der Passant stimmt zu: Weideschlachtungen sind wirklich viel humaner. Stünde da „Lebensrecht für alle Tiere" auf den Schildern, wäre so ein Missverständnis nicht mehr möglich. Aber warum schreibt man es dann nicht? Weiß man überhaupt noch, dass es beim Kampf um Tierrechte zentral um das Existenz- und Lebensrecht der Tiere geht und nicht um die Umgestaltung von Verhältnissen nach unseren Vorstellungen?

Als der vegane Koch und Hans im veganen Glück Attila Hildmann seine Frittenbude in Berlin bewarb, indem er einen Bauern mit einem Kalb und einer Ziege im Hänger für 500 Euro vor seinen Imbiß fahren ließ und die beiden für eine fragwürdige Wette und Selbstdarstellernummer missbrauchte, feierte ihn die Szene, weil er angeblich die Heuchelei anprangerte, dass die Leute zwar Fleisch essen, aber „die Pussys selbst nicht töten können". Als ob es die Sache besser machen würde, wenn sie töten könnten! So entkernt ist das Tierrecht, dass man noch nicht mal selber merkt, dass bereits der Begriff Heuchler für Tatbeteiligung an einem Mord eine groteske Verharmlosung ist.

Maximale Empörung hingegen löste in dieser opportunistischen und weichgespülten Zeit ein Facebook-Post aus, in dem ein Bulle zum Helden erklärt wurde, weil er seinen Sklavenhalter getötet hatte. Geschlossen stand die Szene mit allen Funktionären auf der Seite der wutschäumenden Bauern – und gegen den Bullen. Spätestens ab diesem Moment war klar, dass das Tierrecht in Deutschland wirklich mausetot war.

„Wohlfühldemonstranten" nannte Rezzo Schlauch in einem Interview mit der *Süddeutschen Zeitung* entradikalisierte Protestler auf allen Ebenen. „Pickme-Veganer" heißt es über die gefall- und harmoniesüchtigen Vertreter der Szene – zumindest bei den Radikaleren, die seit kurzem endlich wieder Land gewinnen. Es weht ein Hauch der 90er Jahre durch die Straßen. Man wird wieder radikaler mit den Strategien und den Argumenten aus den Anfängen der Tierrechtsbewegung. Die Vermarktung des Veganismus hatte eine Zäsur geschlagen und nun fängt man von vorne an, statt aufzubauen.

Dieses Buch soll helfen, ein vertieftes Verständnis für strategisches Arbeiten zu entwickeln und das Bewusstsein für die Fallen, leeren Phrasen und Denkfallen zu schärfen – um an das bisher Geleistete anknüpfen zu können und das Rad nicht wieder neu erfinden zu müssen. Es ist ein langer Marsch auf den Himalaya. Aber es liegt auch an uns, wie schnell wir vorankommen.

TEIL 1
Grundsätzliches

In diesem ersten Teil des Buches geht es um die Grundfragen der Tierrechtsbewegung – und die Konflikte, die durch unreflektierte Perspektiven und Zielsetzungen innerhalb der Bewegung selbst entstehen.

Die Kapitel beschäftigen sich mit den Begriffen, die die Tierrechte definieren und hinterfragen gleichzeitig, wie diese Begriffe von der Gesellschaft und der Bewegung selbst ausgelegt werden.

Es geht nicht um das Warum der Tierrechte, sondern um das Wie: Wie setzen wir Tierrechte in einem gespaltenen und widersprüchlichen Umfeld um, von dem wir selbst so geprägt wurden? Welche ethischen und politischen Prinzipien tragen wir in die Bewegung, und welche hindern uns am Fortschritt? In den kommenden Kapiteln werden wir sehen, wie sich scheinbar einfache Differenzen zu tiefen Spaltungen entwickeln können und wie diese Spaltungen oft als Hindernis für eine effektive Veränderung wirken.

Tierfreunde, Tierschützer, Tierrechtler – Der kleine Unterschied und seine großen Folgen

Tierfreunde, Tierschützer, Tierrechtler – immer sind sie es, die den Mund aufmachen, wenn einem Tier Unrecht geschieht. jedenfalls, wenn man der öffentlichen Wahrnehmung und den Medien glauben will. Damit wird signalisiert: Es handelt sich um ein Spezialthema – ein Anliegen dieser *einen* Gruppe. Dass sich auch ganz normale Bürger mit einem Rest an moralischem Anstand empören könnten, wenn Tieren Gewalt angetan wird – das scheint unvorstellbar. Es geht sie ja schließlich nichts an.

Halten sich die so Etikettierten nicht an die ihnen auferlegten Anstandsregeln und sind zu laut, zu fordernd, eben irgendwie unangemessen störend, werden sie schnell zu ‚selbsternannten‘ Tierschützern erklärt – als hätten sie sich ein Amt angemaßt, das eigentlich jemand anderem zustünde. Doch wer wäre überhaupt legitimiert, solche Titel zu vergeben?

Die Etiketten sind flexibel einsetzbar: mal abschätzig, mal abwertend, mal verharmlosend – je nachdem, in welche Ecke man die Betroffenen drängen will. Man könnte solche scheinbaren Nebensächlichkeiten achselzuckend übergehen – aber Sprache wirkt. Worte formen Wirklichkeit. Deshalb hier ein paar Gedanken zum Inhalt dieser Begriffe und dem, was sie mittransportieren:

Tierfreund – das will jeder sein, wer bezeichnet sich schon freiwillig als Tierfeind? Und doch: sich als Tierfreund zu fühlen, tut nur einem selbst gut. Wer Tiere süß und putzig findet, kann doch kein schlechter Mensch sein! Es ist einfach herrlich bequem, Tierfreund zu sein. und es verpflichtet zu nichts.

Wie skurril dieser Begriff klingt, wenn er – in einer Art Lackmustest – auf Menschen angewendet wird, die das Unrecht an den Tieren nicht kaltlässt, zeigt ein Blick in die Geschichte. Die Ökonomie der Antike beruhte auf der Sklaverei. Im ersten und zweiten Jahrhundert begann sich jedoch ein Missgefühl zu regen. Forderungen wurden laut, man solle die Sklaven, die im römischen Recht als Sache eingeordnet wurden, doch bitte schonender behandeln. Philosophen appellierten ans Mitgefühl und rieten gewissermaßen zu artgerechter Haltung. „Sklaven wären es?", ruft Seneca aus, „Nein! Vielmehr sind es ...Freunde!" Ein emotionaler und zugleich wohlfeiler Aufruf – zu wenig und doch zu viel. Er erlaubt feuchte Augen, zwingt aber nicht zu grundsätzlichen Erwägungen. Er ist einfach nur sentimental.

Genauso verhält es sich mit der Titulierung Tierfreund, wenn Menschen gemeint sind, die sich ernsthaft für die Belange der Tiere einsetzen. Die Sache der Tiere wird bagatellisiert. Und das Engagement von Menschen, die keine Mühen scheuen, Tieren zu einem besseren Leben zu verhelfen, wird zum sentimentalen Zeitvertreib rührseliger Spinner trivialisiert.

Beschützen ist ein Urbedürfnis. Und es ist ein großes Glück, wenn einem in der Bedrängnis jemand zur Seite springt. Aber: Beschützen heißt auch, Macht haben. Wer schützt, hat die Kontrolle – wer beschützt wird, ist ausgeliefert. Das ist die Grundlogik jeder asymmetrischen Beziehung: Ein klassisches Macht-Ohnmacht-Verhältnis. Schützen kann nur der Mächtige, beschützt wird der Schwächere. Ob das nun gewollt ist oder nicht. Wenn der Tierschützer über das Tier spricht, sieht man in Gedanken die streichelnde Hand. Doch diese Hand schützt nicht vor dem Unrecht, das Menschen den Tieren täglich antun. Sie mildert höchstens die Qual – vielleicht auch nur, weil sie ihn selbst schmerzt.

Der Tierschutz bewegt sich innerhalb des gesellschaftlich akzeptierten Rahmens, der festlegt: Tiere sind für uns auf der Welt sind – nicht um ihrer selbst willen. Deshalb dürfen wir Tiere für unsere Bedürfnisse nutzen und auch ums Leben bringen, wenn es für uns einen Sinn ergibt.

Tierschutz fordert Gnade statt Gerechtigkeit. Er stellt die Machtverhältnisse nicht infrage – er verwaltet sie. Und gerade deshalb ist „Schutz" ein fragwürdiger Begriff. Er festigt das Gefälle zwischen Mensch und Tier – der eine entscheidet, der andere hat zu erdulden. Denn eines glaubt der Tierschützer zu wissen: Das Tier steht unter dem Menschen. Würde es sich sonst beschützen lassen?

Tiere sind um ihrer selbst willen auf dieser Welt. Sie fühlen und denken, nehmen wahr, was um sie geschieht. Sie bewerten, entscheiden, handeln. Sie wissen, was sie tun. Sie streben nach Glück und Erfüllung und fürchten den Schmerz und den Tod. Als empfindsame und strebende Wesen haben sie ein unveräußerliches Recht – auf ihr Leben, auf Freiheit, auf Unversehrtheit. Was also unterscheidet den Menschen von den anderen Tieren? Nicht die Fähigkeit zu denken oder zu empfinden! Der Unterschied liegt allein im Anspruch: Der Mensch nimmt sich selbstverständlich, was er den Tieren selbstgerecht verweigert.

Der Tierrechtler widerspricht diesem Machtanspruch. Er fordert nicht Mitleid, sondern Gerechtigkeit. Nicht Gnade, sondern Gleichberechtigung. Tiere sind keine Mittel zum Zweck, sondern Subjekte mit eigener Würde. Sie leben mit dem gleichen Existenzrecht auf dieser Welt, das wir für uns selbst in Anspruch nehmen. Ihr Dasein hat einen Wert – für sie selbst – nicht nur einen Preis – für uns. Wir Menschen haben kein Anrecht auf sie, sondern die Pflicht, ihre natürlichen Rechte zu respektieren – so wie uns unter Menschen das Gesetz dazu zwingt.

Jedes fühlende, denkende Individuum ist – unabhängig von seiner Artzugehörigkeit – Träger natürlicher und unveräußerlicher Rechte. Doch mehr noch: Es ist ein genuin politisches Wesen. Denn jedes Tier ist eingebunden in ein soziales Beziehungs- und Machtgeflecht, das sein Leben beeinflusst – durch unsere Haltung, unsere Lebensweise, unsere Grenzziehungen. Daraus ergibt sich der Anspruch auf rechtlichen Schutz vor Diskriminierung und auf gleichberechtigte Berücksichtigung seiner elementaren Interessen in der Gemeinschaft.

Zoopolisten fordern daher für Tiere nicht nur negative Rechte – Schutz- und Abwehrrechte –, sondern auch positive: das Recht auf Mitbestimmung über die Bedingungen ihres Lebens.

Je nach Verhältnis zur menschlichen Gesellschaft ergeben sich daraus unterschiedliche Formen der Zugehörigkeit: Tiere, die mit uns leben – wie sogenannte Haustiere – sind Mitbürger mit Anspruch auf Teilhabe. Tiere, die sich an menschliche Lebensräume angepasst haben – wie Stadttauben oder Füchse – sind Kulturfolger, die das Recht auf respektvolle Koexistenz und Lebensraum haben. Und Tiere in der freien Wildbahn haben Anspruch auf Souveränität: das Recht, in Frieden und Freiheit jenseits menschlicher Einmischung zu leben.

Von Nacktaffen und anderen Tieren – Warum ‚Mensch' und ‚Tier' keine harmlosen Begriffe sind

Seit einiger Zeit sorgt der Begriff „nackter Affe" bzw. „Nacktaffe" als Synonym für „Mensch" für Irritationen. Manche wittern gar Menschenfeindlichkeit und trivialisieren damit den Einsatz des Begriffs als Ventil für ein allgemein geächtetes Gefühl. Diese Einordnung greift jedoch zu kurz, denn hinter diesem Begriff stehen tiefere Überlegungen – mit dem Ziel, alle fühlenden und denkenden Arten rechtlich gleichzustellen.

Im allgemeinen Sprachgebrauch werden die Begriffe „Mensch" und „Tier" als Antagonisten verwendet: Hier der Mensch, dort alle Anderen, vom Schwamm bis zum Schimpansen, zusammengefasst unter dem Oberbegriff „Tier". Dabei sind Menschen, biologisch betrachtet, selbst Tiere – nicht mehr oder weniger als Marienkäfer, Molche oder Mäuse. Sie sind eine von fünf bis 50 Millionen Arten.

Der Begriff ‚Tiere' stammt aus der biologischen Systematik, und er bezeichnet Lebensformen, die bestimmte Merkmale teilen – in Abgrenzung zu den anderen Lebewesen in der biologischen Einordnung: Pflanzen, Pilze, Protisten, Bakterien und Archaeen. Darwin wird oft als der „böse Bube" der Wissenschaft bezeichnet, weil seine Theorie der Evolution den Menschen als Teil der Tierwelt präsentierte – eine Erkenntnis, die als eine der größten narzisstischen Kränkungen der Menschheit gilt – neben Kopernikus (kein Mittelpunkt des Kosmos) und Freud (kein Herr im eigenen Haus). Doch bereits 100 Jahre vor ihm hatte der schwedische Naturforscher Carl von Linné den Tabubruch begangen und den Menschen als eine eigene Art im Tierreich eingeordnet. Linné wollte ursprünglich Menschen und Schimpansen in einer Gattung zusammenfassen, beugte sich jedoch dem Druck der Kirche und brach beim Menschen die regularien der Taxonomie. Seitdem gehören Menschen und Schimpansen – trotz der Nähe in ihrer biologischen Verwandtschaft – zu verschiedenen Gattungen.[1]

In seiner Selbstwahrnehmung aber bleibt der Mensch das ganz besondere Tier. Während die biologische Wissenschaft längst anerkennt, dass wir Tiere sind, haben juristische und kulturelle Vorstellungen nach wie vor einen anderen Anspruch: der Mensch wird als das Maß aller Dinge betrachtet. Diese Trennung, die sich in der Sprache manifestiert, unterhält ein System, das seine eigene Sonderstellung betont und den Kontakt zu den anderen Tieren ständig relativiert. Es ist ein

---

[1]Dieser aufgrund kirchlichen Drucks entstandene wissenschaftliche Fehler in der Taxonomie, der Menschen und Schimpansen bis heute eigenen Gattungen zuweist, soll demnächst offiziell berichtigt werden. Schimpansen, Bonobos und Menschen werden dann korrekt in einer Gattung zusammengefasst, wobei Schimpansen den Namen *Homo troglodytes* und Bonobos den Namen *Homo panicus* tragen sollen. Obwohl es Widerstände gibt, zeigt die Genetik, dass der Unterschied zwischen Menschen, Schimpansen und Bonobos jeweils minimal ist – genetisch sind Menschen den Schimpansen (und Bonobos) näher als etwa zwei Gibbonarten untereinander. Interessanterweise stehen Menschenfrauen genetisch Schimpansenfrauen näher als ihren menschlichen männlichen Verwandten, deren genetische Unterschiede zu Schimpansenmännern sich hauptsächlich auf die Hoden beziehen und kaum auf das Gehirn.]

Konzept, das tief in der westlichen Denkweise verankert ist und auf eine Hierarchie zurückgeht, die im 4. Jahrhundert v. Chr. von Aristoteles formuliert wurde. Die Vorstellung eines anthropozentrischen Weltbildes – des Menschen als Zentrum aller Dinge – hat nicht nur die Wissenschaft geprägt, sondern auch unseren Umgang mit der Welt.

Durch unsere Sprache wird diese Hierarchie immer wieder neu etabliert. Sie baut Barrieren, die nicht nur die Natur, sondern auch das Denken der Menschen prägen. Ludwig Wittgenstein formulierte es unmißverständlich: *„Sprache schafft Wirklichkeit"*. Und diese Wirklichkeit ist gegenüber den Tieren vermessen, arrogant und anthropozentrisch – ebenso, wie es die Sprache ist. So drängt sich die Frage auf: Sollte diese Selbstverherrlichung weiterhin von uns sprachlich aufrecht erhalten werden, oder ist es nicht vielmehr notwendig, sprachlich eine neue Ordnung zu schaffen, um eine neue Wirklichkeit zu schaffen?

Das Begriffspaar „Mensch und Tier" dient der Ausgrenzung, der Abgrenzung und der Selbsterhöhung, und gleichzeitig werden über die gedankliche Trennung hinaus auch mit den Begriffen selbst, von uns hoffentlich unerwünschte Assoziationen und Informationen – eigentlich Vorurteile – transportiert. So ist der Begriff „Mensch" mit Wertzuschreibungen und Fähigkeiten ideologisch aufgeladen, die tatsächlich gar nicht exklusiv menschlich sind. Ähnlich verhält es sich mit dem Begriff „Tier", wann auch diesbezüglich die damit verbundenen Zuschreibungen eher abwertend sind. Mit den Begriffen Mensch und Tier wird ein trennender Graben aufgerissen – schon alleine über die darin innewohnenden Konnotationen, die mit beiden Begriffen verbunden sind. „Menschen" sind „Wir", die „Vernünftigen", „Edlen", „Hilfreichen", „Guten", die „Gottgleichen", die „Krone der Schöpfung", die „Kulturwesen", gesegnet mit herausragenden Befähigungen, mit Würde und unzählbaren narzisstisch aufgeladenen Selbstbeweihräucherungen. Alle diese Botschaften transportieren wir – absichtlich und unabsichtlich, bewusst oder unbewusst – mit der Verwendung des Begriffs „Mensch".

Die „Tiere" sind bestenfalls „die Anderen", eigentlich ja eher „niemand", sie sind „unbewusst", „niedrig", „instinktgesteuert", eine Erscheinungsform der „Natur" und letztlich ein Gegenentwurf zum Menschen, über den wir uns evolutionär hinweggehoben haben. Auch diese Informationen transportieren wir, wenn wir den Begriff Tier verwenden, ob wir das nun wollen oder nicht. Das Begriffspaar „Mensch und Tier" ist die doppelte Unterstreichung der Ideologie, aus deren Schoß die Massenvernichtung gekrochen ist. Aber wer bestimmt eigentlich, wer „Wir" ist, und wer „ein Anderer"? Und vor allem: Cui bono? Wem nützt dieses Denken? Und wem schadet es?

Die Trennung in „Mensch" und „Tier" ist Ausdruck einer tieferliegenden Problematik: der menschlichen Neigung zur Kategorisierung. Kategorien ordnen die Welt, aber sie formen sie auch – und sie schaffen Hierarchien. Jede Einteilung in ein „Wir" und ein „Sie", ein „oben" und „unten", erzeugt Machtgefälle. Besonders wirksam sind diese Kategorisierungen, wenn sie sich natürlich anfühlen – so wie der Gegensatz zwischen Mensch und

Tier, der uns heute als selbstverständlich erscheint, obwohl er historisch konstruiert ist. Wer aber in solchen
Dichotomien denkt, verlernt, das Gemeinsame und Ver-
bindende zu sehen. Kategorisierungen sind keine neutralen Ordnungswerkzeuge. Sie sind immer auch Werkzeuge der Ausgrenzung – und oft der Gewalt.

Die Grenzen meiner Sprache bedeuten die Grenzen
meiner Welt, formulierte es Ludwig Wittgenstein. Seine
Entdeckung der Sprache als Ursprung unserer Erkenntnis stellte die gesamte Philosophie infrage. Denn unabhängig davon, was Denker von der Antike bis heute als
das Wesen der Wirklichkeit erkannt zu haben glauben
– ihre Erkenntnis bleibt im Käfig der jeweils herrschenden Sprache gefangen.

Sprache ist nicht nur ein neutrales Werkzeug zur Beschreibung der Welt, sie ist ein Machtinstrument. Das
weiß auch die Politik, die sich der bewussten sprachlichen Rahmung – dem sogenannten Framing – längst
gezielt bedient. Kaum jemand hat diese manipulative
Kraft der Sprache so scharfsinnig analysiert wie Noam
Chomsky: Wer die Sprache kontrolliert, kontrolliert das
Denken – und damit auch die Wirklichkeit, wie sie in
unseren Köpfen existiert.

Wenn wir also die Wirklichkeit der sogenannten „Tiere" nicht nur beschreiben, sondern aktiv mitgestalten
wollen, dann müssen wir uns aus dem sprachlichen
Korsett lösen, das ihre Herabsetzung und Unterwerfung unbemerkt mittransportiert. Die Realität setzt sich
nicht von allein durch. Sie braucht eine Stimme – und
diese Stimme darf keinen Bruch zwischen Aussage und
Ausdruck enthalten. Denn sobald wir das Richtige im

falschen sprachlichen Rahmen sagen, konterkarieren wir unsere eigene Botschaft. Sprache ist nicht nur Träger von Argumenten. Sie ist Teil des Arguments selbst.

Wenn wir die Wirklichkeit der sogenannten „Tiere" nicht nur abbilden, sondern aktiv gestalten wollen, dann ist es entscheidend, sich aus dem sprachlichen Käfig zu befreien, der ihre Unterwerfung verkörpert. Denn mit unserer Art, zu sprechen, transportieren wir Weltbilder – subtil oder direkt. Sprache prägt, was denkbar, sagbar und letztlich auch machbar ist.

Die Realität setzt sich nicht von allein durch. Sie braucht eine Stimme – und diese Stimme darf keinen Bruch zwischen Aussage und Ausdruck enthalten. Wer im richtigen Anliegen die falsche Sprache wählt, schwächt sich selbst.

Zentral für eine solche sprachliche Emanzipation ist der Abschied von den Begriffen „Mensch" und „Tier". Denn beide sind bis zur Unkenntlichkeit ideologisch aufgeladen – mit diskreditierenden Lügen über andere Tierarten und idealisierenden Lügen über die eigene. Sie reproduzieren das Machtgefälle, das eigentlich überwunden werden soll. Wer es ernst meint mit der Gerechtigkeit gegenüber allen fühlenden Lebewesen, sollte nicht nur Argumente prüfen – sondern zuerst die eigene Sprache. Denn Sprache schafft Herrschaft – und sie kann sie auch beenden.

Lasst uns konkret werden: Ich schlage für den Menschen die Bezeichnung „Nacktaffe" vor. Warum genau Nacktaffe? Zum einen, weil wir – biologisch unstrittig – zur Ordnung der Affen gehören. Zum anderen, weil der Begriff ein doppeltes Zeichen gegen die Überheblichkeit setzt, mit der sich der sogenannte „Mensch" über seine Stammesbrüder erhebt. Kaum eine Tiergruppe gilt in unserer Sprache als „tierischer" als die Affen. Die Selbstabgrenzung des Menschen vollzieht sich besonders scharf gerade gegenüber ihnen – jenen, die ihm am nächsten stehen.

Zudem ist der Begriff Nacktaffe kulturhistorisch bereits eingeführt. 1967 erschien Desmond Morris' Weltbestseller *Der nackte Affe*, der mit der phantasierten Sonderstellung des Menschen gründlich aufräumte. Er lenkte den Blick auf das Gemeinsame im Verhalten von Menschen und anderen Affenarten – und der provokante Titel wurde zum sprechenden Symbol für das Ende des Hochmuts. Dieses Buch schenkte uns eine Bezeichnung, die den ausgrenzenden Dünkel vermeidet und dabei an ein kollektives kulturelles Wissen anschließt. Und da – wie dargelegt – Sprache ein Schlüssel zur Veränderung ist, solten wir den Begriff künftig bewusst und regelmäßig verwenden, um mit ihm eine neue Wirklichkeit zu formen – mit weniger menschlichem Dünkel.

Den Begriff Tier aus unserem Wortschatz zu tilgen oder durch wertschätzendere Alternativen zu ersetzen, ist ungleich schwerer – aber mindestens genauso wichtig wie die sprachliche Entthronung des Menschen. Die ideologische Rationalisierung der systematischen Unterwerfung anderer Arten beginnt geschichtlich betrachtet mit der Erfindung des Sammelbegriffs Tier. Für die sogenannten Vorsokratiker war der Mensch noch ein Teil der Natur – kein Gegenentwurf zu ihr. Er lebte in ihr und aus ihr, eingebettet in eine umfassende Ordnung, die bis zu den Sternen reichte. Die frühgriechische

Kultur – als sogenannte Wiege des Abendlandes – grenzte den „Menschen" ursprünglich nicht von den „Tieren" ab. Bei Homer etwa kommt ein zusammenfassender Begriff wie Tier noch gar nicht vor. Man sprach von Hunden, Rindern oder Pferden. Es gab auch noch keine erfundenen Eigenschaften, die den Menschen grundlegend von allen anderen Arten unterscheiden sollten.

Der Dichter und Philosoph Hesiod beschrieb bereits um 800 v. Chr. – also etwa zur gleichen Zeit wie die homerischen Epen – ein sich wandelndes Verhältnis des Menschen zu den anderen Tieren. Er war einer der ersten, der eine Trennung vornahm: Was den Menschen auszeichne, so Hesiod, sei sein Rechtsempfinden, seine Fähigkeit zur Rechtsordnung. Damit war ein erster Trennstrich gezogen. Im 5. Jahrhundert v. Chr. setzte sich dazu die Vorstellung durch, die Gabe der Vernunft unterscheide den Menschen grundsätzlich von allen anderen Arten. Hier wird der ideologische Rahmen sichtbar, in dem sich die Begrifflichkeit „Tier" fortan entfalten konnte: als Negativfolie des Menschen, als minderwertiger Gegenentwurf.

Von da an zieht sich der Begriff Tier wie ein roter Faden durch die Geschichte des Abendlandes – jedoch nie als Begriff der Wertschätzung, sondern immer als Marker des Mangels: mangelnder Vernunft, mangelnder Sprache, mangelnder Moral. Er steht für Abgrenzung und Ausschluss. Wer ihn verwendet, ruft die gesamte Geschichte der Entwertung und Entfremdung mit auf. Der Begriff trägt den ideologischen Überbau in sich, der die Herrschaft über die anderen Tierarten geistig vorbereitet, absichert und legitimiert.

Um dem entgegenzuwirken, bietet sich der Begriff „Tierheit" an – als bewusste Spiegelung des erhabenen Wortes „Menschheit" auf jene, die in der Sprache sonst nur als minderwertiger Rest auftauchen. Tierheit ist ein Widerstandsbegriff. Nichts spricht dagegen, von den konkreten Arten zu sprechen – so wie es bei Homer noch üblich war: von Schweinen und Schimpansen, von Hunden, Hühnern oder Hamstern. Auch Formulierungen wie „die anderen Tiere", „die entrechteten Arten", „die Erniedrigten" können sinnvoll sein – auch wenn sie etwas sperrig klingen.

Eines ist sicher: Mit den Begriffen „Mensch" und „Tier" tun wir unserer Sache keinen Gefallen. Sie zementieren genau jene Denkweise, die wir hinter uns lassen wollen. Wir sollten sie meiden oder zumindest umformulieren, wann immer es möglich ist.

Tiere sehen dich an
Warum Solidarität mit ihnen so wichtig ist

Der Krieg, den wir alle fürchten, er ist Realität. Hier und heute. Es ist ein weltumspannender und einseitiger Krieg – geführt von der derzeit mächtigsten Spezies gegen alle anderen Arten. In Vernichtungszahlen gesprochen stößt dieser Krieg in den Schlachthöfen in nur fünf Tagen die gleiche Opferzahl an Landwirbeltieren hervor, wie alle Kriege und Völkermorde in der Geschichte der Menschheit auf den Schlachtfeldern je gefordert haben.

Alle diese Individuen, die in diesem einseitigen Krieg gewaltsam fallen, sind nicht anders als wir Menschen ungefragt in diese Welt geworfen worden. Es nicht unser Verdienst; wir leben alle mit dem gleichen natürlichen Recht in dieser Welt. Es ist nicht die Welt der Menschen – es ist unser aller Welt und Lebensraum. Auch die anderen Tiere streben nach Glück und nach Entfaltung ihrer Fähigkeiten und Potentiale, sie wollen Familien gründen, Freundschaften schließen und hängen an ihrem Leben, dem Wertvollsten, was sie haben, und ohne das alles andere keinen Wert mehr hat. Nur wer lebt, empfindet und entscheidet. Auch die anderen Tiere fühlen und denken und möchten mit ihren Gefühlen und Gedanken alt werden – in diesem Punkt sind wir alle gleich. Doch in dieser Welt werden sie von der dominierenden Art zur Ware erklärt und es wird ihnen alles genommen, was ihnen wichtig und wertvoll ist.

Ist das gerecht? Sie haben uns doch nie etwas getan, sie hätten uns nie etwas getan. Und es sind überwiegend die Sanften, die Friedfertigen, die wir in die Schlachthö-fe treiben, als wären sie leblose, gefühllose Dinge. Dabei sind sie nur wehrlos und haben dieser unserer Skrupel-losigkeit nichts entgegenzusetzen. Wir gehen mit unseren schlimmsten, gewalttätigsten und grausamsten Verbrechern rücksichtsvoller um als mit den harmlosesten und liebevollsten Wesen der anderen Arten.

Niemanden haben wir in unserer Geschichte bösartiger verleumdet als sie: wir haben sie zu wertlosen Biorobotern erklärt, die unbewusst und wie die Schlafwandler durch ein bedeutungsloses Leben taumeln. Wir haben sie für dumm erklärt und ihnen den Verstand abgesprochen. Wir haben behauptet, dass sie „unvernünftig" sind, keine Sprache haben und nicht von Moral getragen werden, und deshalb, folgerten wir, könne man mit ihnen machen, was man will. Man hat – so wie der französische Philosoph und Begründer der Aufklärung René Descartes – ihnen sogar die Fähigkeit zum Fühlen abgesprochen und ihre Schmerzensschreie als Quietschen einer Maschine gedeutet. All das sind gezielt gesetzte Lügen, um sich an ihnen ungeniert mit abgeschalteten Gewissensregungen vergreifen zu können.

Audiatur et altera pars ist der bekannteste Grundsatz des römischen Rechts und er gilt bis heute. Nur gegenüber den Vertretern der anderen Tierarten gilt er nicht, sie finden kein rechtliches Gehör. Weil sie zum Niemand erklärt worden sind. Wir legitimieren uns selbst für etwas, das uns die Vorteile bringt und die andere Seite in die Vernichtung übervorteilt. Weil wir es können.

Ist das gerecht? Spätestens dann ist es selbst für Psychopathen erkennbar himmelschreiendes Unrecht, wenn man selbst auf der unglücklichen Seite des Schicksals landet, die ertragen muss, was andere sich aufgrund des Zufalls, auf der mächtigen Seite geboren worden zu sein, herausnehmen können. Würden wir eine solche Welt wählen, wo das Recht des Stärkeren gilt, wenn wir nicht wissen, welche Rolle wir darin spielen, wenn wir nicht wissen, ob wir als mächtiger Mensch oder als entrechtetes Schwein geboren werden? Würden wir als Schwein denken: ich habe das verdient, weil ich schwach bin? Weil ich Pech gehabt habe? Sollten wir als Mensch denken: Egal, Hauptsache, ich habe Glück gehabt?

Sicher nicht, denn egal, in welchem Körper wir geboren werden: Unsere Bedürfnisse sind im Wesentlichen gleich. Wir streben nach Glück, vermeiden Leid und schützen unser Leben. Wir erfahren unser Leben fühlend und denkend und es ist für uns alle essentiell, es nach unseren Bedürfnissen zu gestalten und auszufüllen. Und trotzdem spielt es eine entscheidende Rolle, ob wir als Schwein geboren werden oder als Mensch: Sind wir nämlich als Mensch geboren, schützen uns garantierte Grundrechte, die uns ziemlich verlässlich absichern und Freiräume ermöglichen, in denen ein würdevolles Leben möglich ist. Sind wir allerdings als Schwein geboren oder im Körper eines anderen entrechteten Wesens, sind wir Freiwild, und man kann mit uns machen, was man will. Wir haben kein Existenzrecht, weil wir völlig bedeutungslos sind. Unser Freiraum ist so eng wie die Stehsärge in Oranienburg, und der gewaltsame Tod ist garantiert, meist bevor wir erwachsen sind.

Dabei ist es nur eine Minderheit der Menschen, die Tieren eigenhändig Unrecht tut, die Hoden abreißt, Ketten um die Hälse der Kühe legt und Schweine in Stehsärge zwängt; die Kaninchen die Augen verätzt und Mäuse mit Chemikalien tödlich vergiftet, die Müttern ihre Kinder raubt, die Hirschkühe mitsamt ihren Kindern über den Haufen schießt, verliebten Barschen den Haken ins lebende Fleisch schlägt und stolze Tiger in Käfige sperrt.

Die Mehrheit tut das nicht und würde es auch nicht tun wollen. Wer will schon töten, wer bringt es wirklich übers Herz? Die meisten Menschen lehnen Tierquälerei ab. Allerdings partizipieren die meisten von ihnen an der Gewalt und machen sich zum Komplizen der kriegsführenden Partei: Weil sie schweigen, wegschauen und konsumieren! Mit jedem Stück Fleisch erklären sie ihre Mitgliedschaft im organisierten Verbrechen gegen die Tierheit. Mit der Lederjacke hängen sie sich die Skalps von Besiegten um. Mit dem Stück Käse zum Wein feiern sie das ultimative Verbrechen, einer Mutter das Kind zu rauben. Deshalb kann dieser schrecklichste und erbarmungsloseste Krieg weitergehen, den die Mehrheit nicht will. Deshalb wird dieser Krieg beendet werden können, wenn die schweigende und kollaborierende Gruppe ihre Unterstützung beenden würde und sich auf die Seite der Opfer stellt. Die Politik und die unmittelbaren Nutznießer, die Metzger und Mörder, werden dem Abschlachten jedenfalls kein Ende setzen.

Wir sind erwachsene Menschen, wir sind verantwortlich dafür, was wir tun, und wir haben die innere und äußere Freiheit, uns zu entscheiden – auch wenn unsere falschen Gesetze in diesem Unrechtsstaat für Tiere uns derzeit nicht dazu zwingen, sondern die Täter bei ihrem blutigen Handwerk vollumfänglich in Schutz nehmen.

Diese Gesetze ist ein Produkt der Macht, sie wurden von Tätern erlassen und kein Schaf, kein Huhn wurde auch nur angehört. Audiatur et altera pars – „Auch die andere Seite soll gehört werden" ist ein fundamentales rechtsstaatliches Prinzip, dass für all diejenigen nicht gilt, die der falschen Art angehören.

Verantwortung zu übernehmen aber macht uns erst zu einem ernstzunehmenden Menschen, der die Freiheit und die Pflicht hat, Nein zu sagen im Angesicht eines Verbrechens. Wir müssen aufhören, Gewalttäter stillschweigend und aktiv zu protegieren, und uns deutlich von der Tyrannenherrschaft über die Tiere distanzieren. Die Betroffenen nämlich können für ihre Befreiung nicht selbst eintreten, sie sind auf uns angewiesen, dass wir sie aus der Gewalt unserer skrupellosen Artgenossen befreien. Sie sind Gefangene unserer Gulags, sie können sich nicht selbst helfen. Wir dürfen sie nicht im Stich lassen! Sie haben unsere Solidarität und unsere Hilfe mehr als verdient. Wir stehen tief in ihrer Schuld - jeder von uns.

Indem wir aufhören mit unserer Rücksichtslosigkeit und vegan leben, verabschieden wir uns aus dem Syndikat der Tyrannenherrschaft. Indem wir aufstehen und für sie kämpfen und unsere Mitmenschen auffordern, es uns gleichzutun, werden wir Teil einer überlebensnotwendigen Veränderung. Die Tiere brauchen nur eine entschlossene und ausreichend starke Minderheit auf ihrer Seite, die nur etwas stärker und entschlossener sein muss als die Gruppe der Kopfschlächter, der Schlachthofbetreiber, der Mäster, der Zoohändler, der Experimentatoren, der Jäger und der Angler beim Foltern und Morden von Unschuldigen. Es ist nicht hoffnungslos, es ist machbar. Geringfügige Schwankungen können ganze Systeme zum Einsturz bringen, nie war es die Mehrheit, die notwendig war, dass dies geschieht. Das macht die persönliche Verantwortung und die Bedeutung des einzelnen Individuums für den Wandel greifbar. Der Veganismus ist kein Boykott, sondern ein Bekenntnis, das Realitäten erzeugt. Wir erzeugen Wirklichkeiten dadurch, dass wir uns zu ihnen in Bezug setzen.

Deshalb: Wer schweigt, stimmt zu – so heißt es nicht umsonst. Möchtest du wirklich noch einen einzigen Tag länger Teil dieses grausamen Nihilismus sein, der fühlende, denkende und wunderschöne Wesen in einen Haufen Fäkalien verwandelt und das als richtiges und gutes Leben empfindet? Bist du wirklich nur ein Stoffwechselapparat, der nur ein hedonistisch schmatzendes „Es schmeckt aber" zwischen den Zähnen hervorbekommt und darüber hinaus kein geistiges und seelisches Leben führt? Oder hörst du endlich auf, Teil des Unrechts zu sein und wirst zum Teil der Lösung – als Vertreter der wichtigsten Befreiungsbewegung, die es je gegeben hat? Niemand hätte das mehr verdient als die Tiere, dass du nicht länger ihr Fressfeind bist, sondern ihr Partner und Beschützer.

Ein Appell an die Vernunft –
Warum die Gefühle der Tiere nicht wichtig sind

Der erste moderne Philosoph, der die Tiere in seine Ethik integrierte, war der Engländer Jeremy Bentham. In seinem Werk *Introduction to the Principles of Morals and Legislation* (1780) schrieb er: „*Der Tag mag kommen, an dem der Rest der belebten Schöpfung jene Rechte erwerben wird, die ihm nur von der Hand der Tyrannei vorenthalten werden konnten. Die Franzosen haben bereits entdeckt, dass die Schwärze der Haut kein Grund ist, ein menschliches Wesen hilflos der Laune eines Peinigers auszuliefern. Vielleicht wird eines Tages erkannt werden, dass die Anzahl der Beine, die Behaarung der Haut oder die Endung des Kreuzbeins ebenso wenig Gründe dafür sind, ein empfindendes Wesen diesem Schicksal zu überlassen. Was sollte die unüberschreitbare Linie ausmachen? Ist es die Fähigkeit des Verstandes oder vielleicht die Fähigkeit der Rede? Ein ausgewachsenes Pferd oder ein Hund ist unvergleichlich verständiger und mitteilsamer als ein ein oder zwei Tage alter Säugling oder sogar ein Säugling von einem Monat. Doch selbst wenn es anders wäre – was würde das ausmachen? Die Frage ist nicht: Können sie denken? Oder: Können sie sprechen? Sondern: Können sie leiden?*"

Benthams Argumentation ist bis heute der wesentliche Leitsatz der Tierrechtsbewegung. Und oberflächlich betrachtet ist daran auch nichts auszusetzen. Tiere – zumindest die Wirbeltiere und ein großer Teil der Wirbellosen – sind nachgewiesenermaßen leidensfähig und aus ihrer Empfindungsfähigkeit ergibt sich rein logisch betrachtet zwingend die Schlussfolgerung, dass sie diese Eigenschaft von Gegenständen unterscheidet. Was ihnen widerfährt spielt für sie selbst eine Rolle, weil sie es als angenehm oder unangenehm erleben. Was sollte daran auch falsch sein?

So sachlich richtig und logisch diese Argumentation auch ist, so wenig vermag sie, die Herzen und den Geist der Menschen wirklich zu erreichen. Und das liegt ganz einfach daran, dass sie psychologisch nicht viel taugt – denn in unserem Kulturkreis zählen Gefühle einfach nichts. Der abendländische Rationalismus, von Descartes bis Kant, hat Empfindung aus dem Bereich des Ernstzunehmenden systematisch ausgeschlossen. Dass Gefühle in ethischen Debatten als schwach, irrational oder gar störend gelten ist entsprechend kein Zufall. Ironischerweise zeigen die moderne Neurowissenschaften, dass Empathie – also das Erkennen und Miterleben fremder Gefühle – die Grundlage moralischen Handelns bildet und insofern ist diese Fixierung auf die Rationalität auch noch in sich irrational und unwissenschaftlich.

So muss man sich die Frage gefallen lassen: Was also hilft es, dass die Empfindungsfähigkeit der naheliegendste Grund ist, warum jemand nicht gequält werden möchte, wenn in der allgemeinen Wahrnehmung Empfindungsfähigkeit eine völlige Nebensächlichkeit ist, der man kaum Beachtung schenkt. Schon das kleine Kind muss die Erfahrung machen, dass man von ihm die Unterdrückung seiner Gefühle erwartet, wenn seine Tränen wegen des aufgeschlagenen Knies oder der Verspottung durch Spielkameraden mit einem „Stell dich nicht so an!" beantwortet werden.

Wie also sollte das Argument, dass Tiere fühlen, in einer solchen Gesellschaft greifen können? Der Appell an etwas, was in der allgemeinen Wahrnehmung keine Rolle spielt – ja sogar als störend empfunden wird –, kann einfach nicht funktionieren. Das Argument mag logisch sein, und auch die zugrunde liegenden Ethik mag konsequent angewendet werden – doch was hilft es, wenn es aus psychologischen Gründen einfach nicht zieht?

Dass Tiere fühlen, wurde in der abendländischen Geschichte mit wenigen Ausnahmen kaum je bestritten. Was ihnen aber stets abgesprochen wurde, ist der Umstand, dass sie nicht nur fühlen, sondern auch denken können, dass sie über Sprache verfügen und dass sie moralisch handeln. Es war die Behauptung, ihnen fehle die Vernunft, mit der man sie zum Niemand degradierte – eine Behauptung, die wir heute dank wissenschaftlicher Erkenntnisse als Lüge erkennen können. Wer aber anderen Wesen das Denken abspricht, spricht ihnen nicht nur Würde ab – er macht sie zu Objekten. Ohne Vernunft gibt es in der westlichen Denktradition kein Ich.

Es gibt allerdings zwei Gründe, warum in der Tradition der Tierbewegung die Leidensfähigkeit der Tiere so eine zentrale Bedeutung erlangt hat. Das wahrhaft Schrecklichste, was die Philosophenwelt in 2500 Jahren Zeitgeschichte für die Tiere hervorgebracht hat, trieb in der ersten Hälfte des 17. Jahrhunderts in Gestalt des Philosophen René Descartes sein Unwesen. Er gilt als der Begründer der Aufklärung und sein Ausspruch „Cogito, ergo sum" (Ich denke, also bin ich) ist legendär. Diese

Denkfigur wirkt bis heute nach – in der Rechtsprechung, der Wissenschaft, ja selbst in der Alltagssprache.

Descartes artikuliert damit auch eine Wirklichkeit, die vielen Tierrechtlern bis heute kaum bewusst ist: die überragende Bedeutung der Denkfähigkeit in der Wahrnehmung der modernen Menschenwelt – und die systematische Funktion der Aberkennung der Denkfähigkeit bei den anderen Tieren. Man nimmt ihnen mit ihr nicht nur die Stimme, sondern das Selbst.

Tatsächlich nimmt Descartes damit im Grunde vorweg, was wir heute wissenschaftlich belegt wissen: eine Trennung zwischen Denken und Fühlen ist tatsächlich unmöglich. Statt jedoch bei den Tieren, die weithin als fühlende Wesen anerkannt sind, deren Fähigkeit zum Denken anzuerkennen, zieht Descartes den umgekehrten Schluss daraus. Im Jahr 1637 schreibt der Psychopath: *„Wenn es Maschinen mit den Organen und der Gestalt eines Affen oder eines anderen vernunftlosen Tieres gäbe, so hätten wir gar kein Mittel, das uns nur den geringsten Unterschied erkennen ließe zwischen dem Mechanismus dieser Maschinen und dem Lebensprinzip dieser Tiere."* Hatten die meisten Philosophen vor ihm den Tieren zwar den Verstand abgesprochen, aber die Empfindungsfähigkeit zugestanden, ist Descartes als Verfechter einer mechanistischen Naturauffassung davon überzeugt, dass Tiere keinerlei „émotions de l´ame" kennen, keinerlei seelische Regungen: *„Sie haben gar keine Seele und folglich auch keine seelischen Regungen. Sie haben kein Bewusstsein, keine Gedanken, keine Gefühle."* Tiere bewegten sich nach rein mechanischen Gesetzmäßigkeiten, ihre Organe funktionierten „*wie eine Uhr, die nur aus Rädern und Federn gebaut ist.*" Der Forschergeist dürfe sie bedenkenlos erkunden, dürfe Organ für Organ demontieren, gerade so wie der Uhrmacher das Räderwerk einer Uhr: „*Brennt man ihre Haut mit glühenden Eisen, dann winden sie sich zwar, schneidet man mit einem Skalpell in ihr Fleisch, dann schreien sie zwar, aber da ist kein wirkliches Empfinden: Ihre Schmerzensschreie bedeuten nicht mehr als das Quietschen eines Rades!*"

Descartes und seine Assistenten führten öffentliche Folterungen durch, bei denen sie lebende Tiere vivisezierten. Sie nagelten Hunde an den Pfoten auf Bretter, legten ihre schlagenden Herzen frei und verbrannten, verbrühten und verstümmelten Tiere auf jede nur erdenkliche Art und Weise. Während sich die Opfer unter Höllenqualen wanden, beruhigte Descartes das sich regende Gewissen der Zuschauer: Die Bewegungen und Schreie seien nur automatische Reaktionen – keine echten Schmerzen.

Descartes überzeugte mit seiner Ansicht nur wenige Zeitgenossen, hinterließ jedoch nachhaltige Spuren – genug, um die entsetzliche Tradition der Vivisektion zu begründen, die bis heute Millionen Opfer fordert. Nirgendwo sonst hat sich seine Philosophie des Zweifelns so penetrant manifestiert wie in der Auseinandersetzung um die Frage, ob Tieren komplexe Gefühle, Gedanken und Intelligenz zugestanden werden können. Im Geist dieser Tradition unterband auch der Behaviorismus über Jahrzehnte hinweg jede tiefergehende Erkenntnis über das Wesen der anderen Tiere – als wissenschaftstheoretisches Konzept mit enormer Breitenwirkung.

Die entscheidende Konsequenz seiner Darlegung zieht Descartes im Jahre 1649 in einem Brief an Henry More[1]: *„Das Leben, von dem ich meine, daß es letztlich in nichts anderem als einer bestimmten Temperatur des Herzens besteht[2], habe ich keinem Tier abgesprochen; und eine Empfindung bestreite ich den Tieren auch nicht, soweit diese von einem körperlichen Organ abhängt. Somit ist diese meine Überzeugung nicht so sehr grausam gegenüber den Tieren als vielmehr etwas, womit ich den Menschen, zumindest denen, die sich nicht dem Aberglauben der Pythagoreer verschrieben haben, den Gefallen tue, indem ich sie von dem Verdacht entlaste, mit dem Verzehr oder dem Töten von Tieren ein Verbrechen zu begehen".*

Prägend für die Tierschutz- und Tierrechtsbewegung in Deutschland war ein gutes Jahrhundert später der Philosoph Arthur Schopenhauer. Obwohl er sich in der Tradition von Kant sah – der bekanntlich für Tiere nichts übrighatte –, war er einer der ersten Denker, der die anderen Tiere in seine Mitleidsethik miteinbezog.

Die Ursachen für die Misshandlung und Rechtlosigkeit von Tieren sah er nicht nur in Religion und Philosophie, sondern auch in der Sprache. Den anthropozentrischen Tierschutz Kants – als Pflicht des Menschen gegen sich selbst – lehnte er als „empörend und abscheulich" ab. Aus Eigennutz, so Schopenhauer, habe

---

[1]Henry More (1614–1687) war ein englischer Philsoph und Theologe. Als Mitglied der „Cambridge Platonists" versuchte er, Vernunft und Spiritualität zu versöhnen, und war ein prominenter Kritiker des cartesianischen Materialismus.

[2]Damit meinte Descartes bloße Körperwärme, nicht Lebendigkeit im geistigen Sinn.

die Philosophie „eine ungeheure Kluft, einen unermess-
lichen Abstand" zwischen Mensch und Tier eröffnet.
Er erkannte die Diskriminierung bereits im Sprachgebrauch der Deutschen, welche für „das Essen, Trinken,
Schwangerseyn, Gebären, Sterben und den Leichnam
der Thiere ganz eigene Worte haben", um sich nicht mit
ihnen identifizieren zu müssen.

Menschen konnte der Einzelgänger Schopenhauer
hingegen wenig abgewinnen – und war dabei nicht einmal selektiv: Auch menschliche Frauen hielt er für min-
derwertig. Die menschliche Willensfreiheit hielt er für
eine Illusion und ihre Fähigkeit zur Vernunft für maßlos
übertrieben. Der „Zweifüßler", wie Schopenhauer die
Menschen gerne nannte, sei im Wesentlichen triebhaft,
gierig und zum wahren Glück nicht fähig.

Seit seinen Studentenjahren ließ sich Schopenhauer
von einem Pudel begleiten. Starb einer, so rückte ein
weiterer Pudel nach. In der Öffentlichkeit nannte er alle
„Atman" nach dem Sanskrit-Wort „Lebenshauch". Är-
gerte er sich über sie, beschimpfte er sie als „Mensch".
Schopenhauer folgerte, dass auf nichtmenschliche lei-
densfähige Wesen Rücksicht genommen werden muss.
Tiere leiden, und wir können Mitleid mit ihnen haben
– für Schopenhauer ein hinreichendes Argument für
moralisches Handeln. Die vorherrschende philosophische und theologische Lehre einer totalen Andersar-
tigkeit von Menschen und (anderen) Tieren hielt er für
narzisstisch und verfehlt. Gerne spottete er über die
menschliche Hybris, die er tief verachtete. Im Mitleid
und Mitfühlen findet nach Schopenhauer eine tatsächliche Identifikation mit dem Anderen statt. Mitleid sei die

Erkenntnis des Eigenen im Fremden. Die Tatsache, dass wir in der Lage sind, mit Tieren mitzufühlen, ist nach Schopenhauer ein Ausdruck unserer Wesensgleichheit. Schopenhauer argumentiert hier noch metaphysisch – was aber durch Darwins Evolutionstheorie kurz vor Schopenhauers Tod enormen Rückenwind erhielt.

Allerdings vertritt Schopenhauer durchaus noch die Ansicht, dass die Tiere zwar verständige, aber vernunftlose Wesen ohne eigenes Denken und Abstraktionsfähigkeit seien. Das „tierische Bewusstsein" ist nach Schopenhauer auf die Gegenwart beschränkt; Kenntnisse von Vergangenheit oder Zukunft blieben ihnen verschlossen. Folglich haben sie nach Schopenhauers Vorstellung einen geringeren psychischen Leidensdruck als menschliche Wesen. Er schreibt: *„Das Recht des Menschen auf das Leben und die Kräfte der Thiere beruht darauf, daß, weil mit der Steigerung der Klarheit des Bewußtseyns das Leiden sich gleichmäßig steigert, der Schmerz, welchen das Thier durch den Tod, oder die Arbeit leidet, noch nicht so groß ist, wie der, welchen der Mensch, durch die bloße Entbehrung des Fleisches, oder der Kräfte des Thieres leiden würde, der Mensch daher in der Bejahung seines Daseyns bis zur Verneinung des Daseyns des Thieres gehen kann, und der Wille zum Leben im Ganzen dadurch weniger Leiden trägt, als wenn man es umgekehrt hielte."* Mit dieser Begründung rechtfertigt Schopenhauer auch den (seinen) Verzehr von Fleisch. Eine Denkkette also, die letztlich besagt: Verzicht ist schlimmer als Tod – aber nur, wenn man Mensch ist. Der Mensch darf das Tier töten, weil es ihm mehr wehtäte, darauf zu verzichten, als dem

Tier, getötet zu werden. Ein brillanter Beweis, dass philosophische Intelligenz nicht unbedingt zu moralischer Klarheit führt. Aber immerhin: Der Pudel durfte leben.

Und auch der Utilitarismus von Jeremy Bentham kennt „gute Gründe", Tiere zu benutzen oder zu töten. Den Tod betrachtet Bentham als nicht besonders schlimm für die Tiere, „denn sie haben nicht, wie wir, jene langsamen und grausamen Vorgefühle des Zukünftigen, und der Tod, den sie von uns empfangen, möchte wohl immer weniger schmerzhaft sein als derjenige, der sie im unvermeidlichen Laufe der Natur erwartet." Wir sehen also, dass eine Überzeugung, die Tieren Empfindungsfähigkeit zuspricht, ihnen aber Vernunft, Sprache oder Moral abspricht, zum einen kein Problem damit hat, dass sie getötet werden – und zum anderen, dass es offenbar möglich ist, auf dieser Basis ein unermessliches Blutbad unter ihnen anzurichten. Sie hindert uns an nichts.

Am Anfang steht das Bild vom Tier, das wir uns von ihm machen. Das Bild vom fühlenden Tier lässt das Unrecht an ihm zu. Das ist die Realität. Wir werden sie nicht verändern, indem wir weiter und weiter vom fühlenden Tier sprechen und an ein Mitgefühl appellieren, das so leicht abzustellen ist – besonders, wenn man nicht unmittelbar konfrontiert wird und wenn es jemandem gilt, der nichts zählt.

Es ist der Rufmord, der dem Mord an ihnen vorausgeht. Man hat den Tieren abgesprochen, was wir an uns wertschätzen – an erster Stelle unsere Vernunft und unsere (vermeintliche) Moralfähigkeit. Mit dieser Zuschreibung grenzen wir uns seit Jahrtausenden von allen anderen Tieren ab. Es ist die Nichtanerkennung ihrer Selbst, die zu den unfassbaren Akten der Barbarei führt. Der Schlüssel zu einem Wandel liegt darin, ein wahrheitsgemäßes Bild der Tierheit zu entwerfen und die Lügen über sie zu zerschlagen.

Dabei geht es nicht nur um biologische Fakten, sondern auch um kulturelle Deutungsmacht – darum, welches Bild von Tierheit sich durchsetzt. Philosophinnen wie Donna Haraway oder Judith Butler haben auf je eigene Weise gezeigt, dass Anerkennung und Realität nie ohne Darstellung und Zuschreibung existieren – wer oder was als Subjekt gilt, entscheidet sich im Bild, nicht in der Biologie.

Es ist das Tier als Vernunftwesen, das das Potenzial hat, ernst genommen zu werden. Und wir haben jeden Grund, endlich anzuerkennen, dass das auch der Wahrheit entspricht.

Warum es Mord ist –
Eine ethische Einordnung nach
rechtlichen Kriterien

Es ist etwas aus der Mode gekommen, aber gerade in den 90er Jahren, also in den Anfängen der Tierrechtsbewegung, war es gang und gäbe, es als Mord zu bezeichnen, wenn Tiere gewaltsam ums Leben gebracht wurden. Und als Mörder galten diejenigen, die Tiere direkt töteten – oder aber auf andere Weise schuldhaft in die Tat involviert waren. Zum Beispiel: Tierfresser.

Mittlerweile wurden unter dem Deckmantel von Glaubwürdigkeit, Vorbildlichkeit und anderen eitlen Imageaspekten Sprechverbote verhängt, die es tabuisierten, das Unrecht an den Tieren mit deutlichen Worten anzuprangern. Der Holocaustvergleich, der in den 70er bis 90er Jahren problemlos verwendet werden durfte, ist heute ein Tabu. Wer jetzt noch von Hühner-KZs spricht, macht sich im Diskurs unmöglich – und zieht massenhafte Ächtung auf sich. Das geht mal gar nicht!, wird einem der erigierte Zeigefinger entgegengereckt wie einem Grundschüler, der seinen Kaugummi unter die Schulbank geklebt hat.

Vor zwei Jahrzehnten war das noch ein rege verwendeter Begriff. Auch politisch Sensiblen war damals klar, dass KZ und Holocaust in diesen Zusammenhängen negativ konnotiert verwendet wurden – also gerade nicht verharmlosend. Wie gesagt: Das war einmal.

2010 urteilte der Europäische Gerichtshof über eine Kampagne der Tierschutzorganisation PETA, bei der auf

Plakaten Fotografien gefolterter Tiere und von menschlichen KZ-Häftlingen nebeneinandergestellt und auf Analogien hingewiesen wurde: „Der Holocaust auf Deinem Teller", hieß es da. Zitiert wurden der jüdische Nobelpreisträger Isaak Bashevis Singer und Theodor W. Adorno, die ein vergleichbares Konzept formuliert hatten: *Auschwitz fängt da an, wo einer im Schlachthof steht und sagt, es sind ja nur Tiere."* Oder: *„Wenn es um Tiere geht, wird jeder zum Nazi. Für Tiere ist jeden Tag Treblinka."*

Der EuGH verbot die Kampagne – allerdings ausdrücklich nicht wegen des Vergleichs an sich, sondern aufgrund der konkreten Umsetzung im vorliegenden Fall. Im Bewusstsein der Rechtsunkundigen blieb allerdings hängen – und wurde auch gezielt so verbreitet –, dass der Vergleich selbst verboten sei. Ist er nicht. Und es wäre einen eigenen Text wert. Hier belasse ich es dabei.

Auch der Begriff „Mord" für die Tötung von Tieren ist im Zuge einer Entradikalisierung der Bewegung mit der Jahrtausendwende nach und nach unüblich geworden. Schade eigentlich, denn er ist so hilfreich, wenn es darum geht, Tötungsdelikte generell moralisch einzuordnen. Aber neuerdings will man nicht mehr anecken.

Unsere herrschenden Rechtsstrukturen taugen – wie wir ja an den Milliarden Opfern sehen – so gar nichts zum Schutz der Tiere. Und eigentlich ist es ganz einfach. Um zu sehen, wie Rechtschutz richtig geht, muss man nur bei den Siegern, bei den Machthabern, schauen, denn die haben sich ganz sicher das Beste genommen und nicht mit dem auch nur Zweitbesten abgefunden. Und das gilt auch und insbesondere für den rechtlichen Schutz der eigenen Person.

Für die ethisch-moralische Argumentation für die Grundrechte der Tiere, insbesondere das Recht auf ihr Leben, ist deshalb der inspirierende Blick ins Strafgesetzbuch auch überaus hilfreich, wenn die Tierfresser mit gehäckselten Rehkitzen auf dem Gemüseacker um die Ecke kommen oder vom schmerzfreiem Töten faseln. Oder uns daran erinnern, wie viele Insekten auf unseren Windschutzscheiben und unter unseren Wanderstiefeln den Tod finden.

Schauen wir uns also zunächst einmal an, wie das im zwischenmenschlichen Bereich gehandhabt wird, wenn der eine den anderen ums Eck bringt.

Tötungsdelikte werden im Strafgesetzbuch nach bestimmten Merkmalen eingeordnet: Bei allen Tötungsdelikten geht es darum, dass jemand durch einen anderen ums Leben kommt. Die Umstände der Tötungshandlung machen – unter Umständen – die Tötung zu unterschiedlichen Straftaten, die jeweils unterschiedlich geahndet werden. Man unterscheidet zwischen Mord, Totschlag und fahrlässiger Tötung. Körperverletzung mit Todesfolge und Tötung auf Verlangen sind ebenfalls Tötungsdelikte, die ich hier jedoch vernachlässige, da sie in unserem Diskurs eine untergeordnete Rolle spielen.

1) Vorsatz und Fahrlässigkeit

Um vorsätzlich zu handeln, braucht es nicht viel: Es reicht, dass man sich mit der Tatfolge abfindet (sogenannter „bedingter Vorsatz"). Man muss also noch nicht einmal wollen, dass der andere draufgeht – auch wenn das natürlich meistens der Fall sein wird.

Im Gegensatz dazu hofft man bei einem fahrlässigen

Verhalten darauf, dass „schon nichts passieren" wird. Dazu gehört auch, dass man mögliche Vorkehrungen unterlässt oder Sorgfaltspflichten missachtet. Man will die Tatfolge explizit nicht – aber man hätte als geistig gesunder und normal intelligenter Mensch mit ihr rechnen müssen. Wenn ich nachts bei Regen mit 200 Sachen über die Landstraße rase und einen tödlichen Unfall baue, kann ich mich also nicht darauf rausreden, dass ich das nicht gewollt habe, selbst wenn das tatsächlich stimmt. Ich hätte wissen müssen, dass mein Verhalten zu diesem Ergebnis führen kann.

Wenden wir diese Kriterien auf Tiere an: So werden diejenigen Tiere, die durch uns zu Tode kommen, weil wir Auto fahren oder wandern, in der Regel nicht einmal fahrlässig getötet. Denn hier sind Vorkehrungen zur Vermeidung ohne drastische Beschneidungen der persönlichen Freiheit des Einzelnen realistischerweise nicht möglich. Diese Tötungen sind tragische Unfälle, die zwar für den Betroffenen furchtbar, aber eben Bestandteil des generellen Lebensrisikos sind, für das niemand etwas kann – zumindest, wenn sich jeder angemessen sorgfältig verhalten hat.

Im Gegensatz dazu begeht ein Bauer, der mit dem Mähdrescher im Rapsfeld Rehkitze zerstückelt, sehr wohl eine fahrlässige Tötung, sofern er keine vorbeugenden Maßnahmen getroffen hat. Denn er muss damit rechnen, dass sich Rehkitze in seinem Feld aufhalten, und er kann Vorkehrungen zum Schutz dieser Tiere treffen.

Bei der Jagd, im Schlachthof und bei der Fischerei hingegen besteht eindeutig Vorsatz – und zwar nicht bloß bedingter Vorsatz, sondern blanke Absicht.

2) Was Mord ist – und wann das Töten von
Tieren darunter fällt

Mord qualifiziert sich gegenüber dem Totschlag durch sein Motiv, die Tatmodalitäten oder die Absicht des Täters. Dies bedeutet konkret, dass das Motiv aus niedrigen Beweggründen bestehen muss, die Tat also aus Habgier, Mordlust oder zur Befriedigung des Geschlechtstriebes erfolgen muss. Was als niedriger Beweggrund gilt, ist immer wieder Gegenstand gerichtlicher Auslegung. So wurde etwa Armin Meiwes – der „Kannibale von Rotenburg" – wegen Mordes verurteilt, obwohl das Opfer Bernd Brandes seine Tötung und seinen Verzehr sogar eingefordert hatte. Das Gericht urteilte: Selbst wenn jemand getötet werden will, ist die Tötung aus solchen Beweggründen rechtlich und moralisch nicht zulässig. Solchen ganz offensichtlich pathologischen Wünschen darf nicht nachgekommen werden.

Auch Schweine werden vorsätzlich ums Leben gebracht, um sie aufzufressen. Es besteht keinerlei Notwendigkeit, es ist ein Akt des Überflusses – und damit ist das Motiv ebenso niedrig wie beim Kannibalen. Ob das Tier einwilligt, ob es vorher betäubt wurde oder nicht: All das ist juristisch unerheblich, wenn das Motiv zutiefst verwerflich ist. Und ebenso wie eine Einwilligung des Opfers daran nichts ändert, genauso ändert es nichts daran, wenn das Opfer vor der Tötung betäubt wurde.

Habgier ist das klassische Mordmerkmal bei allen Tötungen, die zur Einnahmeerzielung erfolgen – etwa bei der Zucht (z.B. Pelztiere), Schlachtungen oder beim Fischen. Wer die davon betroffenen Tiere umbringt, um daran zu verdienen, handelt aus Habgier.

Beim Geschlechtstrieb als Mordmerkmal mag man stutzen – aber die Jagd als ritualisierter Akt mit phallischer Waffe, Adrenalin, Lustmoment und Trophäensucht trägt symbolisch wie praktisch starke sexuelle Züge. Auch ohne diesen Aspekt reicht jedoch schon die Kombination aus Habgier und niedrigen Beweggründen.

Es gibt allerdings auch noch andere Gründe, die eine Tötung zum Mord machen und die mit bestimmten Tatmodalitäten in Verbindung stehen. Ein Mord ist dann ein Mord, wenn er zum Beispiel die Arg- und Wehrlosigkeit des Opfers ausnützt. Auch dieser Umstand ist bei den allermeisten vorsätzlichen Tötungen von Tieren gegeben, weil sie sich nicht wehren können.

Mord ist eine Tötung auch, wenn sie besonders grausam ist, also die Tat ist mit besonderen Qualen für das Opfer verbunden ist. Das ist ganz sicher bei der Tötung von Tieren der Fall, die vor der Schlachtung nicht betäubt wurden. (Weitere Mordkriterien können in unserem Bezug vernachlässigt werden, weil sie bei der Tötung von Tieren üblicherweise keine Rolle spielen.)

Fehlen diese Mordmerkmale, ist eine vorsätzliche Tötung formaljuristisch ein Totschlag – der immerhin mit bis zu 15 Jahren Haft bestraft wird. Mord hingegen wird immer mit lebenslanger Freiheitsstrafe geahndet.

Bei besonders brutalen oder vielfachen Morden oder bei Täterprofilen mit gewalt- oder sexuell motivierter Abartigkeit ordnet das Gericht zusätzlich eine Sicherungsverwahrung an. Das betrifft auch besonders grausame Einzeltaten. Die einzelne Schlachtung eines Rindes würde danach also zweifelsfrei die Kriterien für Mord erfüllen. Die Schächtung – also das vorsätzlich grausame Töten von Tieren bei vollem Bewusstsein – würde im Vergleich zur erstgenannten „herkömmlichen" Schlachtung mit Betäubung die Voraussetzung für das Vorliegen einer besonderen Schwere der Schuld erfüllen und sich diesbezüglich gegenüber einer Schlachtung zusätzlich auszeichnen.

Darin liegt übrigens auch der Unterschied zwischen Schächten und dem unbeabsichtigten unbetäubten Schlachten (Fehlbetäubungen), was ja gern gleichgesetzt wird. Das eine ist gewollte Grausamkeit, das andere fahrlässige Grausamkeit. Für das Tier mag es keinen Unterschied machen – für die rechtliche Bewertung sehr wohl. Und: Massenschlachtungen sind per Definition Tötungen in großer Zahl – also Mord in Serie. Auch hier ist die besondere Schwere der Schuld anzunehmen.

Mit diesen juristischen Maßstäben lässt sich sehr sachlich, präzise und unmissverständlich aufklären, worum es sich bei der Tötung von Tieren handelt – und was es nicht ist. Tierfresser versuchen gern, durch allerlei Vergleiche mit Insekten, Unfällen oder Bauernregelromantik die Sache zu verwirren. Aber die Einordnung ist klar: Es ist Mord. Und dass er ungestraft bleibt, liegt einzig daran, dass das Rechtssystem den Tieren ihre Rechte vorenthält – und ihnen nicht einmal zugesteht, dass ihnen überhaupt Unrecht geschehen kann. Aber wenigstens wir mit einer angemessenen Einordnung nicht zurückhalten. Und uns von Mördern und ihren Komplizen nicht auch noch vorschreiben lassen, wie wir über ihre Taten zu sprechen haben.

Weg mit den Feudalherrenprivilegien – Warum Tierrechte die Abschaffung der Menschenrechte erfordern

Tierrechte und Menschenrechte werden gern in einem Atemzug genannt – wohlgemerkt von Tierschutzbewegten und praktisch nie von Menschenrechtsaktivisten. Allein das macht es mehr als fraglich, ob dahinter wirklich eine sinnvolle Analogie steckt oder es allenfalls eine schwachsinnige, vielleicht sogar im Kern schädliche Phrase ist.

Um dieser Frage nachzugehen, ist eine Begriffsklärung im Vorfeld sinnvoll. Menschenrechte sind zunächst subjektive Rechte, die jedem Menschen gleichermaßen „aufgrund seines Menschseins" zustehen. Dazu gehören das Recht auf Leben, auf Freiheit, auf Unversehrtheit, auf Schutz vor Diskriminierung, Folter und einige andere mehr. Praktisch alle Staaten der Welt anerkennen die Menschenrechte prinzipiell. Sie sind Bestandteil des Grundgesetzes und internationaler Deklarationen. In den meisten Ländern sind Verstöße gegen Menschenrechte mit teils erheblichen Strafen sanktioniert. Menschenrechte müssen nicht gefordert werden. Sie existieren! Sie sind realer Bestandteil des geltenden Rechts praktisch überall auf der Welt.

Wenn wir von Tierrechten sprechen, wird bereits die Definition schwieriger. Viele in der Tierbewegung halten sich für „Tierrechtler", weil sie bessere Schutzgesetze für Tiere fordern, die deren Leiden abschaffen sollen. Historisch gesehen kam der Begriff aber mit einer anderen Konnotation und einer anderen Anspruchshaltung auf: Tierrechtler fordern für die anderen Tiere (zumindest für die denkenden, fühlenden unter ihnen, also diejenigen mit Bewusstsein, die subjektive Erfahrungen machen) subjektive Rechte (also Rechte, die einem Individuum zustehen und nicht bloß eine staatliche Ordnung betreffen) – analog zu den Menschenrechten: konkret zumindest das Recht auf Leben, Freiheit und Unversehrtheit, ganz einfach, weil sie ein vergleichbares Interesse an solchen Rechten haben wie Menschen.

Tierschutzgesetze sind anthropozentrisch konzipiert. Sie definieren die Übergriffsrechte des Menschen auf Tiere und nicht etwa Abwehrrechte der Tiere gegen Übergriffe des Menschen. Selbst das allerbeste Tierschutzgesetz räumt Tieren keine Rechte ein, es beschränkt nur die Verfügungsgewalt des Menschen. Die ersten Tierschutzgesetze wurden erlassen, weil Tierquälerei die menschlichen Täter verroht und Menschen belästigt, und dieser philosophische Ansatz formt das Gesetz. Tierrechte gibt es nur als Idee, im materiellen Recht gibt es sie bisher nirgendwo. Kein einziges Tier von der Muschel bis zum Schimpansen hat bisher auch nur ein einziges Recht zuerkannt bekommen.

Aus diesem Umstand ergibt sich bereits, dass das Nennen beider Begriffe in einem Atemzug die bestehende Realität im Wesentlichen verschleiert: Menschenrechte sind Realität. Tierrechte eine Vision, eine Fiktion. Aber das Problem geht tiefer:

1.) Menschen sind Tiere, sie sind eine Art von vermutlich fünf bis 50 Millionen Tierarten. Von Menschen und Tieren zu sprechen ist so sinnvoll wie von Birken und

Bäumen, Rosen und Blumen, Löwen und Säugetieren, Menschen und Frauen, Schwarzen, Russen. Hier wird ein Gegensatz unterstellt, der de facto gar nicht existiert, da die eine Gruppe implizit Bestandteil der anderen Gruppe ist. Mit dem Auseinanderdividieren wird das jedoch verschleiert, schlimmer noch, es wird indirekt bestritten. Das geschieht natürlich mit der Absicht, unterschwellig zu suggerieren, der Mensch wäre gar kein Tier, allenfalls ein ganz besonderes Tier, das keinesfalls mit den anderen in einem Atemzug genannt werden darf. Diese Botschaft liegt der Floskel zugrunde und in der ständigen Praxis wird sie zur ideologischen Realität ohne Substanz. Die Wendung „Menschen und Tiere" kommt so harmlos daher und ist doch bereits Propaganda gegen Tiere, weil sie spaltet, was eigentlich zusammengehört. Im umgekehrten Sinne gilt das auch für Slogans à la „Menschenrechte und Tierrechte gehören zusammen", hier werden Realität und Fiktion zusammengefügt und damit die rechtlose Realität der Tier verschleiert.

2.) „Menschenrechte" ergeben sich allein aus der Zugehörigkeit zur Art Mensch – so werden sie begründet. Egal, wie dieser Mensch beschaffen ist, hat er dieses Recht per se. Weil er eben Mensch ist. Das Menschenrecht ist also per Definition eine Art Feudalherrenprivileg, ein – zudem selbstverliehenes – Sonderrecht für die herrschende Art – bei völliger Ausgrenzung aller anderen Arten, denen dieses Recht vorenthalten wird. Sind ja schließlich keine Menschen und gehören damit nicht zur privilegierten Spezies, zu der wir uns selbst erklärt haben, weil wir die Macht dazu haben. Das ist klassische Diskriminierung, kraft eines moralisch irrelevanten und metaphysischen Glaubenssatzes „Besonderheit der Zugehörigkeit zu einer Art" werden den einen Rechte verliehen und allen anderen, die dieser Gruppe nicht angehören, vorenthalten. Nach der Logik der Macht ist hierbei die begünstigte Spezies gleichzeitig Partei und Richter in einer Person: Es sind Menschen, die sich selbst Rechte verleihen und den Nichtmenschen diese Rechte verweigern.

Im Menschenrecht drückt sich damit das Rechtsverständnis einer Bananenrepublik aus, es ist eine Art Friedenspakt unter Herrschern. Das ist umso pikanter, weil der Grundidee des Rechts die Absicht vorausgeht, dem „Recht des Stärkeren" aus Gerechtigkeitserwägungen etwas Wirksames entgegenzusetzen. Der Schwächere soll durch das Recht vor dem Stärkeren beschützt werden und nicht etwa der Starke zusätzlich privilegiert. Das Menschenrecht aber tut das Gegenteil: es begünstigt den Sieger und verstärkt dessen Macht. Es stellt eine klassische Zweiklassenjustiz dar. Es ist Herabwürdigung der Machtlosen par excellence. Privilegien zementieren Ungerechtigkeiten zu geltendem Recht. Das Menschenrecht ist damit in seinem Wesenskern ein Unrecht und gehört als ein solches abgeschafft. Es ist eine in Gesetzesform gegossene Ausgrenzung und Erniedrigung aller fühlenden, denkenden Individuen, die dieser privilegierten Art nicht angehören. Aus diesem Grund muss ein Tierrechtler und tatsächlich jeder, dem Gerechtigkeit etwas bedeutet, Menschenrechte ablehnen und ihre Abschaffung einfordern.

3.) Die Unterstellung, man müsse für Menschenrechte eintreten, um Tierrechte fordern zu können, verschleiert die Wirklichkeit in einem zentralen Punkt: Menschen haben Rechte, alle anderen Tierarten hingegen nicht. Wenn Menschen diese Rechte verweigert werden bzw. gegen diese Rechte verstoßen wird – etwa durch staatliches Handeln, diskriminierende Gesetze oder durch Verbrechen – dann widerfährt ihnen Unrecht. Das ist zwar oft nur ein kleiner Trost und für viele ist aus materiellen Gründen juristische Hilfe unerreichbar, um dieses Recht auch erfolgreich einzufordern und durchzusetzen. Ihr Schicksal beruht aber nicht auf dem Umstand, dass sie keine Menschenrechte haben, denn diese Norm gilt auch für sie, sondern darauf, dass gegen ihre Menschenrechte verstoßen wurde – und zwar durch andere Menschen. Normen werden nicht überflüssig oder abgeschafft, nur weil gegen sie verstoßen wird. Jedem Fall von Menschenrechtsverletzung liegt zumindest die Anerkennung zugrunde, dass Unrecht geschieht (und darin immerhin die Chance auf Vergeltung, Sühne und der Auftrag zu Anstrengungen, diesen Unrechtszustand abzuschaffen). Alle anderen Tiere aber erleiden ihr grausames (und zudem menschengemachtes) Schicksal zurecht, weil ihnen das Recht vorenthalten wird. Es besteht allein deshalb völlige Aussichtslosigkeit, dass ihnen Recht und ausgleichende Gerechtigkeit widerfahren! Das Beste, was ihnen widerfahren kann, ist ein Gnadenakt und wir wissen, wie gering selbst diese Aussichten sind.

Besonders pikant wird diese strukturelle Ungerechtigkeit durch die Tatsache, dass die Tiere auch noch unter der Gewalt derer leiden, die Rechte haben. Alle Täter haben Rechte. Menschenrechte. Und fast alle

Menschenindividuen sind gegenüber den Tieren Täter, zumindest Mittäter! Diejenigen Tierschützer und Tierrechtler, die das Menschenrecht so hochhalten, betreiben Opferverrat und übelsten Täterschutz, ein Schutz von Tätern, die keine Strafe befürchten müssen, also die allerfeigsten Täter überhaupt.

4.) Wer ,Menschenrechte' fordert – was in sich ja schon falsch formuliert ist, da es sich dabei, wie erläutert, allenfalls um die Durchsetzung bestehender Menschenrechte handelt, eben weil diese ja schon existieren – fordert Rechte für Täter und Privilegierte ein, und das fast in allen Fällen. Das ist zwar gutes Recht, mag in individuellen Fällen und auch grundsätzlich gesehen durchaus angebracht sein und steht unabhängig und für sich als Herausforderung in der Welt. Es geht hier also nicht um rhetorisch trickreiches Aufrechnen und gegenseitiges Ausspielen von Verlierern. Dies aber mit der Forderung nach Tierrechten zu verknüpfen – die es ja eben nicht gibt und die damit eine echte Forderung darstellen – nennt Dinge in einem Atemzug, die nicht zusammengehören, und relativiert bzw. verharmlost damit das menschengemachte Schicksal der Tiere auf unerträgliche Weise.

Was würde man wohl rückblickend über Leute denken, die bei den Protesten ausgebeuteter Fabrikarbeiter im Industriezeitalter Schilder hochhielten, auf denen stand: ,Fabrikbesitzer haben auch Rechte' und die in ,Arbeiterrechten' eine Diskriminierung des Fabrikbesitzers vermuteten? Ich bin sicher: Wer das bei den Arbeiteraufständen getan hätte, hätte sich schneller kopfüber in der nächsten Linde hängend vorgefunden, als ein Ferkel blinzeln kann. Es wäre zutreffend als schändliche Kollaboration mit dem Feind betrachtet und der Verräter unschädlich gemacht worden. Aus unerfindlichen Gründen springen jedoch die Tierrechtler gehorsam bis begeistert durch den Menschenrechtsreifen, wann immer man es von ihnen verlangt, und verraten damit die Tiere.

5.) Es gibt noch einen weiteren Grund, Menschenrechte abzulehnen. Rechte zu haben macht rasch blind für die Folgen von Rechtlosigkeit. Im Reservat der Privilegien wird die Not der Unterprivilegierten und Entrechteten nicht mehr gespürt. Im Gegenteil gibt es eine starke psychologische Tendenz, stattdessen die Unterprivilegierten zu verachten. Das Menschenrecht macht damit blind für die Folgen der Rechtlosigkeit für die Tiere. Die Gewalt gegen die Tiere mit ihren Milliarden Gesichtern und Schicksalen ist einzig und allein die Folge ihrer prinzipiellen Rechtlosigkeit und dessen, was daraus notwendigerweise resultiert. Es liegt in der Natur des nach Macht strebenden Menschen, dass er alle Möglichkeiten ausnutzt, die ihm unbeschadet ermöglichen, davonzukommen. Diesen Rahmen schöpft er ohne jeden Skrupel aus, wenn er sich rechtlich und gesellschaftlich legitimiert sieht.

Spätestens seit den Milgram-Experimenten wissen wir, dass der Mensch überwiegend vom Gehorsam gegenüber der Macht geleitet wird und nicht von seinem Gewissen. Zumindest in Mitteleuropa und vergleichbaren Staaten nicht mehr; hier breitet sich zunehmend eine Unbewusstheit darüber aus, wie es sich anfühlt, rechtlos zu sein. Wir haben vergessen, welche ungeheure Schutzmacht von Rechten ausgeht, weil wir sie allzu selbstverständlich in Anspruch nehmen und das Gegenteil nie kennengelernt haben. Das Menschenrecht erschwert die Verwirklichung von Tierrechten; es ist sogar ein starker psychologischer Grund, sie anderen Arten zu verweigern. Einen „gerechten Staat" entwirft man nicht als per se egoistisches Triebwesen, wenn man schon vorher weiß, dass man zu den Privilegierten gehört. Nicht umsonst sprach der bedeutendste politische Theoretiker der neueren Zeit, John Rawls, vom „Schleier des Nichtwissens" als Voraussetzung für die Entwicklung einer gerechten Gesellschaftsordnung. Nur, wenn wir nicht wissen, welche Rolle wir in einem fiktiven Staat einnehmen, sind wir überhaupt in der Lage, uns annähernd gerechte Verhältnisse überhaupt vorstellen zu können, weil wir dann die Perspektiven aller Beteiligten einnehmen und die Situationen gegeneinander abwägen. Anderenfalls würden die Allermeisten aufgrund der fehlenden eigenen Betroffenheit Ungerechtigkeiten gar nicht erkennen. Menschen, die das können und auch tatsächlich tun, stellen schlichtweg eine kleine Minderheit dar.

Ein bedeutender Vertreter war im 18. Jahrhundert der Quäker Benjamin Lay. Er war einer der ersten abolitionistischen Streiter gegen die Sklaverei. Und er war ein ernsthafter Veganer, der sich beispielsweise auch weigerte, mit einem Pferd zu reisen. Lay lehnte die Versklavung von Menschen und von Tieren gleichermaßen ab und nannte die Opfer auch in einem Atemzug. Zu seiner Zeit war diese Haltung allerdings noch angebracht und folgerichtig. Tiere und bestimmte Menschengruppen waren allesamt rechtlose, von den Machthabenden entrechtete Sklaven.

Doch wer heute noch ‚Tierrechte = Menschenrechte‘ proklamiert, verhöhnt die Milliarden auch heute noch rechtloser Individuen und den Genozid an ihnen. Und das sind ausschließlich die Nichtmenschen.

Wer Tierrechte will, muss aus diesen genannten Gründen die Abschaffung des Feudalherrenprivilegs Menschenrecht fordern. Das Recht auf Leben, Freiheit, Unversehrtheit, Schutz muss allen Arten zustehen. Nur dann ist es ein Recht und kein Privileg des Machthabers.

Deshalb bin ich gegen Menschenrechte. Deshalb bin ich für Grundrechte für alle fühlenden, denkenden Individuen. Niemand darf aufgrund seiner Artzugehörigkeit benachteiligt oder bevorzugt werden.

Die Freiheit der Anderen –
Wie der Leberwurst-Liberalismus seine Werte
zum Faustrecht verwurstet

Manche Zeitgenossen sehen im politischen Veganismus tatsächlich eine Bedrohung ihrer Freiheit und interpretieren ihn als autoritäre und dogmatische Verbotsphilosophie. Das uns regelmäßig entgegengehaltene Zitat aus Wallensteins Lager vom Freiheitsdichter Friedlich Schiller bringt es deutlich zum Ausdruck. „Leben und leben lassen" drückt aus, dass man sich in seiner persönlichen Lebensgestaltung bedroht sieht, wenn das kleine Wörtchen „vegan" fällt.

Im Wahlkampf 2013 motivierte der Vorschlag der Grünen zu einem bundesweiten „Veggie-Day" die Freiheitlich Demokratische Partei sogar zu einer Pro-Fleisch-Demo. Markig forderten die sogenannten Liberalen „Burger-Rechte" und hielten die Bockwurst in den Himmel wie New Yorks Liberia die Flamme der Freiheit. Das wirkt auf plumpe Art sehr eingängig und wurde medial entsprechend dankbar aufgegriffen. Fressen als Freiheitskampf! Die grünen Veggie-Day-Verfechter fanden sich rasch in der demagogischen Ecke wieder. „Die Grünen wollen uns das Fleisch verbieten", fördert die *BILD* in ihrem Titel die Urangst, es könnte einem jemand das Essen vor der Nase wegschnappen.

Die Grünen haben die Lektion gelernt und verweigern – wie im Münchner Stadtrat – bis heute selbst Bemühungen wie die der Tierschutzpartei, verpflichtend vegane Speiseangebote in Gemeinschaftsverpflegungen einzuführen, was letztlich nur eine praktische Umsetzung von Grundrechtsprämissen auf Glaubens- und Gewissensfreiheit ist und Einschränkungen von Handlungsfreiheit wie beim Veggie-Day vermeidet. Was vor allem offenbart, dass es Ideologen oft an psychologischem Gespür fehlt und sie nur die Sprache der Macht sprechen, die natürlich nach hinten losgeht, wenn man die Macht nicht auf seiner Seite weiß.

Aber bedroht die Abkehr von Wurst und Braten nun wirklich die große Idee von der Freiheit – angeblich ein Wert, der uns noch heiliger ist als Gleichheit, Gerechtigkeit oder Sicherheit –, eine Grundfeste europäischer Kultur? Sind Menschen, die den Veganismus fordern und fördern, Freiheitsverächter und Feinde des Liberalismus?

Dieser Vorstellung liegt zum einen ein quantitativer Freiheitsbegriff zugrunde, der da lautet: „Je mehr, desto besser!" Diese Sichtweise ist freilich zum Scheitern verurteilt in einer endlichen Welt, die auf Konsens und Teilen angewiesen ist, um lebenswert für möglichst viele zu werden und zu bleiben. Und das wusste man schon zu Zeiten der französischen Revolution, als sich der Leitsatz „Freiheit, Gleichheit, Brüderlichkeit" gegen „Freiheit, Gleichheit, Eigentum" durchsetzte.

Freiheit ist die Voraussetzung dafür, dass wir alle unsere Fähigkeiten ausleben können, die uns die Natur gegeben hat. Die Freiheit gibt dem Leben Sinn und Schönheit. Nur in der Freiheit können alle Gefühle empfunden und gelebt werden. Sie macht das Leben reich und würdevoll. Ein Leben in Sklaverei und Gefangenschaft hingegen deformiert Verstand und Seele.

Natürlich wissen wir es, weiß es jeder hinreichend sozial begabte Mensch, dass Freiheit nicht grenzenlos ist, sondern dort endet, wo die Freiheit anderer in unzumutbarer Weise beeinträchtigt wird. Grenzenlose Freiheit wäre das Ende aller – bis auf denjenigen, der sie für sich am erfolgreichsten durchsetzen konnte.

Freiheit ohne Sicherheit und Chancengleichheit bedeutet Freiheit der Privilegierten. Das Recht des Stärkeren wird sich im Klima von Unbegrenztheit seinen Weg bahnen und zur Unfreiheit für viele führen. In der grenzenlosen Freiheit spaltet sich die Welt in Privilegierte und Unterprivilegierte, in Sieger und Verlierer, in Herrschende und Versklavte. Und deshalb braucht die große Idee der Freiheit als Grundlage für Glück, Sinn und Schönheit grundlegende Rechte, die den einzelnen mit einem Schutzzaun umgeben. Rechte, die den notwendigen Raum geben für eine freie und selbstbestimmte Existenz, und die gleichzeitig beschützen vor den Übergriffen jener Vitalen und Starken vom Stamme Nimm, die keine inneren Hemmungen haben, Leben und Lebensqualität der weniger Durchsetzungsstarken zurückzudrängen, zu beschneiden, darüber zu verfügen, um sich an den Möglichkeiten grenzenlos zu bedienen. Eine Freiheit zu etwas hat keinen Wert, wenn es nicht gleichzeitig eine Freiheit von etwas gibt: Eine Freiheit von Unterdrückung, Not, Gewalt.

Freiheit braucht Gerechtigkeit, Sicherheit und gesetzliche Grenzen, weil sie sonst zur Unfreiheit für viele wird. Dies gilt für uns Menschen, aber dies gilt vor allem auch für alle anderen Tiere. Jedes Individuum, dem die Fähigkeit und die Begabung zur Lebensgestaltung mitgegeben ist, hat auch ein grundsätzliches Bedürfnis, diese Fähigkeiten und Begabungen auszuleben und damit sein Leben nach eigenen Wünschen und Vorstellungen zu gestalten.

Doch die Mehrheit der Einwohner dieses Landes, die neben und mit uns Menschen leben, kennen keine Freiheit, keine Sicherheit, keine Fairness. Sie sind aus unserem System vollständig ausgeschlossen. Sie sind rechtlos, sie sind wertlos, sie sind Freiwild. Allein nur deshalb, weil sie der falschen Art angehören, hat man ihnen mit dem Recht des Stärkeren die Rolle zugeteilt, Mittel zum Zweck für unseren Gebrauch zu sein.

Und das ist auch das große Pech der anderen Arten, denn da, wo die Freiheit grenzenlos ist, wird sie auf dem Rücken der Unfreien ausgelebt. Unsere menschliche Welt der beschützten Freiheit ist auf den Knochen der Tiere errichtet, weil gegenüber Tieren unsere Freiheit ein unbegrenztes Privileg ist, über Leib und Leben der anderen Arten zu verfügen, während die anderen Tiere weder ein Recht auf Freiheit von etwas noch zu etwas haben. Wir Menschen haben uns Kraft unserer Macht dazu selbst ermächtigt, indem wir die Grundrechte, die wir selbst in Anspruch nehmen, allen anderen Arten vorenthalten. Für Tiere bedeutet ein Leben in diesem freien, zivilisierten Land Barbarei, Unterdrückung, Willkür, Tyrannei, Gewalt, Tod. Unsere vermeintliche menschliche Freiheit ist die Unfreiheit der anderen Tiere und damit tatsächlich ein Verrat an der Idee der Freiheit.

Nach der Wahl 2013 konstatierte man unisono: Der Forderung nach dem albernen Veggie-Day verdankten die Grünen ihre Stimmeneinbrüche, weil sie den Bürgern an einem Tag in der Woche vorschreiben wollten, was sie (nicht) zu essen haben.

Doch dazu gehört auch der andere Teil der Wahrheit: Dass es die FDP, die sich so pressewirksam dem grünen Fleischverbot widersetzte, bei dieser Wahl noch nicht mal über die 5%-Hürde schaffte, hat seine Ursache in deren Degradierung der Freiheitsidee auf das quantitative Niveau der Unersättlichen. Und diese Freiheit der Privilegierten ist nur ein Ausdruck des Rechts des Stärkeren und das Gegenteil von echter Freiheit.

Das werden die mampfenden Schinken-Speck-Gesichter, die Apologeten des Wurstwahns, die Freiheit sagen und Fraßgier meinen, schon bald merken: Freiheit ist immer auch die Freiheit der Anderen und je nachdem, welche Rolle wir den Tieren zuschreiben, beantworten wir die Freiheitsfrage des Tierfressers anders: Sind die Tiere „Mittel zum Zweck", also Nahrungsmittel, so ist der offensive Veganismus in der Tat ein Affront gegen die Autonomie des Einzelnen. Erkennt man in den Tieren aber „den Zweck an sich", so tritt der Veganismus in den Dienst der Freiheit und erklärt sich mit den Unterworfenen solidarisch, weil das Tierfressen unmittelbar einen fundamental vernichtenden Angriff auf die Würde des Tieres darstellt. Da Freiheit im eigentlichen Sinn auf der Anerkennung der Eigenrechte des Körpers beruht, stellt das Tierfressen selbst einen feindlichen Akt gegen die Freiheit dar.

Das allerdings berücksichtigen engagierte Veganer und Tierrechtsaktivisten in ihrer gesellschaftlichen Arbeit leider nicht oder auf die falsche Art. Die einen bedienen sich einer Verbotssprache (Tiere im Zirkus müssen „verboten" werden, Massentierhaltung muss „verboten" werden, Kettenhaltung „verboten" werden); darunter fällt auch die Forderung nach einem Veggie-Day oder auch das verbreitete Demo-Motto „Schließung aller Schlachthöfe" – und damit eines Framings, das unmittelbar auf die menschliche Handlungsfreiheit losgeht. Das klingt in der Tat autoritär und provoziert einen vermeidbaren Widerspruch.

Auf der anderen Seite stehen diejenigen Veganer, die vor lauter zur Schau getragener Toleranz die Opfer verraten. Man fragt sich da schon, woher die fehlende Bereitschaft kommt, stattdessen die Freiheitsrechte der Tiere zu vertreten und die Argumentation darauf abzustellen, denn nur so werden wir überhaupt verstanden werden können.

Veganismus ist tatsächlich eine Ode auf die Freiheit und sie lautet: Freiheit für alle Tiere. Mehr Freiheit geht nicht, weil sie alle Individuen meint. Die Freiheit der Wurstanbeter meint nur den eigenen Bauch; sie ist ein Privileg, das mit Gewalt erbeutet wurde. Aber kein Wert an sich. Es wird Zeit, das klar zum Ausdruck zu bringen, dass diejenigen, die das freie Fressen fordern, die Idee von Freiheit überhaupt nicht verstanden haben.

Warum der Umweltschutz
Tierrechte übersieht:
Eine kritische Auseinandersetzung mit einem
anthropozentrischen Konstrukt

Umweltschutz und Tierrechte gelten oft als verwandte Anliegen. Doch in Wahrheit trennt sie ein tiefer Graben – nicht nur in den Ansätzen, sondern in ihrer gesamten Weltsicht. Während Umweltschützer Tiere und ihre Rechte meist nur als Elemente eines funktionierenden Ökosystems betrachten, übersehen sie den intrinsischen Wert des einzelnen Tieres – insbesondere aus Sicht des betroffenen Individuums selbst.

Der Umweltschutz ist häufig von einem anthropozentrischen Weltbild geprägt: Der Mensch als Maßstab aller Dinge, die Natur als bloße Lebensgrundlage. Genau hier beginnen die Spannungen mit den Tierrechten. Das erstaunt umso mehr, als für viele von uns Naturschutz und Tierrechte untrennbar zusammengehören. Umweltschützer halten sich oft ganz selbstverständlich für Tierschützer – nur verstehen sie darunter etwas völlig anderes.

Erkannt haben wir das schon länger, spätestens, seit Greenpeace öffentlich Reue für die Rettung der Robbenbabys zeigte und sich für seine Anti-Robbenfell-Kampagne entschuldigte, weil diese den Ureinwohnern angeblich die Lebensgrundlage geraubt habe. Spätestens seit einigen Abweisungen von Greenpeace, Tierrechtsveranstaltungen mit Namen und/ oder tatkräftiger Hilfe zu unterstützen, manchmal sogar mit dem Wortlaut: „Wir sind Umweltschützer, keine Tierschützer." Spätestens, seit sich die Umweltschützer so vehement für das Abknallen der Rehe „zum Schutze des Waldes" einsetzen, und sich somit kaum mehr von den grünbemäntelten Lustmördern unterscheiden lassen, außer vielleicht, dass ihnen die Jäger mit zu viel Vergnügen morden und dann auch noch nach anderen Auswahlprinzipien, als die Naturschützer anzubieten haben.

Die allgemeinen Begründungen für die Rettung der Natur sind für Tierrechtler von trostloser Geistesschlichtheit. Der Tenor ist gewöhnlich der: die Natur ist zu schützen, weil sie als Lebensgrundlage für den Menschen (über-)lebensnotwendig ist. Tiere existieren nur als Arten und nur als Art dürfen sie nicht aussterben, damit sich „unsere Kinder und Kindeskinder" noch an ihnen erfreuen können, oder weil sie im ökologischen Kreislauf ihre Rolle zu spielen haben.

Naturschützer vertreten in der Regel ein – bewusst oder unbewusst – anthropozentrisches Weltbild. Das erwachende Bewusstsein für alles Nichtmenschliche, für die Natur und die Tiere, stellt noch keine geistige Revolution dar. Der Mensch bleibt weiter im Mittelpunkt und das Maß aller Dinge. Das anthropozentrische Weltbild wurde lediglich modernisiert und den Bedürfnissen und Erfahrungen der heutigen Generation angepasst. Die Natur und die Tiere werden nicht „um ihrer selbst willen" als schutzwürdig angesehen, sondern als Grundlage für das Wohlbefinden und letztlich das Überleben der menschlichen Art.

Das Naturverständnis entlarvt sich bereits im Wort Umweltschutz. Myriaden Tiere und Pflanzen, die Erde, das Wasser, die Luft ist die Um-Welt, die uns als Menschen um-gibt. Sie ist um uns und für uns geschaffen, sie dient dem Fremdzweck Mensch und nicht dem Selbstzweck. Sie ist keine Mit-Welt, sondern hat sich auf den Menschen hinentwickelt, eine Vorstufe für seine Herrlichkeit. Die Welt als Umgebung, nicht Lebensgemeinschaft – sondern Kulisse.

Nur wenige Naturschützer denken über die artegoistischen Strukturen ihrer Gesinnungsgenossen hinaus und verstehen die Natur mit allen ihren Individuen als um ihrer selbst Willen existent. Sie denken nur für sich und wirken nicht auf ein gründlicheres Umdenken hin.

Die Naturschützer pflegen weiter die Politik der Selbstvergötzung des Menschen. Das zeigt sich am deutlichsten darin, dass sie sich niemals für das einzelne Tier einsetzen, ja auch nicht mit ihm fühlen. Nur „Arten" sind Ihr Engagement wert, vor allem, wenn sie am Aussterben sind. In den Führungszentren von BUND oder Vogelschutzbund und dergleichen Vereinigungen ist die Abkehr vom anthropozentrischen Weltbild kein Thema. Wer stirbt, ist egal – solange die Art überlebt.

Man stelle sich vor, Amnesty International würde die Folter in Pinochets Chile mit den Worten rechtfertigen, durch die Folter würden keine Menschenrassen in ihrer Existenz gefährdet. Unvorstellbar – aber sobald die Opfer Tiere sind, ist diese Logik gesellschaftsfähig. Es ist die gleiche zynische, lebensverachtende Ideologie, die uns vom Tierexperimentator bis zum Zoodirektor die ganze Riege der Todbringer verkaufen will. Es ist die gleiche Verachtung, die sie alle dem einzelnen fühlenden und lebenden Tier entgegenbringen. Es ist im Kern totalitäres

Denken, das das Individuum einem „höheren" Zweck unterstellt und es opfert, wenn es dem Ziel nicht dient.

Manchmal nimmt der aufmerksame Zeitungsleser aber doch eine Veränderung war. Die deutschen Grünen, die im Gegensatz zu ihren österreichischen oder italienischen Parteipendants den Naturrechtsgedanken nicht aufgegriffen haben, sprechen auf ihrem Parteitag erstmalig vom „Selbstzweck" der Natur [Anm.: Dies bezieht sich auf einen Parteitag Anfang der 90er Jahre]. Achtung vor dem Lebens- und Existenzrecht eines jeden Tierindividuums bedeutet dies allerdings bei Weitem noch nicht. Die Revolution in den Köpfen wurde damit nicht vollzogen. Die unbegreifliche Hundefeindlichkeit vieler Ökofreaks und Umweltfuzzis ist dafür ein offensichtliches Zeichen.

Tierrechtler hingegen haben fast durchweg verstanden, dass Naturschutz ein wesentliches und wichtiges Anliegen ist, was sicher nicht nur damit zusammenhängt, dass dieses Thema schon lange in der Mitte der Gesellschaft angekommen ist. Naturschutz ist natürlich auch mit der Idee des Tierrechts verwoben. Wenn der Lebensraum von Tieren vergiftet und zerstört wird, leiden und sterben die dort lebenden Tiere unmittelbar und es geschieht ihnen dadurch schweres Unrecht.

Allerdings findet dieser Umstand noch keinen Widerhall in der tierrechtlerischen Terminologie. Immer noch spricht man von zwei wichtigen Themen getrennt: Tierschutz/ Tierrechte und Naturschutz.

Als Tierrechtler sollten wir aber den Terminus Umwelt- bzw. Naturschutz aus unserem Vokabular tilgen, weil damit das hier beschriebene anthropozentrische

Weltbild verwoben ist. Wir sollten die Notwendigkeit von Naturschutz mit Tierrechten begründen: dem Recht eines jeden Tieres auf Unverletzlichkeit seiner Wohnung, also seines Lebensraumes, seiner Heimat. Es ist sein Grundrecht, das verletzt wird, wenn sein Zuhause zerstört wird.

Neuere Ansätze, etwa aus Australien, brechen bereits mit der kalten Sprache des „Arten- und Habitatmanagements" und begreifen das Zerstören von Lebensräumen als das, was es ist: ein Gewaltakt gegen empfindsame Individuen. Tiere werden hier nicht mehr als Bestandteile eines Ökosystems betrachtet, das es zu „erhalten" gilt, sondern als Bewohner eines Territoriums, das ihnen zusteht – nicht, weil sie nützlich oder schön sind, sondern weil sie ein Existenzrecht haben, ein Lebensrecht, das an ihre Lebensgrundlage gebunden ist. Die Idee, dass Wälder, Küsten, Savannen nicht uns „zur Verfügung stehen", sondern Tiere darauf das erste Recht haben – auf Unverletzlichkeit, auf Heimat, auf Rückzugsräume – markiert eine überfällige Verschiebung: weg vom ökologisch bemäntelten Kolonialismus hin zu einem tatsächlichen Bruch mit dem Herrschaftsanspruch des Menschen. Hier wird nicht länger gefragt, was Tiere für uns bedeuten, sondern was wir ihnen schulden.

Dies markiert eine überfällige Verschiebung: weg vom ökologisch bemäntelten Kolonialismus hin zu einem tatsächlichen Bruch mit dem Herrschaftsanspruch des Menschen. Hier wird nicht länger gefragt, was Tiere für uns bedeuten, sondern was wir ihnen schulden, die mit den gleichen und sogar älteren Rechten auf dieser Erde leben, die ihr Zuhause ist.

Im Namen der Fledermaus
ergeht folgendes Urteil

Die geplante Rodung des Hambacher Forsts wurde durch das Oberverwaltungsgericht Münster im Eilverfahren gestoppt. Die zehntausenden Demonstranten, die seit Wochen für den Schutz des Waldes vor Ort kämpften und in Baumhäusern besetzt hielten, waren nur Begleitmusik. Durchgesetzt hat sich die kleine Bechsteinfledermaus. Und während die Polizei in einer beispiellosen Räumungsaktion die Aktivisten aus dem Wald brachte, obsiegte die kleine Fledermaus vor Gericht. RWE darf den Wald, der ihre Heimat ist, nicht roden, um den Braunkohletagebau zu erweitern. In diesem Sinne hat das Artenschutzgesetz ganze Arbeit geleistet. Und es hat etwas Symbolisches, dass es Fledermäuse waren, die Verwüstung des alten Waldes verhindern konnten, und nicht Menschen.

Es sollte uns allen eine Botschaft sein: *Nur*, wenn wir wie Anwälte die Interessen der Tiere *jenseits* der eigenen, *jenseits* jeder Ideologie entschlossen vertreten, werden wir siegen. Das Interesse der Baumhausbewohner am Wald, wie sie in einer vielgeteilten Rede die Aktivistin „Winter" zum Ausdruck brachte, ist das schwächste Argument und nimmt sich zynisch aus vor dem Hintergrund, dass RWE im Begriff war, einen Völkermord an den Personen zu begehen, die den Wald dauerhaft bewohnen und für die er die einzige Lebensgrundlage ist und nicht nur ein geliebter Aufenthaltsort. Die besonders geschützte Bechsteinfledermaus steht für alle, denen die Rodung den sicheren Tod gebracht hätte. Sie hätte mit dem Leben bezahlt, die Menschen nur mit Lebensqualität.

So funktioniert Naturschutz in seiner einzig wahren, unideologischen und kraftvollen Form: Die Anerkennung der Unantastbarkeit der Würde aller Tiere und demzufolge ihres Rechts auf Leben und eine freie und sichere Existenz, welche die Unverletzlichkeit der „Wohnung" – in diesem Fall der Hambacher Forst – einschließt. Mit dieser Botschaft lösen wir uns vom naturverklärendem Rousseau-Romantizismus und knüpfen an Kernwerte an, die unsere Gesellschaftsform ausmachen und die allen Personen jenseits von Artzugehörigkeiten zur Verfügung stehen sollten und müssten.

Der Fall der Bechsteinfledermaus zeigt: Nicht der Mensch als Sprecher der Natur, sondern das Tier selbst – als rechtlich anerkannte Person in eigener Sache – kann zum rettenden Subjekt werden. Der Wandel beginnt dort, wo wir aufhören, Tiere als Ressource oder bloßen Bestandteil „der Natur" zu begreifen, und sie stattdessen als Träger eigener Interessen erkennen – Interessen, die unabhängig vom Menschen gelten. Nicht mehr der Wald „für uns", sondern der Wald „für sie". Das ist kein romantischer Luxus, sondern eine ethische Notwendigkeit. Hier liegt die Aussicht auf eine gemeinsame und bessere Zukunft.

Zerfall und Dekonstruktion

Im zweiten Teil dieses Buches wird der Fokus auf die äußeren und inneren Prozesse gelegt, die die Tierrechtsbewegung von ihrer ursprünglichen Vision entfernt haben und sie in einer paradoxen Situation von Selbstkritik und Selbstzerstörung gefangen halten.

Der Zerfall, von dem hier die Rede ist, ist nicht nur ein schleichender Prozess von außen, sondern auch eine Folge der eigenen inneren Widersprüche und unklaren Zielsetzungen. Dekonstruktion bedeutet in diesem Zusammenhang, dass wir uns nicht nur mit den externen Angriffen auf die Bewegung auseinandersetzen, sondern auch die eigenen Strukturen und Narrative auf ihre Bruchstellen hin untersuchen. Welche Fehler und Missverständnisse haben zur Zersplitterung geführt? Welche fehlerhaften Denkansätze hindern uns daran, als Bewegung zu wachsen und effektiv zu handeln? Die Analyse dieser Dynamiken wird uns aufzeigen, wie die Bewegung von außen demontiert wird und sich gleichzeitig selbst zugrunde richtet.

Chronik eines Verrates –
Die hessischen Grünen vergraulen ersten amtlichen Tierschützer

Der folgende Text aus dem Jahr 1992 und damit aus den Anfangsjahren der Tierrechtsbewegung ist ein zeitgeschichtliches Dokument des politischen Scheiterns, das verdeutlicht, dass Tierschutz und Tierrecht eben keine grünen und linken Themen sind, wie häufig kolportiert wird. Es sind Themen, die alle politischen Richtungen widerspruchsfrei zu ihrer Agenda machen können – und genauso leicht abweisen, wenn sie sich auf die hässlichen Seiten ihrer politischen Ideologie berufen.

Wiesbaden - Die erste realistische Hoffnung auf praktische Umsetzung von Tierschutz und Tierrechten in Deutschland ist vorerst gescheitert. Genauer gesagt: sie ist systematisch vernichtet worden. Und zwar von der Partei, von der vermutlich die meisten Wähler glauben, sie setze sich für „die Natur" und die Tiere ein. Es muss ganz klar festgestellt werden: Es waren die Grünen, die den weltweit ersten amtlichen Tierschutzbeauftragten Ilja Weiss von seinem Posten vertrieben haben. Der hessische Umweltminister Joschka Fischer hat alles getan, um Ilja Weiss die Hände zu binden und jede wirksame Arbeit unmöglich zu machen, was er noch mit höhnischen Sprüchen garnierte („Wir können ihn ja zum Schlachthofdirektor machen!").

Die hessischen Grünen innerhalb und außerhalb der Fraktion haben Fischers Vernichtungsfeldzug nicht gebremst, und auch die Bundesgrünen haben sich nicht so verhalten, als sei hier ihre Sache betroffen (Man stelle sich vor, ein Minister hätte hier oder anderswo einen engagierten Anti-Atomstreiter aus dem Amt gejagt oder eine Frauenbeauftragte abgesägt...). Hier zeigt sich deutlich, welchen Stellenwert die Tiere bei den Grünen haben. Die Wähler, die das Wohl der Tiere bei ihren Wahlentscheidungen mitberücksichtigen, werden sich das merken! Und der größere Fraktionspartner SPD schaute unbeteiligt zu...

Die Idee, den Tierschutz politisch zu etablieren und das Amt eines Tierschutzbeauftragten einzurichten, kam ursprünglich von unerwarteter Seite, nämlich von dem damaligen hessischen Ministerpräsidenten Walter Wallmann, CDU. Die Verblüffung war groß, als er für das neu erfundene Amt auch gleich einen konsequenten, offensiv vorgehenden Tierrechtler berief.

Es sah aus wie der wohl größte politische Erfolg der Tierrechtsbewegung des letzten Jahrzehnts, wenn nicht des Jahrhunderts, dass endlich dem Tierschutz ein Platz in der Politik eingeräumt wurde. Das Instrument zur (überüberfälligen!) Wahrnehmung der Interessen der entrechteten Tiere musste freilich erst zurechtgeschliffen werden, da es ja kein Vorbild gibt. Und dafür war Ilja Weiss der richtige Mann, kam er doch nicht aus den Reihen des ängstlich-anpasserischen klassischen Tierschutzes, sondern „von der Front". Auf Aberhunderten von öffentlichen Veranstaltungen, in Reden und Diskussionen, Interviews, Schriften und Briefen, in Fernsehen und Radio, in den Pressemedien ebenso wie in kleineren Gasthaussälen auf dem Dorf oder bei Streitgesprächen mit Pharmabossen und Forschungskoryphäen hatte er über zehn Jahre lang Flagge gezeigt.

Wir wundern uns im Grunde noch immer, dass Wallmann seinerzeit mit der Berufung von Ilja Weiss einen so kühnen Schritt gewagt hat - gegen die massiven Widerstände aus den eigenen Reihen und des Koalitionspartners FDP und gegen die noch massiveren aus den mächtigen Verbänden der Tiernutzer wie Pharmaindustrie, Jägerschaft, Forschungsgesellschaften, Pelzhandel und, und, und - bis hin zum Zoohandel.

Der neue Tierschutzbeauftragte nahm jedenfalls die Herausforderung an und stürzte sich mit Elan, Einfallsreichtum, Kampfgeist und diplomatischem Geschick in die Arbeit. Aber es blieb ihm nur ein Jahr Zeit, ein Jahr, das er, obwohl hier und da zu Kompromissen gezwungen, gut zu nutzen verstanden hat, auch um die Möglichkeiten auszureizen und Weichen für die Zukunft zu stellen. Doch dann verlor Wallmann die nächste Wahl. Das schien uns für die Institution, die er ins Leben gerufen hatte, nicht das Ende zu bedeuten, und auch für den – parteipolitisch ungebundenen – Amtsträger Ilja Weiss hörten wir nicht das Totenglöckchen läuten. Warum auch? Die Wahlsieger SPD und Grüne hatten ja als Opposition dem Amt und der Position zugestimmt und sogar noch mehr gefordert, nämlich die noch unabhängigere Stellung des Tierschutzbeauftragten. Ihrer damaligen Forderung gemäß hätte die Position – mit einer sachkundigen Stabsstelle – beim Landtag angesiedelt werden sollen, also von Weisung der Regierung unabhängig und nur dem Parlament verantwortlich sein. Das konnte Wallmann mit seiner CDU/FDP nicht durchsetzen. Nun aber hatten SPD und Grüne das Sagen und konnten ihre Idee ohne Widerstände verwirklichen.

Doch es kam alles ganz anders. In der Koalitionsvereinbarung der beiden Parteien heißt es zwar noch: „Das Amt des Tierschutzbeauftragten bleibt erhalten." Und Ilja Weiss musste aus arbeitsrechtlichen Gründen auch zunächst übernommen werden. Aber vom ersten Tag sägte der frischgebackene Umweltminister Joschka Fischer an seinem Stuhl. Über die Methoden und Machenschaften, die er dazu einsetzte, liegt uns eine Menge Material vor. Und jeder verlogene Regierungssprecher der EX-DDR oder ähnlicher Gebilde könnte stolz sein auf die Bemäntelung, mit der die systematische Ausbootung eines Unbequemen kaschiert wurde. Diesen Teil überließ Fischer seiner Gesundheitsministerin Iris Blaul, die lästigen Fragern und Interviewpartnern mit schöner Unschuld weismachte, man habe jetzt sogar mehr Tierschutz als zu Wallmanns Zeiten. Dem habe der Tierschutz doch nur als Wahlschlager gedient. Haltet die Diebin! Wie kann die Einsetzung eines Tierschutzbeauftragten mitten in der Wahlperiode auch ein Wahlschlager sein? Und kann man, wenn man nur auf Popularität schielt, sich überhaupt eine nennenswerte Anzahl von Wählerstimmen für so unpopuläre Ideen wie die Abschaffung exotischer Tiernummern im Zirkus, Einschränkung des Fleischkonsums oder der Sportjagd und -fischerei versprechen?

Nein, die Grünen haben genau das getan, was sie Wallmann unterstellten: Nach außen gelogen und in Wahrheit dem ethisch-politischen Tierschutz die Basis entzogen. Schon die Zuordnung zum Gesundheitsministerium und hier zu einem neuen Ressort namens „Lebensmittelüberwachung, Tierschutz und Veterinärwesen" zeigt, wo sie das Tier angesiedelt sehen: bei den Lebensmitteln und sonstigen Gebrauchsartikeln. Also genau da, wo wir Tierrechtler es weghaben wollen.

Wir schlagen den Grünen noch ein paar Ressorts vor, um reaktionäre Gedanken besser verwirklichen zu können. Zum Beispiel ein Amt für „Müllabfuhr, Ausländerbetreuung und Straßenreinigung" oder für „Frauen, Küche und Kinder".

Und so sieht denn auch die Bilanz des ersten rotgrünen Regierungsjahrs für den Tierschutz aus. Klitzekleine, längst überfällige Verbesserungen (das Verbot der Abrichtung von Jagdhunden an lebenden Enten, Verzicht auf Tierversuche für angehende Apotheker an der Marburger Universität), eine Ankündigung, im Bundesrat eine Verordnung gegen qualvolle Pelztierhaltung einbringen zu wollen (eine Initiative, die auf der fertigen Vorarbeit von Ilja Weiss beruht!) und ansonsten: Ilja Weiss hat das Handtuch geworfen und seinen Posten geräumt. Wenn es in der Zeitung hieß, eine hohe Abfindung habe ihm seinen Abgang „versüßt", so ist das nur eine Ausdrucksweise eines Menschen, der keine Vorstellung davon hat, wie bitter es ist, nicht für den Tierschutz arbeiten zu dürfen, wenn man alle Voraussetzungen dafür hätte. Ansonsten Schweigen im Walde. Besonders im Blätterwald, wo es nur noch so rauschte von Tierthemen, als der Profijournalist Weiss noch keinen Maulkorb tragen musste.

Zurzeit bastelt die Gesundheitsministerin Blaul an einem Alibi, dem sogenannten Tierschutzbeirat. Wer immer sich dafür einspannen lässt - diese Einrichtung kann niemals ein politisch schlagkräftiges Instrument werden. Es bleibt ein ehrenamtliches Beratungsgremium, in dem niemand vollberuflich, täglich und praktisch effizient arbeiten kann – schon aus Zeitgründen. Die Politiker aber können sich damit schmücken, ohne eventuelle Vorschläge aufgreifen zu müssen. Das Amt des Tierschutzbeauftragten soll angeblich neu ausgeschrieben werden, (wenn man das nicht „vergisst"). Nun, vielleicht findet sich ein pflegeleichter Tierfreund (wer ist schließlich kein „Tierfreund"?), der zu den Bedingungen der grün angestrichenen Anthropozentriker den Posten übernehmen mag. Vielleicht der Schlachthofdirektor.

Zerrspiegel –
Wie die erste Tierrechtsreportage im deutschen Fernsehen zu einem Machwerk des tendentiösen Journalismus geriet

Wer sich mit Inhalten nicht auseinander setzen will oder kann, der diskreditiert diejenigen, welche die Inhalte vertreten. Von der *SPIEGEL TV*-Redaktion erwarteten wir einen intelligenten und fairen Bericht über ein neues gesellschaftliches Phänomen: Engagement für die Rechte der Tiere. Vielleicht mit einer Prise Spott über einige Unzulänglichkeiten in unseren Reihen garniert, wie es der Stil des Hauses verlangt. Aber dass stattdessen eine Diffamierung der gesamten Tierrechtsbewegung beabsichtigt war, hatten wir *SPIEGEL-TV* nicht zugetraut. Am 6.März 1993 strahlte *SPIEGEL TV* das Ergebnis wochenlanger Recherche bei verschiedenen Tierrechtsgruppen zwischen der Nordsee und den Alpen aus. Das Ergebnis: ein perfides, verlogenes und verleumderisches Machwerk auf niedrigstem Niveau.

Auf Stephan Austs Geheiß zog also die junge, sichtlich unerfahrene Sabine Deichsel mit einem Kamerateam los, die Tierrechtsszene zu diskreditieren. Journalistisch wenig ausgereift, zeigte die Frau andere Qualitäten bis zur Vollendung: Falschheit und Verlogenheit. Wir können uns im Rahmen der Tierschutzberichterstattung nicht erinnern, darin sind sich wohl alle Tierrechtler einig, dass jemand mit so viel Heimtücke an eine Aufgabe herangetreten ist wie die blonde, ruhige Hamburgerin. Doch stille Wasser gründen tief, und diese Reporterin ließ uns in Abgründe blicken. Die Denunziation, die sie den Tierrechtlern vorwarf, beging sie selbst: Mit Schmeicheleien, Sympathiebekundungen für die Thematik, ein paar Streicheleinheiten für den Hund schleimte sie sich ins Vertrauen, um dann zum Dolchstoß, zum Niedermachen von allem und jeden auszuholen.

Doch der Stoß ging ins Leere. Zu billig war die Aufmachung, zu durchsichtig die verfolgte Absicht. „Wir lassen uns unsere Vorurteile nicht nehmen", stand ungeschrieben über dem Beitrag, der dann durch willkürliche Schnitte, tückische Kameraeinstellungen und aus dem Zusammenhang gerissenen Zitaten, unterlegt mit dem süffisanten Ton des Kommentators, die Klischeemeinung der unwilligen Redaktion bestätigen sollte.

Mit dem kleinen Wörtchen „deutsch" lässt sich alles schnell ins schräge Licht rücken, und die ganz Aufmerksamen wussten schon, in welche Richtung die ganze Reportage tendieren würde, kaum, dass Aust in der Anmoderation den Mund auftat: „Der Deutsche an sich ist sehr tierlieb...". „Deutsch" kommt dann gleich mehrmals vor, beispielsweise, als Jagdsaboteure im „deutschen Wald" „unser aller Wild" schützten. Und weil das nicht genug war, goss man gleich noch einen Schuss „deutschen Antisemitismus" in den Topf: eine junge Frau, von der kein Mensch in der Tierrechtsszene je gehört hat und die auf eigene Faust Plakate gegen das Schächten an Litfaßsäulen klebt, wurde als „Tierrechtlerin" vorgestellt, die ein ganzes Volk verunglimpft. Ja, da haben wir sie erwischt, die Tierrechtler: verkappte Antisemiten! Gleichzeitig werden sie aber auch mittels einer locker hingeworfenen Bemerkung ohne den geringsten Beleg mit der

RAF in Beziehung gesetzt - die bekanntlich nicht gerade rechts und rassistisch orientiert war.

Eine rechts, eine links, und das Ganze gleich nochmal: Das öffentliche Anprangern von grauenhaften Tierversuchen unter Namensnennung der Täter ist „Geißelung aus dem Arsenal des Denunziantentums". Nebenbei: Sind Denunzianten nicht Leute, die Unschuldige anschwärzen oder schuldlos Verfolgte an eine üble Staatsmacht ausliefern? Da lässt *SPIEGEL-TV* die Neuroanatomin Dr. Jean-Alice Büttner-Ennever, der mindestens 200 Affen zum Opfer gefallen sind, eine ältere Frau, mit zitternder Stimme und weichem englischen Akzent eine anonyme Morddrohung verlesen, die sie angeblich erhalten hat. Mitleidheischend. Von den Affen, den wirklichen Opfern, kein Sterbenswörtchen. Der *SPIEGEL* rechtspositivistischer als die Gerichte, die beispielsweise den Tierversuchsgegnern NRW das Recht attestierten, den Hundebeinzertrümmerer Prof. Küppers öffentlich einen Knochenbrecher zu nennen. Und auch von seiner wissenschaftsgläubigen Seite zeigt sich das *SPIEGEL* Magazin: Während sie Amy Liszt beim Blättern in Karteikarten zeigen, wobei sie erklärt, wie Auszüge aus den wissenschaftlichen Arbeiten der Tierexperimentatoren angelegt werden, erklären sie die Angriffe auf die Vivisektoren als nicht fundiert.

Nach der Nähe zu rechten Denunzianten finden wir uns plötzlich wieder bei den Linksradikalen. Mit Hilfe einiger Sprachverrenkungen wird aus einer gewaltlosen Gruppe von Demonstranten ein „Rudel vegetarischer Autonomer", bei denen die Polizei eingreifen muss, um das „örtliche Brauchtum" zu schützen: Gänsen den Kopf abzureißen.

Die Bilder widersprechen: prügelnde Polizisten und stürzende Tierrechtler mit schützend über dem Kopf zusammengeschlagenen Armen. Aus autonomen Tierrechtlern, die „klammheimlich" (wie die Giftmörder?) Hochsitze zu Fall bringen, werden „Anti-Impis", die in der Hafenstraße den Umgang mit dem „bürgerlichen Werkzeug" Säge bei der „Schlichtrenovierung von Häusern" gelernt haben. Und flugs haben wir eine weitere Eigenschaft: Gewalttäter!

Beim Gänsekopfabreißen liefern die Bilder keinen Beleg für unsere Gewalttätigkeit, stattdessen sollen wir uns, heißt es im Off, nun mit Jägern geprügelt haben. Aber dafür leider kein Beleg. Na, dann behauptet man es einfach so.

Und weil das alles noch nicht genug ist, sind wir auch noch Sektierer. Dazu wird Marlies' Veganshop in Frankfurt gefilmt, arglos zeigt und erklärt sie, was man anstelle von tierlichen Produkten alles essen kann. Für den Kommentar wird daraus sektenhafte Askese. Die von einem Kameraschwenk erfassten Süßigkeiten wie simple Marmeladen werden als „Stärkungsmittel für den veganen Kampf" ironisiert, nachdem ja die bedauernswerten Veganer das einzig Kraftspendende, das Fleisch, nicht essen „dürfen".

Und dann landet Reporterin Sabine Deichsel noch einen richtigen Knaller. In einem vierstündigen Gespräch mit der Gruppe „Die Ratten" sagt Birgit einmal den Satz, dass wir auch gegen Schnittblumen seien. Zum Totlachen! Gleich dreimal wird diese eine Bemerkung wiederholt, von Stefan Aust für den Vorspann ausgewählt als unüberbietbarer Beweis für die Abartigkeit der Tierrechtler.

O-Ton Aust, mit todernster Miene dem Stammtischbruder ins Stammbuch: „Auch der Umgang des Menschen mit Schnittblumen ist von großer Grausamkeit!"

Während Peter Arras, der die einzige Reptilienhilfsstation in Deutschland betreibt und der, wie wir ihn kennen, mindestens drei Stunden lang Frau Deichsel über das stumme Leiden von Schildkröten und anderem lebenden Hausrat des Bundesbürgers aufgeklärt hat, nur mit dem Satz zitiert wird, dass auch der Regenwurm ein Lebensrecht hat. Da können sich nun wieder alle ausschütten vor Lachen. Damit ist das Bild vom sektiererischen Tierrechtler so richtig rund. Merke: Die Tierrechtler fressen Regenwürmer, rauchen Schnittblumen, geben Regenwürmern Schnittblumen zu essen, die sie in Honig tauchen, der aber nicht von Bienen ist, weil das angeblich auch Tiere sind, deshalb müssen die Regenwürmer bei den Tierrechtlern sich von Marmelade ernähren und die Bienen bekommen Schnittblumen – oder haben wir da was falsch verstanden? Jedenfalls hat das Fernsehpublikum so eine richtig klare Vorstellung von den Gedanken des „Animal Rights Movement" bekommen!

Von den Tieren war in der Sendung kaum die Rede. Diesen obskuren Gegenstand des Interesses von Tierrechtlern gibt es nämlich gar nicht, jedenfalls nicht als leidendes Subjekt. In Höntrop beim Gänsereiten „muss das Federvieh um seinen Kopf fürchten", „Langohren" werden auf dem Friedhof zur „Plage", bei einem flüchtigen Schwenk über einen Stall heißt es, hier suchten die Tierbefreier „das geknechtete revolutionäre Subjekt Tier". Zu komisch das nun wieder! Im Bild sehen wir die unendlich traurigen Augen und den kahlgescheuerten

Hals eines Pferdes, das aus grausigen Lebensumständen befreit wird – von einem Menschen, der seine Angst bekennt, für diese Lebensrettung nach bürgerlichen Vorstellungen eine Straftat zu begehen. Selber schuld, wenn er samt Pferd zum Ziel von *SPIEGEL*-Spott wird! „Im Handstreich wird der Stall zur herrschaftsfreien Zone... Da ziehen sie im fahlen Mondlicht von dannen...".

Ob es dem Zuschauer wohl auffällt, dass es nicht der scheue Befreier ist, nicht die stummen Retter im Labor sind, die die linksrevolutionäre Terminologie benutzen, sondern die Textautoren, die sie ihnen überstülpen? Tröstlich nur, dass die Misshandelten nicht den Hohn vernehmen, mit dem ihr Leiden bedacht wird. Zum Abschied schießt sich *SPIEGEL TV* noch auf *ANIMAL PEACE* ein und zieht neue Register unfairer und verlogener Berichterstattung: „Bei Bonn residiert der Vorstand, finanziert von 300.000 Mark Spendengeldern jährlich", heißt es zum Bild eines idyllischen Örtchens mit einer Gruppe von fünf Häusern zwischen hohen Bäumen. Der „Landsitz" des Vorstands, kleine Anmerkung gestattet, besteht aus einem einfachen, kleinen Häuschen mit baufälliger Garage und der Vorstand, sprich: Silke und Harald, residieren in einem Zimmer, einer Küche, einem kleinen Bad und einer Rumpelkammer auf etwa 40 Quadratmetern zusammen mit 25 Katzen und einem Hund.

„Verschämt" schlägt Silke die Augen nieder, als sie von den Vorsichtsmaßnahmen bei illegalen Tierrechtsaktionen berichtet... weil der Kameramann von oben filmt und sich die befragende Reporterin vor sie auf den Boden setzt... Und bei der Besetzung des Außengeheges der Hirscheber im Frankfurter Zoo, kommt die

SPIEGEL-Bande abschließend nochmal richtig in Fahrt: „Weit und breit kein geknechtetes Tier zu sehen" stellt *SPIEGEL-TV* mitten im Zoo fest und hält die Abwesenheit der Hirscheber für einen Reinfall der Aktion. „Kein Tierschützer hat während der ganzen Zeit nach den Tieren gefragt", empört sich künstlich der Kommentator, nachdem ihn bisher das Schicksal der Tiere kalt ließ, und „saublöd" sei die Aktion gewesen, auch für die Schweine.

Warum sollen wir auch fragen, wenn wir es wissen? Wie bescheuert muss man eigentlich sein, um zu erwarten, wir hätten uns in ein mit Hirschebern besetztes Gehege begeben wollen? Um uns von deren stattlichen Hauern aufspießen zu lassen?

Und so vieles mehr, was wir im Rahmen der *SPIEGEL-TV*-Kritik nicht ansprechen konnten, zum Beispiel das skurrile Verhältnis zur Gewalt oder aber die Kunst des Weglassens, die die SPIEGEL-Bande bis zur Perfektion beherrschte. Von den unzähligen Stunden, in denen wir Frau Deichsel mit unserem Anliegen und unserer Philosophie zuschütteten, blieb schließlich nichts. Gar nichts.

Und wieder hat sich auch die Frage aufgeworfen, warum eigentlich so gern mit aller Gewalt auf denjenigen herumgehackt wird, die sich auf die Seiten der Schwachen stellen. Wer sich mit den Verachteten solidarisiert, wird selbst zum Objekt der Verachtung. Das betrifft im Übrigen nicht nur uns Tierrechtler, sondern fast alle, die sich für Unterdrückte einsetzen. Aber uns schon ganz besonders. Dass das Engagement für die Tiere und damit die Tierrechtler als so lächerlich wahrgenommen werden, liegt ganz einfach daran, dass die Tiere selbst verachtet sind. Sich für die Tiere einzusetzen ist offenbar in deren Augen so ziemlich das Armseligste, was der Mensch tun kann.

Genug. Jede Minute dieses Machwerks ließe sich im Einzelnen analysieren und in ihrer Unredlichkeit entblößen. In nahezu jedem Punkt bietet diese Sendung ein Lehrstück für manipulativen, diffamatorischen Journalismus – und für menschliche Niederträchtigkeit. Wir haben davon keine Nachteile. Aber wir geben zu, dass wir von einer Redaktion, die den Namen *SPIEGEL* trägt, doch enttäuscht sind.

Anm. d. Verf.:
Dieser Kommentar steht exemplarisch für die Stimmungslage von 1993, als die Tierrechtsbewegung gerade an Fahrt aufnahm. Die mediale Herabwürdigung ist seither nicht verschwunden – sie ist heute nur subtiler, versteckter, aber nicht weniger gehässig. Siehe auch: Zu weit gegangen! So verleumdete das Y-Kollektiv die Befreiungsbewegung der Tiere, Seite 276.

Öffentliche Hinrichtungen werden populär – und die Claqueure bejubeln den Backlash

In einer Welt des Wohlstands und der Sicherheit gibt es ein seltsames Phänomen, das offenkundig aus einer Art Unterversorgung an Angst entspringt: Die Angstlust. Wir kennen das Phänomen alle von Krimis und Horrorfilmen: Diese Freude, davongekommen zu sein. Man setzt sich virtuell (also abstrakt) einer prinzipiell angstauslösenden Situation aus, um dann erleichtert aufzuatmen.

Dieses Phänomen lässt sich in der Geschichte des Denkens sehr weit zurückverfolgen. Bereits der römische Philosoph Lukrez hatte in seiner Schrift Über die Natur der Dinge aufmerksam beschrieben: „Wonnevoll ist's bei wogender See, wenn der Sturm die Gewässer / Aufwühlt, ruhig vom Lande zu sehn, wie ein andrer sich abmüht, / Nicht als ob es uns freute, wenn jemand Leiden erduldet, / Sondern aus Wonnegefühl, dass man selber vom Leiden befreit ist." Später war es Johann Gottfried Herder, der das Bild des „in der Natur, und sogar im Gemälde [...] kämpfenden Schiffes oder des Schiffbruchs" als dezidiertes Beispiel für das Erhabene, also „furchtbarschöne" anführte, diese schaurig-wohlige Gefühl, das uns aus sicherer Distanz heraus erfolgten Anblick von etwas gleichermaßen Schicksalhaften und Überwältigendem ereilt. Heutzutage bilden sich die größten Staus auf der Gegenseite, wo die Autofahrer langsam fahren, um einen Blick auf das Unfallszenario erhaschen zu können. Fremdes Leid ist auf eine seltsame Art und

Weise anziehend. Es ist zwar keine Schadenfreude, aber der Betrachter des Unglücks genießt in diesem Moment ein Stück weit seine eigene Unbetroffenheit.

Aus der Psychologie weiß man gesichert: Wer sein Kind zur Gewaltfreiheit erziehen möchte, erspart ihm Gewalterfahrungen. Denn Gewalt gebiert Gewalt. Gewalt schafft Opfer, aber sie schafft auch neue Täter. Das Trauma der Gewalterfahrung (auch bei beobachteter Gewalt) führt zu Täterintrojekten und damit zu einer teilweisen Identifikation und Übernahme der Verhaltensweisen, Denkweisen und Gefühle des Täters. Die Opfer entwickeln sich zu Tätern. Will man jemanden zu einem Täter machen, dann setzt man ihn Gewalt aus, lässt die Gewalt als Normalität in sein Leben einziehen. Es wäre hilfreich, sich dieses uralte Wissen und die psychologischen Fakten in Erinnerung zu rufen, wenn man die nun vom öffentlich-rechtlichen Fernsehen und anderen neuerdings veranstalteten öffentlichen Schlachtungen bewerten will – über den Umstand hinaus, dass da ein Tier zumindest in konkrete Gefahr gebracht wird, umgebracht zu werden, und es damit zum reinen Objekt degradiert wird, zu einem Mittel zum Zweck. Vor einigen Wochen hat die ach so innovative Sendung PULS vom Bayerischen Rundfunk fröhliche Mordaktionen veranstaltet. „Kann Ariane ein Tier schlachten?", wird tiefgründig geraunt, und natürlich kann sie, wenn sie sich auch ziert und windet. Ein anderer Hanswurst begleitet einen Jäger beim Abknallen in den Wald. Geht doch. Geht alles. So ist das nun mal. Friss und leb damit. Kurz darauf wird in der Schweiz öffentlich mit großem medialen Konzert ein fröhliches Schweineschlachten veranstaltet. Dem sich daraufhin aus Protest geißelnden Ex-Pfarrer des Dorfes wird die Rolle des weltfremden Faktotums zugewiesen. Und Fressveganerkönig Attila Hildmann applaudiert vollmundig: „Empört? Nein, so mag ich das, schön die Tiere in der Öffentlichkeit abstechen, damit auch der letzte versteht, dass sein armes Rostbratwürstchen nicht auf Bäumen wächst! 99% der Menschen in unserer verweichlichten „wir-sind-ja-sooo-zivilisiert"-Gesellschaft würden dennoch nicht selbst töten für ihr Essen, schön aber andere die blutige Drecksarbeit machen lassen! BRAVO IHR PUSSIES".

Und nun also in Köln. Der WDR und die Sendung Quarks veranstalten ein Gänseschlachten in der Fußgängerzone, eine Gans wird ermordet, die anderen neun Todeskandidaten können beherzte Tierschützer zum Glück im letzten Moment freikaufen. BILD fragt gleich mal die Radikalen von PETA um die Meinung. Die finden die Idee gut! Sprecher Edmund Haferbeck bemängelt nur: „Die öffentliche Schlachtung in Köln war viel zu klinisch, ordentlich, gesetzeskonform. Die wahren Verhältnisse sind weitaus drastischer [...]." Auf Deutsch: es war ihm zu harmlos. Die Lebensretter wurden auf Veganportalen sogar kritisiert: Sie würden die vegane Idee lächerlich machen.

Und da ist auch dieser Fall eines Lehrers in Großbritannien, der kleine Kinder an Verrat und Mord gewöhnen will. An einer Grundschule sollen zwei Ferkel großgezogen werden – freilich hübsch „artgerecht" auf einer Wiese – um am Ende dann als großes Schülerevent hingerichtet, zerstückelt und gefressen zu werden. Die Macht gibt das Recht dazu. „Für die meisten von uns ist die

Vorstellung völlig okay", zitiert der Stern eine 11-Jährige Nachwuchspsychopathin. Die simple Logik dahinter: Weil ich Tiere fressen will, sollte ich auch wissen, wie sie fressbar zugerichtet werden.

Die Eltern raunen zustimmend. Zitat: „[Ich] finde [...] die Haltung der Schweine auf dem Schulbauernhof fantastisch. Alle meine Kinder wurden so erzogen, dass sie wissen, wie ihre Nahrung entsteht, und das hält sie nicht davon ab, Fleisch zu essen." Das hat allerdings Aussagekraft.

Durchtrieben oder grotesk: Der Lehrer will selber Vegetarier sein. Ihn treibt ein pädagogisches Ansinnen: „Die Schüler sollen lernen, wie die Nahrungskette funktioniert und woher ihr Essen kommt." Man staunt und lacht und weint und fasst es nicht, was für ein Gschwerl sich da angeblich in unseren Reihen tummelt (die Differenzierung zwischen Vegetariern und Veganern schenke ich mir hier mal). Was denken sich diese Zeitgenossen eigentlich, für welche Werte der Vegetarismus und Veganismus stehen?

Sogar der Stern wundert sich, warum es kaum Proteste gibt, wo doch die Liebe zu Haustieren in der Regel lebensschützende Auswirkungen hat. Die Antwort ist einfach: Es ist der Narzissmus, der im Anderen (hier sind es zwei Ferkel) nur das Mittel zum Zweck erkennen kann. Damit wird jede erforderliche Selbsttranszendenz hin zum eigentlichen Zweck der proklamierten Werte unmöglich und das Ideal verkommt zur Ideologie. Das ist natürlich ethisches Totalversagen und letztlich totalitär, wenn das Individuum grundlegend zum Mittel zum Zweck degradiert wird, so wie es Hannah Arendt beschrieben hat: „Da ist keine Tiefe – das ist nicht dämonisch! Das ist einfach der Unwille, sich je vorzustellen, was eigentlich mit dem anderen ist [...]."

Es ist fehlende psychologische Sensibilität, wenn man damit tatsächlich die Absicht verfolgen sollte, Kinder vom Fleisch wegzuführen. Denn es taugt noch nicht einmal als Mittel. Es wird nur zwei Auswirkungen geben: die wirklich empathischen Kinder werden traumatisiert aus der Erfahrung herausgehen, und das bedeutet de fakto, dass sie für ihr Leben geschwächt und geschädigt werden! Kann das der Sinn sein, dass diejenigen, die im Tier noch die Person sehen, psychisch beschädigt werden? Wohl kaum! Die Mehrheit der Kinder wird nur lernen, wie es läuft auf dieser Welt und an Emotionen nur den Reiz spüren, bei diesem tödlichen Intermezzo in der machtvollen Position gewesen zu sein, und in Tieren nur noch mehr das verachtenswerte Objekt sehen; froh und dankbar, aus der Nummer der todbringenden Gewalt selber lebend und unbeschadet rausgekommen zu sein. Empfehlenswert für alle, die das nicht einsehen möchten, ist der estnische Film „Klass", der die (reale) Geschichte eines Amoklaufes erzählt. Er beschreibt sehr eindringlich, wie jemand zum Opfer gemacht wird, und vor allem, wie fast alle sich dem Täter zur Seite stellen und nicht in den Weg. Der Einzige, der sich diesem Spiel verweigert, wird selbst zum Opfer gemacht und sogar von der eigenen Freundin verraten. Das Böse ist banal. Die unterwürfige Solidarität der Masse ist Tätern gewiss, so gewiss wie die Einsamkeit den Opfern.

Was ist da also los in den Köpfen? Haben die (vermeintlich) Gleichgesinnten Herz und Verstand verloren? Ist die Bewegung zu einer zynischen Ideologie degeneriert? Geht es am Ende nur noch um Selbstdarstellung? Können wir ähnliche Reaktionen künftig bei solchen Veranstaltungen wie Gänsereiten und Stierkämpfen erwarten? Wäre ja nur logisch, aber man wäre gern vorbereitet, muss man ja offenbar mit allem rechnen, wenn Wissen und Anstand offensichtlich komplett verloren gegangen sind.

Haben diese Leute tatsächlich vergessen, dass Pranger und öffentliche Hinrichtungen Ausdruck und nicht Bekämpfung der Barbarei waren? Wer würde ernsthaft die Schnapsidee vertreten, den Frauenrechten würde auf die Sprünge geholfen, indem man öffentliche Steinigungen veranstaltet? Wer würde solchen Stumpfsinn glauben, dem Menschenrecht wäre gedient, wenn auf den Marktplätzen ein Schafott errichtet wird, um ein paar Stellvertreter zu köpfen, damit die Gaffer merken, dass da ein Mensch stirbt bei der Todesstrafe? Würde überhaupt jemand ernsthaft auf die Idee kommen, die Barbareien des Mittelalters hätten das Menschenrecht hervorgebracht? Nichts steht doch symbolstärker für das finstere Mittelalter als die brennenden Scheiterhaufen der als Ketzer und Hexen Stigmatisierten und andere Formen öffentlicher Hinrichtungen. Warum sollte dies anders sein, nur weil es sich bei den Opfern um Tiere handelt?

Man muss sich die Wirkung solcher öffentlichen Hinrichtungen bewusst machen: Sie sollen nicht nur durch den Akt maximaler physischer Gewalt abschreckend wirken, sondern auch den Delinquenten durch die öffentliche Zurschaustellung des intimsten und hilflosesten Moments seines Lebens auf die schlimmste Weise demütigen. Seht her, was passieren wird, wenn ihr euch nicht an die Regeln der Gemeinschaft haltet. Diese Botschaft geht tief unter die Haut. Die Androhung von Gewalt hat die breite Mehrheit schon immer verlässlich auf die Spur gebracht.

In Deutschland fanden die letzten öffentlichen Hinrichtungen 1864 und damit mehr als ein halbes Jahrhundert nach Ende der Aufklärung statt, deren Geist diesem Treiben ein Ende gesetzt hat. Es braucht seine Zeit, bis die Erkenntnis des Kopfes und des Herzens endlich unsere Hände führt.

Die Idee vom Menschenrecht und seine Durchsetzung waren das Produkt der Aufklärung. Kant wäre da zu nennen mit seiner praktischen Ethik und mit dem Leitsatz „Der Mensch und überhaupt jedes vernünftige Wesen [...] existiert als Zweck an sich selbst, nicht bloß als Mittel zum beliebigen Gebrauche [...].“

Im Übrigen ist dies auch der Kernsatz des Tierrechts; schließlich sind auch die anderen Tiere – anders als sich Kant einbildete – nachgewiesenermaßen vernünftige, bewusst handelnde Wesen. Aber offenbar ist das bei einer Reihe von Gleichgesinnten noch nicht angekommen. Sind nämlich die Opfer Gänse, Schweine oder Ziegen, so lösen sich offensichtlich bei so vielen Parteigenossen historisches und psychologisches Allgemeinwissen in Wohlgefallen auf. Und so einiges mehr.

Denn auch jenseits dieses Wissens kann es doch nur eine einzige richtige Reaktion auf diese öffentlichen Verbrechen geben, wenn man noch Mensch bleiben will: die Opfer zu retten. Weil sie es wert sind. Weil sie in ihrer greifbaren Todesgefahr unsere Hilfe brauchen.

Weil Opfer aus den Händen der Psychopathen gerettet werden müssen und es das Allerletzte und der allergemeinste Verrat ist, sich in so einer Situation mit den Mördern gemein zu machen. Und weil weder die Gänse, noch die Ziege, noch die Schweine Mittel zum Zweck sind, sondern ein Recht auf ihr Leben haben. Wenn wir ihr Leben auf diese Weise preisgeben, dann geben wir unsere Ziele auf. Dann haben wir vollständig kapituliert vor dem Verbrechen.

So, wie öffentliche Hinrichtungen nicht zu Menschenrechten führten, sondern nur bestärkender Ausdruck der Barbarei waren, so führen öffentliche Schweinehinrichtungen nicht zu Tierrechten. So verlogen unser System auch ist, das Meucheln und Morden heimlich zu betreiben und sich vor der blutigen Wahrheit zu drücken, so drückt es doch etwas aus, was die basale Grundlage der Moral ist: Scham. Wir schämen uns, deshalb wollen wir es nicht sehen!

Von Siegmund Freud gibt es eine sehr treffende Äußerung zur Zerstörung der Scham. Er bezog sich auf den sexuellen Missbrauch von Kindern, aber die Worte sind auch auf andere Bereiche übertragbar: *„Der Verlust des Schamgefühls ist das erste Zeichen von Schwachsinn... Kinder, die sexuell stimuliert werden, sind nicht mehr erziehungsfähig; die Zerstörung der Scham bewirkt eine Enthemmung auf allen anderen Gebieten, eine Brutalität und Missachtung der Persönlichkeit des Mitmenschen.“* [1]

Die Zerstörung der Scham vor dem Töten, Morden und

---

[1] Siegmund Freud, Das Unbehagen in der Kultur, 1930

Verraten (nichts anderes passiert an dieser Grundschule und bei allen anderen öffentlichen Hinrichtungen) bewirkt eine Enthemmung, Brutalisierung und Missachtung gegenüber der Persönlichkeit der Tiere.

Und genau das ist die Absicht bei öffentlichen Schlachtungen von Tieren: Sie soll unsere Scham vor dem Töten zerstören. Doch genau diese ist das Fundament, auf dem wir Veganer aufbauen mit unserer Vision von einer Welt, in der die Artzugehörigkeit keine Rolle spielt, wenn es um die fundamentalen und unveräußerlichen Grundrechte geht. Backlash ins Mittelalter. So wenig wir für die Tiere bisher erreicht haben – in erster Linie ein Schamempfinden, das sich ausdrückt in einer Tierschutzgesetzgebung, die leider nur Absichtserklärung ist–, so ist es doch eine wichtige, eine wesentliche Grundlage. Aber es gibt auch starke Kräfte, das Wenige – unser wichtigstes Werkzeug – auch noch zu zerstören.

Und genau dahin sollen wir getrieben werden. Von Journalisten und Mördern und einer Gesellschaft, die auf den Knochen der Tiere lebt und davon nicht lassen will.

Es gibt tatsächlich viele Kollegen, die das nicht kapieren. Die ihre Ideologie über das Individuum stellen. Wehe den Tieren vor solchen Freunden.

Immoral Sanity
und wenn Ideologie zum Metzger wird: Über Freikäufe und Prinzipienreiter

Die Debatte, ob man Tiere „freikaufen" darf und soll, um sie vor Folter und Mord zu bewahren, wurde schon vor 30 Jahren geführt, als die Tierrechtsbewegung noch Windeln trug. Die Diskussion entbrannte seinerzeit über den Freikauf von zwei Hochlandrindern, die geschlachtet werden sollten und die freigekauft wurden. Der folgende Text aus dem Jahr 1996, der zu diesem Zweck gekürzt und aktualisiert wurde, fasst die Argumente der Befürworter und der Gegner zusammen, auch wenn er eine eindeutige Position bezieht.

Es ist nun an der Zeit für das ultimative Hass- und Vernichtungsstück gegen all die sentimentalen Spinner in der Tierschutz- und Tierrechtsszene, die am laufenden Band irgendwelche Viecher – gar noch bei Anwesenheit von Funk und Fernsehen – freikaufen und dabei nichts anderes tun, als Tierquälern das knappe Geld in den Rachen werfen. Dies oder Ähnliches wird sich Edmund Haferbeck wohl gedacht haben, als er vom

---

„Immoral Sanity" ist eine ironische Umkehrung des psychiatrischen Begriffs „moral insanity" – eine Störung, bei der logisches Denken erhalten bleibt, aber die moralische Urteilskraft fehlt: Geistige Klarheit bei moralischer Verrohung. Der Titel spielt auf den Sprachkritiker und Satiriker Karl Kraus (1874–1936) an, einem der schärfsten Denker seiner Zeit. Er sezierte den moralischen Bankrott der Moderne mit chirurgischer Schärfe. Von ihm stammt der Satz: „Die Normalität ist der Wahnsinn mit Methode."

Freikauf von Wickie und Duncan erfuhr, und scharrte dann grimmig mit den Hufen in der Tastatur: Solche Aktionen seien „Stützung des tierquälerischen Establishments", und es sei ein „bedenklicher Auswuchs", zwei schottische Hochlandrinder freizukaufen, wenn am gleichen Tag zur gleichen Stunde Millionen andere Rinder zum Schlachter gebracht werden. Die Tierquäler würden sich nach solchen Aktionen „die Hände vor lauter Schadenfreude reiben".

E.H., Rechenkünstler und Geschäftsführer der Schweriner Grünen, ermittelt – wie, das bleibt im Dunkeln – einen Betrag von 300.000 Mark, der alljährlich schätzungsweise für den Freikauf von Tieren den Tierschindern und Tiernutzern für einzelne Tiere in den Rachen geworfen werde. Und all das, während es der „konsequenten Tierrechtsbewegung" (gemeint sind vermutlich Autonome) an Geld für Sicherheitskleidung und Funkgeräte fehle, um effektiver die Tier-KZs auseinandernehmen zu können. Genau dies mache solch überzogene Aktionen ethisch nicht mehr vertretbar.

Es ist nun an der Zeit für das ultimative Hass- und Vernichtungsstück gegen all diejenigen Besserwisser in den eigenen Reihen, die gleich einer Sittenpolizei argwöhnisch jede Tätigkeit der Mitstreiter auf ihre politische Korrektheit überprüfen und maßregeln, wenn sie in ihre Vorstellung nicht hineinpassen, denke ich nach der Lektüre des Haferbeck´schen Vernichtungsstücks in einer Szeneschrift und scharre wütend und begeistert mit den Hufen in der Tastatur, während ich mich daran erinnere, wie es Aktivisten von ANIMAL PEACE gelungen war, in einer beispiellosen Aktion bei Privatleuten

in wenigen Tagen über 10.000 Mark an Lösegeld aufzutreiben, um Wickie und Duncan, zwei vom Tode durch
Schlachterhand bedrohte Hochlandrinder aus einem
rheinländischen Dorf, vor der Vernichtung und Verwur-
stung zu bewahren.

Die Lösegeldübergabe gelang, was durchaus nicht so
einfach ist, wie es sich anhört, denn lebendes Fleisch
findet immer zahlungskräftige Abnehmer. Der Erpres-
ser in Gestalt eines Rinderzüchters gab jedenfalls uns
den Zuschlag und die Geiseln lebendig und unversehrt
heraus. Ein Happy End für zwei Stiere, die damit unvor-
stellbares Glück gehabt haben in einer Zeit der absoluten Chancenlosigkeit für Tiere, die mit der falschen Art
geboren wurden, und die trotzdem oder gerade deshalb
nur jeden Anspruch auf maximalen Aufwand und das
maximale Glück haben können.

Es steht nun, denke ich und scharre eifrig weiter, ein
ultimativer Liquidierungsbeitrag gegen diese Kaffee-
hausrevolutionäre an, die mit glühender Feder an den
letztgültigen Richtlinien für den unbedingt korrekt geführten Kampf für die Befreiung der Tiere schreiben,
sich aber nie mit den konkreten Einzelschicksalen kon-
frontieren lassen. Das einzelne Opfer erscheint ihnen
offensichtlich den Aufwand nicht wert zu sein. Aber aus
diesen setzen sich die Opfer des „tierquälerischen Establishments" nun mal zusammen, und ihr persönlich
erlittenes Drama wird nicht größer oder kleiner, weil sie
in der Masse der Opfer verschwinden.

Schmerzlich fühle ich mich an ein Werk von Bertolt
Brecht erinnert. In seinem Theaterstück „Die Maßnah-
me" beschreibt Brecht den Fall eines jungen Genossen,

der mit vier weiteren kommunistischen Agitatoren in China revolutionäre Propaganda betreiben soll. Die unter ihrem tyrannischen Aufseher schwerstarbeitenden Reiskahnschlepper erregen das Mitleid des Jungen, der sich daraufhin für besseres Schuhwerk für die Arbeiter einsetzt, um ihnen damit Erleichterung zu verschaffen. Die Agitatoren sehen darin eine politische Verfehlung, eine Sabotage ihres Auftrags, der in der Befreiung der Arbeiter und nicht in der Linderung von Leid bestünde. Sie verurteilen den Genossen für sein Mitleid und ähnlich gelagerte „Fehler" und erschießen ihn schließlich für diese Verbrechen.

Karl Kraus prägte in diesem Zusammenhang den Begriff „immoral sanity", der unmoralischen Vernunft, wenn Gefühl und Verstand einander antimonisch – also scheinbar unvereinbar – gegenübergestellt werden als metaphysische Gegensätze, und damit jede emotionale Regung als unvernünftig verurteilt wird.

Der Freikauf von Wickie und Duncan war emotional motiviert. Er erfüllte nie einen politischen Anspruch. Den Impuls gab die herzliche Freundschaft von einigen Anwohnern zu zwei freundlichen Stieren auf der Nachbarsweide. Als bekannt wurde, dass die beiden ihren letzten Gang ins Schlachthaus antreten sollten, versuchten eben diese Leute, den Todesbedrohten zu helfen und wandten sich an ANIMAL PEACE. Weil das Leben auch eines Rindes jeden Preis wert, nämlich letztlich unbezahlbar ist.

Wer aber diesen Impuls von Menschlichkeit und Moralität der Theorie von Befreiung und Klassenkampf unterordnet, der muss sich dann schon die Frage gefallen lassen, ob es wirklich die ehrliche Betroffenheit ist, die ihn zur Aktion und Handlung drängt, oder ob es nur der Kampf ist, der zählt, getreu dem Motto: Wer für Tierrechte kämpft, hat von allen Tugenden nur die eine: dass er für die Tierrechte kämpft.

Offenbart sich da nicht schon wieder eine dieser unmenschlichen Verrennungen verschiedenster „Ismen", überlege ich weiter und schlage rasend in die Tasten: Eine tiefe Gemeinschaft zwischen uraltem Katholizismus, Kommunismus und eben derartigem Tierrechtsverständnis und die unbedingte Rechtgläubigkeit durch das Setzen von Dogmen, die dann nicht mehr in einem kritischen Sinn diskutiert werden können? Hier hat der unrüttelbare Glaube an die gesetzten Maßregeln die Übermacht über jede menschliche Regung, über jede individuelle Erwägung, jede emotionale Beziehung oder Handlung. Alles wird dem Heilsgedanken untergeordnet und kalter Disziplin zum Opfer gebracht.

Das Individuum verschwindet hinter den Interessen des politischen Kampfes. Die Wortwahl von E.H., durchzuckt mich der Gedanke, ist wohl nicht zufällig gewählt, wenn er im Text zwei namhafte Tiere, Wickie und Duncan, zu zwei schottischen Hochlandrindern anonymisiert, bis er sie dann in der Masse der Millionen geschlachteten Rinder gänzlich verschwinden lässt. Die Persönlichkeit wird ausgelöscht. Das ist kälteste Tierrechtsphilosophie in die steinerne Form eines Dogmas gepresst. Das Dogma, um jeden Preis die Theorie als Selbstzweck zu verfechten. Es ist Tierrechts-Totalitarismus, bei dem das Individuum dem Dogma geopfert wird.

Ob E.H. und seine gleichgesinnten Kämpfer es wohl auch von Ann-Marie Scherer abverlangt hätten, der

Lösegeldforderung von 30 Millionen Mark für eine ihr emotional nahestehende Person, nämlich ihren Mann Jan-Philipp Reemtsma, nicht nachzukommen, weil dadurch das Verbrechersyndikat gestützt würde? Weil sie damit Unsummen in den Rachen von Kriminellen werfen würde, die sich dann „die Hände vor lauter Schadenfreude reiben werden"?

Eine absurde Vorstellung. Und eine absurde Forderung, wenn Schaden abgewendet werden soll von einer akut lebensbedrohten Person. Egal, ob Mensch, ob Rind. Auch wenn der Gedanke in der Tat schmerzlich ist, dass „irgendwelche Kerle das Geld auf den Bahamas verjuxen, wo man hätte viel Gutes damit tun können." (J.P. Reemtsma in einem Interview mit der Süddeutschen Zeitung).

Freikäufe von Geiseln sind übrigens nicht nur legitime Handlungen von Privatpersonen, die ihre bedrohten Angehörigen retten wollen. Sie sind auch gängige Praxis der internationalen Politik. Es sind dabei Akte der Humanität, mit denen man der Würde des Individuums gerecht werden möchte, keine politischen Aktionen. Wie bei Wickie und Duncan. Auch wenn letztere wie alle anderen Freikäufe zur politischen Aktion gemacht werden könnten und auch sollten, weil solche Einzelschicksale einer anonymen Masse ein Gesicht geben und damit Nähe, Sympathie und Betroffenheit geschaffen werden. Viel mehr, als mit nackten Zahlen zu operieren. „Ein einzelner Todesfall ist eine Tragödie, 1000 Todesfälle sind eine Statistik", soll Josef Stalin so zynisch wie zutreffend festgestellt haben. Die menschliche Psyche vermag mit Einzelnen mitzuleiden, bei der

Masse versagt die Empathie. Den Schaden haben Wickie und Duncan und alle anderen freigekauften Tiere und Menschen jedenfalls nicht gehabt, da sie gesehen wurden und die einzige Möglichkeit, ihnen zu helfen, ergriffen wurde. Wer darüber hinweggeht, leugnet die Bedeutung des Individuums.

Besteht aber nicht für uns, und das ist die zweite Aussage von E.H., die moralische Verpflichtung zum Opfern einiger weniger Tiere zugunsten vieler (tatsächlich ist es ja das Opfern für eine möglicherweise (!) verbesserte Chance (!) für viele), wenn beispielsweise die Geldmittel für den Freikauf von Wickie und Duncan in die Ausstattung der Tierbefreier und autonomen Tierrechtler investiert würden, die damit dann viel mehr Tiere befreien oder tierverwertende Infrastrukturen zerstören könnten? Alles andere wäre „ethisch nicht mehr vertretbar", meint E.H.. Ehrlich?

Die Rechtsphilosophie bietet mit einem Denkspiel den Studienanfängern im Strafrecht einen kleinen Einblick in die Grundsätze unseres Rechtssystems. Konstruiert wird folgendes Fallbeispiel: Durch einen Weichenstellungsfehler rast ein D-Zug unaufhaltsam auf eine Gruppe von zwanzig Gleisarbeitern zu. Ein Weichensteller hat allerdings die Möglichkeit, den Zug auf ein Nebengleis umzuleiten, wo nur ein einziger Gleisarbeiter arbeitet. Ist dies nun das moralische Gebot an den Weichensteller, einen Gleisarbeiter zu opfern, um möglicherweise 20 Gleisarbeitern das Leben zu retten? Und wie wäre es, wenn ein Zug auf eine Gruppe Bauarbeiter zurast, den man stoppen könnte, indem man einen dicken Mann, der neben uns auf einer Brücke über dem Gleis steht, einfach hinunterschubst. Darf man eine junge und gesunde Person töten und mit ihrer Lunge, ihrem Herzen, ihrer Leber und ihren Nieren vier todkranke Menschen retten?

Auf den Punkt gebracht: Darf Politik einzelne Personen preisgeben im Interesse vieler? Und darf die Philosophie der Tierrechte die Forderung stellen, dass Individuen aufzugeben sind um der großen Gemeinschaft der Tierheit einen größeren Dienst zu erweisen?

Die vulgäre Form des Utilitarimus bejaht diese Frage, denn deren ethisches Dogma ist konsequentialistisch: Wenn eine Handlung Glück vergrößert und Leid vermindert, so ist sie gut. Das Individuum wird hierbei als Gefäß für Glück und Leid betrachtet, das geopfert werden kann, wenn die Gesamtbilanz stimmt.

Die Kant'sche Pflichtethik (deontologische Ethik) bildet hier den argumentativen Gegenpol. Sie bewertet eine Tat danach, ob sie „an sich" gut ist und stellt auf die Würde des Individuums ab, das nicht geopfert und als Mittel zum Zweck eingesetzt werden darf. Entsprechend fällt hier die Antwort gegensätzlich aus.

In unserer demokratischen Gesellschaft erzeugt die soziale Ethik des Konsenses ein Gleichgewicht zwischen Individualität und Sozialität, zwischen den Rechten des Individuums und dem, was der Gesellschaft nützt. Während eine gute Politik in der Regel darauf abgestimmt sein sollte, mit ihren Entscheidungen der größten Anzahl von Menschen den größten Nutzen zu bringen, umgibt unsere Rechtsordnung das Individuum mit Schutzzäunen, um es davor zu bewahren, im Bemühen um das allgemeine Wohl oder das Wohl der Mehrheit nicht unterzugehen und dafür geopfert zu werden. Diese Schutzzäune sind die Grundrechte. Sie dürfen für das Wohl anderer nicht im Kern verletzt werden, und seien es noch so viele, die davon profitieren würden.

So eine bewusste, aktive Tötung zum Wohle vieler Menschen oder einer „Idee" lässt allerdings die Ethik totalitärer Regime zu. Sie fordert sie sogar in ihrem Selbstverständnis, wenn sie von Individuen das Opfer ihres Lebens, ihrer Freiheit, ihrer Unversehrtheit abverlangt zum „Wohle des Volkes" oder einer bestimmten Agenda.

Eine ebenso totalitäre Ethik ist es, die Opferung zweier Hochlandrinder zu fordern zum „Wohle der Tiere" oder gar „der Tierbefreier". Hier offenbart sich unter dem Deckmantel eines höheren und gemeinschaftlichen Ziels, dem Tierrecht, die kriminelle Dreistigkeit des Totalitarismus, wenn E.H. schreibt: „Man kauft Pohlmann [größter Hühner-KZ-Betreiber der 1990er Jahre. Anm.d.Verf.] keine Tiere ab, auch nicht den Hunderttausend anderen kleinen Pohlmanns". Als Entschuldigung lasse ich hier nur gelten, dass man in den 90er Jahren tatsächlich noch mangels entsprechender Erfahrungswerte geglaubt hatte, man müsse der Bevölkerung das Verbrechen an den Tieren nur zeigen, auf dass sich genügend Widerstand bildet, um es damit endlich beenden zu können. Aber auch dann verraten Duktus und Argumentation, dass ernsthafte Zweifel an einer ehrlichen Motivation angebracht sind, es ginge hier um die Tiere und es wäre nur eine der üblichen Streitereien um die richtige Strategie.

Wenn „Tierrechtler" mit den Injurien von Tiernutzern und ihrer Fürsprecher jonglieren, wie die Täter und Mittäter von „Auswüchsen" und „überzogenen Aktionen" sprechenund am Verstand von Rinderrettern zweifeln, dann widerspricht das dem Wesenskern des Tierrechts. Dann werden die Forderungen, wird die Vision des Tierrechts, die ja die Lebenssituation der Tiere grundsätzlich verbessern soll, zum Selbstzweck und damit zum Nachteil der unmittelbar Betroffenen. Dann scheint das Wahre, Schöne, Gute vergessen worden zu sein, nämlich das gemeinsame Ziel einer freien Welt für freie Tiere – zu deren Nutzen und nur zu deren Nutzen. Und um das zu verwirklichen, gibt es wirklich nichts Besseres, als Tieren das Leben zu retten. So oder so.

Man pinkelt Leuten nicht ans Bein, die sich ernsthaft bemühen, Tieren in Not beizustehen und ihre eigentlich so aussichtslose Lage zu verbessern. Und schon gar nicht, wenn es ihnen gelingt. Und auch dann nicht, wenn es „nur" zwei Hochlandrinder sind. Und wenn sich Verbrecher schadenfreudig die Hände reiben. Diese Größe sollten wir haben, dass das nicht unser Problem ist.

Und nun kein Wort mehr über die Mitstreiter. Augen auf, Klappe zu. Irgendwann sind hoffentlich auch die Kinderkrankheiten dieser jungen Bewegung mal überstanden.

Nachsatz: 30 Jahre nach Wicky und Duncans Rettung konstatieren wir, dass drei Jahrzehnte politischer Einsatz für Tiere leider bisher nur wenigen Individuen das Leben gerettet haben, so wie letztens mehreren Dutzend Beaglehunden und Katzen aus einem Versuchslabor. Vivisektoren hatten aufgrund des öffentlichen Drucks die Geiseln freigegeben. Auf Seiten der „Lösegeldzahler" stehen viele tausend gerettete Schweine, Rinder, Schafe, Hühner und Personen anderer Arten. Das ist keine Aufrechnung. Aber wir wissen heute, dass die Rettung von Opfern durch den politischen Kampf bisher leider reine Theorie geblieben ist.

Und trotzdem wettern auch heute von Vertreter des kalt-ideologischen Lagers gegen Freikäufe von beispielsweise ausgedienten Legehennen. So beklagte ein bekannter Tierschützer, der Tiere beim Sterben filmt, um das Bildmaterial an Sensationsmedien zu verkaufen, dass Hühnerzüchter ausgemergelte Hennen an Tierretter für einen Preisaufschlag von 70 Cent pro Huhn abgeben, als ihnen die Aufkäufer für die Schlachtung der Tiere bieten. Wegen 70 Cent soll das Huhn also sterben, damit sich die Züchter keine goldene Nase verdienen!

Der gleiche Tierschützer sabotierte 2020 auch die Rettung einer schwerkranken Downer-Kuh, die bewegungsunfähig tagelang auf dem Hofplatz eines Landwirts liegen musste und deren Schicksal er heimlich filmte und auf den sozialen Netzwerken teilte. Er verweigere die Herausgabe der Adresse, obwohl mehrere Lebenshöfe anboten, die Kuh zu übernehmen. Downerkühe können durch intensive medizinische Intervention üblicherweise gerettet werden. Stattdessen rief er schließlich das Veterinäramt, das bekanntlich Leiden durch Tötung beendet. Harter Kritik ausgesetzt redete er sich heraus, er wolle alle Kühe retten und nicht nur eine. Die Ideologen sind über die Jahre noch kälter geworden und die Kinderkrankheiten sind leider bis heute nicht überstanden.

Heute würde ich Freikäufe grundsätzlich als genuin

politischen Akt bezeichnen, denn was anderes als das sollte es sein, eine Person in den Schutz ihrer natürlichen Rechte zu verhelfen? Zwar sollte dies „der Staat" über seine Gesetze leisten, aber in einer Welt, in der „der Staat" allen Tieren ihre Rechte verweigert, wird aus dem karitativen Akt letztlich ein politischer. Man verwirklicht das Tierrecht über Einzelfälle, indem man dem Individuum selbst seine Rechte zurückgibt. Überall auf der Welt sind in den vergangenen Jahren und Jahrzehnten Lebenshöfe entstanden, auf denen ehemalige „Nutztiere" heute in einem Zustand der Freiheit und relativer Rechtssicherheit leben können. Ehemalige Landwirte gestalteten ihre Höfe um und wurden Veganer.

Es führen viele Wege nach Rom und zum Tierrecht, und statt sich gegenseitig die Wege vorschreiben zu wollen und den eigenen als den ultimativ richtigen zu behaupten, sollten wir lieber ein Verständnis für die vielfältigen Möglichkeiten entwickeln, sich in den Dienst dieser Vision zu stellen. Wir sollten ein Verständnis dafür entwickeln, dass jede Strategie immer auch eine Schattenseite hat, die sich aber erst dann schädlich entfaltet, wenn die Strategie im Gesamtgeschehen zu dominant oder wenn sie stümperhaft verfolgt wird.

Wir müssen nicht gemeinsam marschieren und sollten es aus diesen Gründen auch nicht, aber wir sollten zumindest uns nicht gegenseitig in den Rücken fallen.

Vegan bei McDonald´s –
Oder: Wie schreitet der Weltgeist voran?

Zugegeben: Hegel schaute abstoßend streng aus, war ein Tierfresser und ist längst tot. Das Werk des bedeutendsten Influencers des deutschen Idealismus ist kein Lesegenuss, aber es lohnt sich – zumindest unserer gemeinsamen Vision zuliebe –, sich mal mit seinen Kerngedanken der „Hegelschen Dialektik" zu beschäftigen. Die große Frage, die Hegel umtrieb, lautete: Wie schreitet der Weltgeist voran? Nach seiner Theorie verdanken wir unseren gesamten geistigen Besitz dem Wirken von These, Antithese und Synthese bei unseren Vorfahren. Es sind die Widersprüche, die den Weltgeist vorantreiben, und das funktioniert nach Hegel so:

Zuerst gibt es die These, also den unhinterfragten Leitgedanken, den herrschenden „Zeitgeist", dem irgendwann ein echter Widerspruch oder wie Hegel sagt, eine Antithese, entgegengesetzt wird. Daraus resultiert – wenn es eine echte Antithese und nicht nur eine Spielart der herrschenden These ist – nach einer Phase des Konflikts und der Auseinandersetzung schließlich die Synthese, eine Art Kompromiss, eine neue Geistgestalt, die den Widerspruch der beiden aufhebt und zur Befriedung führt. Damit wird diese Synthese selbst zur These und alles beginnt von vorne. Auf diese Weise schreitet nach Hegel der Weltgeist voran.

Um das Phänomen des Veganburgers bei McDonald's angemessen einordnen zu können, ist Hegels Dialektik ausgesprochen hilfreich. Und sie lässt verstehen, dass die unterschiedlichen Bewertungen unter Veganern beide ihre Berechtigung haben.

De facto ist die Idee vom Wahren und Guten in die wohl weltgrößte Bastion der Barbarei eingedrungen. Das ist ein Sieg. Kein globales Unternehmen steht derart für die Tierfressmentalität wie McDonald's. Und man muss sich bewusst machen: In erster Linie ist McDonald`s nicht der Erzeuger, sondern der Bediener des herrschenden Weltgeists. Der Konzern ist nur deshalb so groß geworden, weil er so massentauglich ist. Sein Auftrag ist der Gewinn und sonst gar nichts. McDonald`s schöpft in erster Linie ab. Der Konzern hat keine Firmen-Philosophie, er tut allenfalls so. Er spiegelt den Geist der Masse. Er massenmordet nicht aus Überzeugung, er bedient ein Massenbedürfnis nach schnellem Billig-Leichnam. Würde die Masse Scheiße fressen, der Konzern würde sie anbieten. Der Zweck ist die Gewinnmaximierung, und die Milliarden Leichen, die auf diesem Weg liegen, sind nur das Mittel dazu.

Aber offenbar hat sich bei der Masse etwas geändert: schnell und billig soll es weiterhin sein, aber der Leichnam ist bei einer nennenswerten Anzahl von Konsumenten nicht mehr so erwünscht. Der Mythos Fleisch ist am Absterben, auch deshalb, weil jeder Hanswurst sich das täglich Fleisch leisten kann und es damit an mythischer Bedeutung verloren hat. Tiere zu fressen gilt seit anno dazumal als Symbol für Reichtum, Macht und Stärke. Deshalb sagt auch niemand: Ohne Tomaten oder Gurken könnte ich nicht leben. Bei Fleisch ist das anders. War das anders, denn wenn auch für das Prekariat Fleisch in rauen Mengen finanziell erschwinglich ist, dann löst sich die Symbolik an diesen Fakten schlichtweg auf.

Doch seit Ende der 90er stirbt dieser Mythos langsam ab und dafür gibt es zahlreiche Gründe. Und für genau dieses Phänomen stehen Firmen wie Wiesenhof mit vegetarischen und veganen Produkten und nun auch der Weltkonzern McDonald`s.

Es ist übrigens nicht der erste vegane Burger. In den 90ern (konkret 1997) wurde unter dem Namen „Gemüseburger" (wie unsexy!) bereits ein veganer Burger angeboten (und vegetarische Nuggets im Übrigen auch). Die Sensation ist also noch nicht mal, dass der Burger vegan ist, sondern, dass er so heißt. Vegan als Qualitätssiegel mitten im Barbarenreich.

Nun wird in veganen Kreisen gestritten, ob das gut oder schlecht ist. Der Denkfehler dabei ist, dies als eine ethische Frage einzuordnen – zumindest mit dem Moment, wenn man den narzisstischen Tellerrand des Gutmenschentums verlässt und die Entwicklung phänomenologisch sowie dahingehend betrachtet, inwieweit sie hilfreich ist zur Erreichung des Ziels: den anderen Tierarten ihr Recht auf Leben zurückzugeben.

Tatsächlich steht so gesehen keine ethische Frage im Raum, sondern nur ein dialektisches Phänomen: dem herrschenden Tierfresserzeitgeist (These) wird seit den 90er Jahren die Antithese vom Recht aller Tiere auf ihr Leben entgegengehalten. Mit dem Erfolg, dass der bisherige Zeitgeist gedankenloser Fresserei aufweicht und sich zur Synthese aufrafft.

Wir sind in die Bastion der Barbarei eingedrungen und haben eine unübersehbare Marke gesetzt. Die

Barbaren haben eine weiße Flagge gehisst und uns ein Angebot gemacht in Form eines Kompromisses: Wir morden weiter und ihr bekommt einen veganen Burger. Man könnte es auch als Bestechungsversuch werten.

Das heißt auch: Die Idee vom Wahren und Guten ist eingebrochen in die Ländereien der Barbaren. Der Mythos vom Fleisch ist gefallen, und der ist unser größter Gegner immer schon gewesen.

Die Verbilligung und Vermassung des Fleisches hat ihn vor allen Dingen zerstört, der mythische Wert des Fleisches besteht nicht mehr, McDonald`s muss, kann und will ihn nicht mehr bewahren, es gibt keinen Grund mehr dafür. Nun kann der Konzern die Türe einen Spalt breit für die Herrschaft der Pflanzen öffnen.

Seht es also phänomenologisch als Etappensieg. Wir haben die Antithese aufgestellt und sie entfaltet mittlerweile Macht, sodass unsere stärksten Gegner bereits einen Schritt zurückweichen und Friedenangebote machen. (Und ja, sich auch Märkte sichern wollen, aber das ist ja nicht unser Thema, wir sind die Verteidiger der Tiere und sind gehalten, es aus diesem Blickwinkel strategisch zu bewerten). In diesem Sinn hat die Freude der Veganer über den Veganburger ihre Berechtigung.

Aber: Wir erwarten natürlich die Kapitulation. Das Morden der Milliarden, die Vernichtung von Hekatomben von fühlenden und denkenden Personen anderer Arten läuft weiter. McDonald`s bleibt Massenvernichter. Und der Veganburger ist seine erste, plumpe Tarnung und letztlich der Versuch, Fronten zu befrieden und dadurch aufzulösen. In diesem Sinne haben die Kritiker des Veganburger eben auch ihre Berechtigung, denn ein Nebeneinander von Tierfresserkultur und Tierrechtskultur kann und darf es nicht geben. Dieser Widerspruch ist unvereinbar, wenn man das Lebensrecht der Tiere wirklich wichtig nimmt. Wenn wir diese Botschaft nicht sichtbar halten, kapitulieren wir. Und das Recht dazu haben wir nicht, denn wir haben den Auftrag der Tiere, deren Anliegen in der menschlichen Welt durchzusetzen.

Wir müssen unsere Bemühungen nun verstärken, denn die einzige Gefahr, die mit dem Veganburger um die Ecke kommt, ist einzig und allein diejenige, dass wir uns als Bewegung einlullen lassen und damit schwach werden. Wir müssen denken wie die Psychopathen auf der Gegenseite, nämlich macht- und zielbewusst. Das Gute setzt sich nicht durch sein reines Sein durch. Es muss erstritten werden. Wir müssen im Zurückweichen die Schwäche erkennen, die uns motiviert, nun erst recht Druck zu machen. In der Sprache Hegelscher Dialektik gesprochen: Wir dürfen nicht zulassen, dass der Veganburger zur unwidersprochen These wird: „Das Wahre ist das Ganze und das Ganze ist erst am Ende seiner Entwicklung das, was es in Wahrheit ist".

Ein Schiff voller Tierfresser entzweit die vegane Community – Von richtigen und falschen Wertehierarchien

Seit Tagen füllen heftige Auseinandersetzungen um Sea Watch und zu den Vorfällen im Hafen von Lampedusa die Startseite meines Facebook-Accounts [Juni 2019]. Man bezieht Position, argumentiert, streitet – was grundsätzlich immer erlaubt sein muss – und kündigt fb-Freundschaften aufgrund der jeweils anderen Sichtweise auf die Dinge. Ein Schiff voller Tierfresser – und das ist eine in vielen Fällen sogar noch eine beschönigende Wahrheit bei Menschen, die aus Ländern kommen, in denen das Abmetzeln von Tieren in aller Öffentlichkeit völlig normal ist – entzweit die vegane Community über – vordergründig – menschenpolitische Fragen und – hintergründig – leider auch viel (gekränkter) Egomanie.

Diese Diskussion möchte ich nun zum Anlass für eine Untersuchung nehmen, die lange überfällig ist: Ist das Tierrecht, ist die Sache der Tiere politisch – in einem Sinne, wie üblicherweise der Begriff verstanden wird? Ist die Idee, dass jedes empfindungsfähige Individuum das gleiche unveräußerliche Recht auf Leben, Freiheit, Unversehrtheit hat, das ideelle Eigentum einer politischen Denkrichtung, die ich im Folgenden vereinfacht als links oder rechts bezeichnen möchte? Oder steht die Idee des Tierrechts, für die wir einstehen, unabhängig von diesen bekannten Wertemustern dieser politischen Konzepte, für sich?

Brennende Kinder - brennende Hunde!
Die Anthropozentrik der Linken

Um sich diesen Fragen anzunähern ist Geschichts-
bewusstsein hilfreich. Wir schreiben das Jahr 1968.
In Vietnam brennen die Kinder im Napalmfeuer, das
Massaker von Mỹ Lai im März ein Höhepunkt des
Kriegsverbrechens, doch in Deutschland Apathie und
Gleichgültigkeit. Die linke Opposition verteilt Flugblät-
ter und will die Feuer ins Land holen. Die Kommune 1
ruft in Flugblättern zum Anzünden von Kaufhäusern
auf („burn, warehouse, burn"). Im April schritten die
späteren RAF-Terroristen Andreas Baader und Gud-
run Ensslin mit zwei Kollegen in Frankfurt demenspre-
chend zur zweifachen Tat. Drei Monate später hat die
„Internationale der Studentischen Kriegsdienstgegner"
in München eine bessere Idee: Sie taucht mit Benzin-
kanister und einem Deutschen Schäferhund zur Presse-
konferenz auf und kündigt die öffentliche Verbrennung
des Hundes im Hof des Deutschen Museums an.

„Linke verbrennt Schäferhund!" titeln die Medien
bundesweit, es folgt ein Entrüstungssturm, eine Bun-
deswehrdelegation von Fallschirmspringern will den
Hund retten, Alfred Zoll vom Münchner Tierschutzverein warnt „die hundertfünfzig Mitglieder der IsK vor der
Welle der Empörung, die aus allen Kreisen der Bevölkerung gegen sie anrollt". Ein Schäferhunde-Verein aus
Schleswig-Holstein kündigt einen Besuch an.

„Die Hundeverbrennung soll dokumentieren, dass
sich die Menschen über den Tod eines Hundes mehr
aufregen als über den Tod zahlloser Menschen", erörtern die linken Aktivisten ihre Intension und folgern aus

der Intensität der Proteste gegen ihr geplantes Event messerscharf den skandalösen Umstand, dass die Menschen „für das Leben von Tieren sehr viel mehr übrig haben als für das Leben der Menschen". Sie blasen die ganze Aktion schließlich ab, weil sie befürchten, dass es Tote und Verletzte gibt. Unter Menschen.

Heutzutage läuft die Angelegenheit unter dem Hashtag „provokative Drohung", man habe „natürlich" nie die Absicht gehabt, den Schäferhund zu verbrennen. Da wenige Jahre später Menschen zwar nicht verbrannt, aber erschossen wurden, kann diese nachträgliche Geschichtsklitterung mit gutem Grund angezweifelt werden. Doch selbst wenn es denn tatsächlich nur ein leere Drohung gewesen sein sollte, demonstriert sie sehr deutlich den Stellenwert der Tiere bei „den Linken": sie sind Mittel zum Zweck und der Mensch das Maß aller Dinge, dem alles andere unterzuordnen ist.

Und daran hat sich über die Jahrzehnte auch nichts geändert, wie zum Beispiel eine Aktion des „Zentrums für politische Schönheit" im Juni 2016 zeigt. Die „Künstlergruppe" kündigte an, Großkatzen „Flüchtlinge fressen" zu lassen, und instrumentalisierte zu diesem Zweck vier Tiger, die sie in einem Holzverschlag eingesperrt unweit des Bundeskanzleramtes präsentierten.

Vom konservativen Tierschutz zum linksbewegten Tierrecht – ein Rückblick auf die 80er und 90er Jahre
Noch in den 70ern und 80ern war der Tierschutz getreu seiner Wurzeln eine bürgerlich-konservativ gefärbte Szene. Dies blieb zunächst auch so, als man sich Anfang der 80er Jahre zunehmend politisierte und über

den traditionell karitativen Tierschutz hinausdachte und handelte. Viele setzten Hoffnung auf die Grünen, die allerdings spätestens Ende der 80er Jahre herbe enttäuscht wurden, als die Partei auf hässliche Weise den radikalen und engagierten hessischen Tierschutzbeauftragten Ilja Weiss absägte, den die CDU wenige Monate vor dem Regierungswechsel eingesetzt hatte.

Allerdings machte bereits in den 80ern Tierbefreiungsgruppen um den jungen Berliner Altenpfleger Andreas Wolff von sich reden, die den bürgerlichen Pfad verließen und großen Rückhalt aus den aktivistischen Tierversuchsgegnerbewegung erfuhren - wenn auch ganz und gar nicht von traditionellen Vereinen wie dem Tierschutzbund.

Erst Anfang der 90er entwickelte sich in der Tierszene ein deutlich erkennbares „linkes Lager" von überwiegend jungen Aktivisten. In autonomen Gruppen aktiv war ihr Einfluss auf die Tierbewegung eher gering. Von den etablierten Organisationen rekrutierte nur ANIMAL PEACE seine Aktivisten aus jungen und politisch eher links verorteten Tierbewegten. Und eigentlich – und in aller Bescheidenheit erwähnt – ist es ANIMAL PEACE auch gewesen, das die Tiere und ihre Sache für die linksbewegte Bevölkerung attraktiv machte, darauf hatte ich seinerzeit die vielen Texte für unser Propagandamaterial inhaltlich und stilistisch ausgerichtet. Ich wollte damals nicht einsehen, dass das Tierthema dem bürgerlich-konservativen Lager „gehört", drängte sich doch die Analogie der Tierunterdrückung mit Sklaverei und Frauenentrechtung geradewegs holzhammerartig auf. Der Aspekt des Tierrechts als weiterentwickeltes

Gleichheits- und Gerechtigkeitsprinzip war ja mit diesen „linken Werten" geradezu dafür prädestiniert.

1996 setzte bei dieser Entwicklung ein wichtiges Interpunktionszeichen. Da saß der aus einem Kommunistenhaushalt stammende und heute dem Massenpublikum bekannte Populärphilosoph Richard David Precht in meinem Wohnzimmer für ein Dossier über Tierrechte in *DIE ZEIT*, er ein Linker (und Zoo-Fan), ich die Tierbewegte, die sich abmühte, die Philosophie der Tierrechte einem Linken nachvollziehbar und attraktiv zu unterbreiten. Irgendwann fiel dann der entscheidende Satz: „Ich hab mir Tierrechtler ganz anders vorgestellt als wie du es bist." Das war offenkundig ein Kompliment.

Wenige Wochen später erschien dann in *DIE ZEIT* eine ganzseitige Reportage über Tierrechte. Richard Precht, die linke Edelfeder, hatte damit die erste positive Darstellung der Idee der Tierrechte in diesem Wochenblatt verfasst, das bis dato nur Gehetze gegen Tiere und ihre Fürsprecher veröffentlicht hatte.

Das Tierrecht als genetisches Konzept
jenseits von links und rechts
Seit dieser Zeit begründet sich die Tierbewegung auf beide Moralkonzepte, die bei uns allen genetisch manifestiert und damit angeboren sind: zum bestehenden Mitgefühl gesellte sich nun noch das Gerechtigkeitsprinzip. Diese beiden ethischen Urkonzepte sind tatsächlich angeboren. Sie sind im Übrigen auch keine reine Menschenangelegenheit und auch anderen Arten sehr wohl vertraut, schon weil diese Skills für ein gedeihliches soziales Miteinander unerlässlich sind. Man findet sie

124

sogar bei gewissenlosen Psychopathen. Auch diese wissen genau, was schmerzhaft und was ungerecht ist... es berührt sie allerdings nur, wenn es sie selbst betrifft.

Es ist tatsächlich dann nur noch eine Frage der Prägung und der Kultur, wie wir als Individuen diese Gabe der Empathie und des Gerechtigkeitssinns nun über uns selbst hinaus erweitern und vor allem auf wen und zu wessen Gunsten. Wir Tierrechtler erweitern diese moralischen Konzepte auf alle Personen, also auf die fühlenden und denkenden, bewussten und interessengeleitenden Individuen: wir empfinden mit den Individuen der anderen Arten und wir erkennen, dass die Artzugehörigkeit keinen vernünftigen Grund darstellt, jemanden zum Zweck zu instrumentalisieren und ihn seiner natürlichen Rechte zu berauben.

Darin, dass das Tierrecht auf diesen beiden Moralkonzepten Mitgefühl und Gerechtigkeitsempfinden aufbaut, liegt seine eigentliche Bedeutung und Kraft. Jenseits von Ideologien ist es prinzipiell und quasi genetisch verständlich, nachvollziehbar und letztlich zwingend logisch. Es ist nur an die Bereitschaft gebunden, in den andersartigen Persönlichkeiten die Person zu sehen, das Individuum mit Gefühlen und Gedanken, das wahrnehmen, bewerten, entscheiden und handeln kann und nach seinem Glück strebt, so wie wir es von uns selbst wissen und es bei unseren Mitmenschen annehmen. Das Tierrecht hat seine eigene politische Kraft genau in dem Satz, der für die französische Revolution als Urknall der Individualrechte und ihrer Durchsetzung nirgendwo besser formuliert wurde als in Dantons Tod von Georg Büchner: „Da alle unter gleichen Ver-

125

hältnissen geschaffen werden, so sind alle gleich, die Unterschiede abgerechnet, welche die Natur selbst gemacht hat; es darf daher jeder Vorzüge und darf daher keiner Vorrechte haben, weder ein einzelner noch eine geringere oder größere Klasse von Individuen".

Die Wurzeln der Individualrechte
Es macht Sinn, an dieser Stelle kurz der Frage nachzugehen, wo der Ursprung der Individualrechte ideengeschichtlich überhaupt zu verorten ist, da diese ja der Maßstab sind, den wir als Tierrechtler artübergreifend allen fühlenden und denkenden Individuen zusprechen – im Widerspruch zu den bisherigen Individualrechten, die nicht mehr sind als ein Friedenspakt der herrschenden Artgenossen untereinander.

Die Idee von den Rechten des Individuums kommt tatsächlich nicht von der Linken, sondern aus der klassisch-liberalen angloamerikanischen Tradition, die sich aufgrund der Religionskriege der 16. und 17. Jahrhunderts entwickelt hat. Was dabei durch die Französische Revolution und im Geiste Rousseaus und des volonté generale (der Volkswille) „links" geworden ist, ist das kollektivistische Denken, nach dem das Individuum für das Ziel geopfert werden kann, was während der Französischen Revolution bekanntlich seinen blutigen Ausdruck fand. Ansonsten findet sich in den Werten der französischen Revolution „Freiheit, Gleichheit, Brüderlichkeit" linkes und konservatives Gedankengut gleichermaßen: wenn man so will, ist die Forderung nach „Gleichheit" links, nach „Freiheit" konservativ und die Brüderlichkeit legen beide Flügel nach ihrem Gusto aus.

Die Vorstellung, dass das Individuum Abwehr-Rechte gegenüber der Mehrheit und dem Staat haben sollte, ist im Kern eine liberale Idee (was selbstverständlich nichts mit dem Hedonismus und entfesselten Kapitalismus der heutigen „Liberalen" zu tun hat), die Linke hat dieser Idee allerdings maßgeblich zur Durchsetzung verholfen.

Kurz und gut ist diese Idee der Individualrechte so stark geworden, dass sie Eingang gefunden hat in beinahe alle politischen Lager. Die Individualrechte als (teilweise sogar strafbewehrte) Handlungsmaxime sind letztlich die zum Gesetz gewordene „goldene Regel" der Ethik: „Was Du nicht willst, das man Dir tu, das füg´ auch keinem anderen zu". Es ist das Mindestmaß an Schutz, das ein Individuum benötigt, um die Chance auf ein gedeihliches Leben und Entfaltung seiner Begabungen zu haben und nicht dem rohen Recht des Stärkeren völlig zum Opfer zu fallen.

Erwähnenswert ist in diesem Zusammenhang, dass die historischen Befreiungsbewegungen kein Ding linker Revoluzzer waren. Ganz im Gegenteil. Hier finden sich vor allem christliche und damit konservative Wurzeln. Wichtige Vertreter, seien es der Baptist Roger Williams, der methodistische Prediger William Douglass, aber auch der konservative Homosexualitätsgegner und Pastor Martin Luther King, um nur drei Namen zu nennen, sind engagierte Christen gewesen. Die Autorin des berühmtesten Anti-Sklaverei-Romans Onkel Toms Hütte, Harriet Beecher Stowe, war Presbyterianerin. Einer der ersten wichtigen Vertreter der Abolitionisten, die sich für die Abschaffung der Sklaverei einsetzten, war Quäker. Benjamin Lay (1682-1759) war im übrigen auch ein Vorreiter der Tierrechtsbewegung und ein ethisch motivierter Veganer. Lay lehnte es auch ab, per Pferd zu reisen.

Zurück zu den Individualrechten. Vor 70 Jahren unterzeichnete diesen Konsens die Generalversammlung der 58 Mitgliedsstaaten der UN mit 50 Stimmen bei acht Enthaltungen. Das Konzept der Menschenrechte ist seitdem ein weltumspannendes Ideal, dem sich im Wesentlichen das gesamte Lager politischer Vorstellungen von links bis rechts, konservativ bis liberal verpflichtet sieht – Extreme in allen Lagern mal ausgenommen. Trennende Vorstellungen bei der politischen Verwirklichung dieses Ideals liegen heutzutage tatsächlich nicht mehr in diesem Anspruch bzw. seiner Infragestellung, sondern in der Art und Weise der Umsetzung und Geltendmachung und immer wieder auch bei der Gewichtung kollidierender Grundrechte – persönliche Egoismen und Interessen mal ganz außen vorgelassen. Hier zeigt sich „links" und „rechts" jeweils in einem anderen Menschenbild: Die Linke, geprägt durch den schwärmerischen Ansatz von Rousseau und der Aufklärung, glaubt an die Verbesserbarkeit des Individuums durch das Umfeld, der Konservativismus vertritt hingegen ein skeptisches Menschenbild und setzt auf Institutionen und Kontrolle des Barbaren in uns mit seinem Egoismus, seiner Gewalttätigkeit, seiner Korrumpierbarkeit. Keine dieser Grundeinstellung steht dabei im Widerspruch zur Idee der Tierrechte. Im Gegenteil finden sich im Tierrecht die schönen Werte aller Lager: Die linke Vision vom Schutz der Schwachen, die liberale

Wertschätzung der Freiheit des Individuums und das Bewahrende der Konservativen.

Das Interessante daran ist, dass auch der Tierschutz in einem christlich-konservativen Milieu entstanden ist. So wie viele Pioniere der Abolitionisten gegen die Sklaverei im 18. und 19. Jahrhundert waren auch die Vorreiter der deutschen Tierschutzbewegung bekennende Christen. An erster Stelle ist hier der Stuttgarter Stadtpfarrer Christian Adam Dann (1758-1837) zu nennen, ein Rebell, der 1812 als Diakon der Stuttgarter Hospitalkirche bei einer Trauerrede Moral und Theaterleben seiner Stadt so vehement kritisierte, dass er von König Friedrich I. in das Dorf Öschingen bei Tübingen strafversetzt wurde und erst 12 Jahre später – mittlerweile in Mössingen ansässig - von König Wilhelm I. 1824 nach Stuttgart zurückgeholt wurde.

1821 brauchte Dann ein „Schlüsselerlebnis" zum Tierschutzbewusstsein. Auf der Kirche im pietistischen Mössingen hatte ein Storchenpaar gebrütet, doch als die Jungen geschlüpft sind, findet Dann ein Elternteil tot und von Gewehrkugeln durchlöchert. Erschüttert verfasste er im darauffolgenden Jahr eine erste Kampfschrift, die seinen Freund, den Stadtpfarrer Albert Knapp (1798-1864) so stark beeindruckten, dass dieser 1837 den ersten deutschen Tierschutzverein in Stuttgart und Cannstadt ins Leben rief. Auch die Vegetarismusbewegung wurzelt in christlichem Denkmilieu. Der freireligiöse Prediger Eduard Baltzer (1814-1887) gründete 1867 den *Verein für naturgemäße Lebensweise*, der erste theoretische Schriften zum Vegetarismus verbreitete.

Und dann kippte es:
Aus linken Tierrechtlern wurden Tierschutzplus-Linke
Geschichtliche Verläufe und ihre Bewertung liegen freilich auch im Auge des Betrachters. Nach meiner Beob-
achtung zerfiel das politisierte Konstrukt des Tierrechts,
das sich weltanschaulich vor allem über die Abkehr von
anthropozentrischen Ansprüchen und Größenfantasien
unter den Prämissen Mitgefühl + Gerechtigkeit definierte, sukzessive bereits zu Beginn der Jahrtausendwende.
Der Grundgedanke, dass jedes Individuum gleichwertig
ist und seine Bedürfnisse gleichrangig und unabhängig
von der Artzugehörigkeit sind, verschwand, und mit der
Vermassung (wenn man hier überhaupt von „Massen"
sprechen kann) rutschte das Denken zurück in ein her-
kömmliches Tierschutzkonzept, das Tiere als schutzbe-
dürftige Wesen sieht, die wir nicht quälen und sinnlos
töten dürfen. Die Anthropozentrik bekam wieder Ober-
wasser, sie, die die Wurzel allen Übels ist. Aus Tierrecht
wurde Tierschutz Plus, was auch den diversen, sich in
dieser Zeit entwickelnden Geschäftsmodellen wie veganen Restaurants, Spendenvereinen und dem Verkauf
von Folterbildern an die Medien vorteilhafter erschien.
Wer will schon seine potentielle Kundschaft mit radikalen Aussagen zu verprellen. Mit wohlfeilen Phrasen
kann man die Kunden besser einseifen und dann laufen
die Geschäfte besser. Wir machen jetzt alles für das gute
Gefühl.
Aus der Position der eigenen Grundgütigkeit heraus
und des gönnerhaften Wohlwollens des Gestalters nährt
man auch die Leitstörung dieser Gesellschaft am leichtesten – und auch den eigenen Narzissmus. Kein Wun-

der, dass Theorien wie der Karnismus auf diesem Boden so einen Niederschlag fanden. Mit Tierrechten hatte dies alles jedenfalls nichts mehr zu tun. Das Tierrecht wurzelt in der Aufhebung des Menschen als Maß aller Dinge und auf einmal dreht sich alles wieder um den Menschen, den guten Menschen, den Veganer.

Wie sehr diese Entwicklung insbesondere den linken Flügel der Tierbewegung betraf, erfuhr ich an eigenem Leib, als ich im Februar 2015 in einem Post bei ANIMAL PEACE einen Stier feierte, der seinen Sklavenhalter getötet hatte. Was ursprünglich als Teaser für ein Dossier über Rache bei Tieren gedacht war, entwickelte sensationelle Eigendynamik. Ein Shitstorm entlud sich, europaweit empörten sich die Medien. Was die Bauern und deren Mittäter anbelangt, durchaus nachvollziehbar, völlig erstaunlich für mich war allerdings die schäumende Empörung der Tierbewegten. Man warf mir Menschenhass vor, distanzierte sich vorauseilend, dabei war ich nur opfersolidarisch mit einem Stier, der in dieser Geschichte ganz sicher das einzig echte Opfer war und blieb, als er endlich einmal aufbegehrte und denjenigen tötete, der ihm lebenslang alle Rechte genommen hatte. Sowas läuft in der Menschenwelt gemeinhin unter dem Recht auf Notwehr. Doch ich musste erfahren: Auch in den Augen der gefallsüchtigen und sich anbiedernden Tierszene steht Tieren dieses Recht auf Notwehr jedenfalls nicht zu.

Vielleicht war es auch der revolutionäre Duktus, mit dem ich die Meldung verfasste, der die linken Tierbewegten zusätzlich provozierte, es blieb jedenfalls die Botschaft, dass es uns nicht ansteht, uns mit Tieren solidarisch zu erklären – anstatt mit Menschen. Wir sollen den Täter betrauen, den Bauern. Wir erinnern uns an den Schäferhund, der brennen sollte und die diesbezügliche Argumentation dazu.

Das ist natürlich Anthropozentrik in Reinform. Humans First. Die Tiere können sich hinten anstellen. Sie, die es am allernötigsten hätten, da sie ja noch nicht mal einen theoretischen Anspruch auf Rechte haben und ihr menschengemachtes (!!!) Schicksal zahlenmäßig und hinsichtlich der qualitativen Dimension alles menschliche Elend übertrifft, für das sie zu allem Überfluss auch nicht verantwortlich sind, sondern die eigenen Artgenossen der Menschenopfer höchstpersönlich. Den Verrat, sich Tierrechtler zu nennen und gleichzeitig auf der Seite der Täter zu sehen, den konnte und wollte man nicht sehen.

Das wirklich Interessante dabei: Diesmal waren es nicht normale – üblicherweise tierverachtende – Linke, die die Anthropozentrik zelebrierten, sondern linksorientierte Tierbewegte. Und was heißt das anderes, als dass es die Linken geschafft haben, dass linke Tierrechtler ihre Position zu den Tieren aufgegeben haben und sich der Anthropozentrik beugten – ob sie es nun selber merkten oder nicht. Dies meine ich mit dem Satz: Die Linken haben das Tierrecht gekapert. Und diesem Druck, das sei am Rande und abschließend angemerkt, beugte sich praktisch die ganze Szene. Menschliche Solidarität für meinen Akt der Solidarität mit dem Stier erfuhr ich persönlich nur von ganz wenigen Personen, noch nicht mal die hunderten Morddrohungen und Vergewaltigungsandrohungen gegen mich und meinen damals 12jährigen Sohn änderten daran etwas – soviel dazu, es ginge diesen Leuten um Menschenliebe. Eben nicht. Es ging nur um ideologischen Terror und den Versuch, die Tierbewegung politisch gleichzuschalten.

Und ja, es lief in dieser Zeit tatsächlich eine Gleichschaltung im Stile traditioneller Machtmethoden der Kommunisten, die sich Entrismus nennt und bei der soziale Bewegungen unterwandert und politisch umerzogen wird. Befördert wurde diese Entwicklung im übrigen von einer ominösen Gruppe, die unter dem Label Indyvegan formierte, und die laut glaubwürdiger Informanten vom Staat finanziell gefördert wurde. Diese Gruppe framte gezielt alle erfolgreicheren, resp. breitenwirksam agierenden Tierrechtler als rechts und Nazi, wenn diese nicht den linken Kniefall absolvierten und gehorsam ihre Tierspinnereien der linken Agenda unterordneten.

Was hier nun spätestens offenbar wurde, ist, dass der Wahrheitskern des Tierrechts aufgegeben worden war, diese vierte narzisstische Kränkung nach Kopernikus, Darwin und Freud: nämlich dass wir alle, Menschen und andersartige Tiere gleichermaßen, natürlicherweise die gleichen Rechte haben (müssen) und den gleichen Wert. Dass es keine Arten gibt, sondern nur Individuen mit ihren Sehnsüchten und Bedürfnissen.

Heute gibt es im Selbstverständnis der Tierbewegten kein *Wir Tiere* mehr. Es gibt nur noch *Wir Menschen* und *Die Anderen*, zu denen wir gut sein sollen. In dieser Spaltung von „wir" und „die Anderen" aber liegt der Ursprung jeder Diskriminierung. Und ausgerechnet die Linken, die am lautesten behaupten, diesen Satz wirklich verstanden zu haben, bestanden gegenüber den Tieren auf deren Rolle als „Menschen zweiter, eher dritter Klasse". Dies wurde so weit getrieben, dass auch mir eine rechte Gesinnung untergeschoben wurde, die Totschlagkeule gegen alle, die nicht stramm und sklavisch mitmarschieren unter dem anderen Narrativ. Die Botschaft war eindeutig: Tierbewegte, wagt es nicht, Eure Mandantschaft wichtiger zu nehmen als deren Feinde. Abgrenzung „gegen rechts" wurde zum Mandra und das hieß konkret, dass Tiere es offensichtlich verdient haben, dass „Rechte" sie fressen und nicht für sie eintreten dürfen.

Was als Öffnung der Sache der Tiere nach links begann, schlug in den letzten Jahren als Pendel mit voller Wucht zurück: Die Linke hat die Sache der Tiere gekapert und zwingt der kleinen Bewegung ihre politische Doktrin auf. Wer in politischen Menschenangelegenheiten sich nicht streng links platziert und wer die Tiere höher hält als die Tätermenschen, wird ab sofort bekämpft, als Nazi verleumdet, ausgegrenzt. Gesinnungstyrannei. Es gibt nun nicht mehr linke Tierrechtler, es gibt tierrechtlerisch ambitionierte Linke, die ihr Dogma allen anderen Tierbewegten aufzwingen wollen. Da werden einem veganen Koch die Scheiben seines Restaurants eingeworfen, weil er einem Mann eine berufliche Grundlage gibt, von dem gesagt wird, er sei „rechts" gewesen. Organisationen laden zu Demonstrationen ein und Leute im gleichen Atemzug vorauseilend aus, die irgendwelchen themenfernen Gesinnungen nicht entsprechen (und bringen sich damit nur selbst in den Verdacht, Nazis, Rassisten und Sexisten quasi anzuzie-

hen), man demonstriert mit einer Störaktion auf Vegan-
veranstaltungen gegen missliebige Teilnehmer, die zu
den missliebigen Themen auf der Veranstaltung aber
komplett den Mund halten und nur ihre Qualitäten als
Köche und Sänger in den veganen Dienst stellen, so, wie
es eben sein soll. Der bürgerliche und konservative, – in
Gottes Namen „rechte" – Flügel der Tierbewegten ver-
stummte eingeschüchtert, gehorchte in großen Teilen
dem Druck. So verteidigt ein politischer Block die Sache
der Tiere als Beute und macht es damit – und das ist das
wesentliche Problem – unattraktiv bei denen, die diese
(linke) Ideologie nicht teilen, die wir aber trotzdem hinter die Tiere bringen und denen wir klarmachen müssen, dass die Sache der Tiere genetisch verankert auch
bei ihnen höchstpersönlich tief verwurzelt angelegt ist.

Vor einem Jahr druckte die *Süddeutsche Zeitung* diesen meinen grundlegenden Satz ab, der die notwendige
Einsicht ausdrückt: „Tiere wollen weder von Rechten
noch von Linken gefressen werden." Die Fähigkeit, andere politische Meinungsthemen der Tiersache unterzuordnen und sich selbst damit zurückzunehmen, ist eine
Grundvoraussetzung für Erfolg. Die Erkenntnis ist auch
nicht neu, der bedeutendste politische Philosoph der
Moderne John Rawls ist ausführlich darauf eingegangen,
wie wichtig es ist, Ziele ideologisch neutral zu halten, um
sie mehrheitsfähig zu machen. Anders können wir die
Position der Tiere als Träger von Interessen, die Gehör
finden wollen, nicht sichtbar machen und verschwinden
damit im Sumpf von politischen Ideologien. Und gerade
weil wir in diesem Diskurs persönlich gar nicht betroffen
sind und nur die Interessen von Anderen, nämlich der

Tiere, vertreten, ist es umso wichtiger, sich der Verführung, dominierenden Menschenthemen nicht nachzugeben, da die so große wie fragile Idee des Tierrechts sowas nicht aushalten kann. Die Tiere sind die ersten, die bei sowas über die Klippe gehen.

Befreit das Tierrecht aus den Fängen
politischer Ideologien!
Wir müssen niemandem beweisen, dass wir gute Menschen sind. Perfektionisten waren noch nie besonders attraktiv oder hatten großartige Sendungskraft. Sendungskraft hatten immer die, die einen klaren Standpunkt bezogen haben und diesem treu blieben, ohne daraus eine Waffe zu machen. Dies macht uns erkennbar. Eine Position zu beziehen heißt nicht, seine Werte aufgeben zu müssen, sondern sich auf sein Ziel zu fokussieren und entsprechende Prioritäten zu setzen.

Wenn wir die Sache der Tiere wirklich ernst nehmen und akzeptieren, dass Artzugehörigkeit kein gerechter Grund für Diskriminierung, Unterdrückung, Folter und Mord ist, und damit den anthropozentrischen Anspruch vom Menschen als Maß der Dinge aufgeben, so liegt darin der Ursprung der Moral, der weder rechts noch links ist. Tragt die Idee der Tierrechte gern in Euer politisches Lager und nehmt Euer politisches Lager insofern in die Pflicht. Lasst Euch nicht einreden, dass wir Tierrechtler der einen oder der anderen Seite verdächtig oder verpflichtet sind, allein wenn wir diese Position der Tierrechte vertreten. Versteht aber auch, dass das Gesetz der Masse uns frisst, wenn wir es zulassen. Es ist verführerisch und doch tödlich, sich dem Druck der Mehrheit zu beugen. Links und Rechts werden uns und die Tiere benutzen, wann immer sie es können. Wir müssen dabei nicht einknicken, es gibt dagegen einen großartigen Schutz: haltet die Position des Tierrechts an die oberste Stelle, und gesteht dies jedem anderen zu. Wir haben das Recht auf unsere jeweilige politische Überzeugung, aber wir haben nicht das Recht, die Tiere und ihre Sache dieser politischen Überzeugung unterzuordnen. Wer das versucht, treibt ein bösartiges Spiel, die große Sache der Tiere für die eigene politische Agenda zu sichern und gleichzeitig für die politische Gegenseite unbegehbar zu machen. Millionen und Abermillionen Tote und Folteropfer erwarten von uns die Treue und die Ehrung des Mandats, das wir für sie übernommen haben. Diese Position ist zu groß, größer als wir alle, als dass wir zulassen dürfen, dass sie vereinnahmt wird für eine andere Agenda.

Wer anders als wir sollte es sonst tun?

Vergesst Karnismus –
Kritik an einem kontraproduktiven
Strategiekonzept

Im Tieraktivismus ist es in den vergangenen Jahren in Mode gekommen, öffentliche Grillpartys zu veranstalten, bei denen – natürlich nur symbolisch – Hunde geröstet werden. Damit will man das Fressen von Schweinen anprangern und eine angebliche moralische Diskrepanz aufzeigen, die darin besteht, dass verschiedene Tierarten unterschiedlich benutzt werden. Und auch die Medien greifen gern diesen Widerspruch auf. So veranstaltete der WDR neulich sogar in „Hart aber fair" eine Talkrunde: „Leckerli fürs Hündchen, Bolzenschuss fürs Kälbchen – Mensch, wie geht das zusammen?"

Dass dieses thematisierte Phänomen unterschiedlichen Verhaltens gegenüber Heimtieren einerseits und Nutztieren andererseits als Thema populär wurde, lässt sich tatsächlich auf einen Ursprung zurückführen, nämlich auf ein vielbeachtetes Buch, das in den USA 2009 erstmals veröffentlicht wurde und 2013 in deutscher Übersetzung auf den Markt kam. Warum wir Hunde streicheln, Kühe essen und Schweine anziehen von Melanie Joy gehört zweifelsohne zu den meistbeachteten Neuerscheinungen tierschutzrelevanter Publikationen in den vergangenen 25 Jahren. Im Jahr 2020 wurde sogar eine überarbeitete Jubiläumsausgabe veröffentlicht, die ein neues Vorwort von Yuval Noah Harari enthält.

Die amerikanische Psychologin – eine langjährige Veganerin - hatte im Rahmen ihrer Promotion mithilfe des wissenschaftlichen Instruments der Sozialpsychologie die Tierefresserei als ideologisches Phänomen untersucht. Das Buch ist der populärwissenschaftlich formulierte Extrakt dieser Forschungen.

Joy entlarvt dabei ein von Verleugnung, Verdrängung und Selbstbetrug getragenes ideologisches System, das Fleischfresserei gesellschaftlich zu einem normalen und natürlichen Verhalten integriert, obwohl es moralischen und logischen Grundprämissen widerspricht. Joy nennt diese Ideologie „Karnismus".

In den vergangenen Jahren hat diese Idee in Deutschland bemerkenswerten Eingang in die Öffentlichkeitsarbeit vieler Tierbewegter – Privatleute und Organisationen – gefunden. Sie drückt sich über verschiedene Darstellungen aus, enthält im Kern aber vor allem die eine, gleiche Botschaft: Es ist unfair, die unterschiedlichen Tierarten unterschiedlich zu behandeln. Hunde zu streicheln und Schweine zu essen ist eine ungerechte Ideologie.

Nun sollte man sich an dieser Stelle in Erinnerung rufen, dass es zwei grundlegende moralische Ansätze in der Tierrechtsdebatte gibt. Bisher appellierten tierethische Ansätze – in der Tradition von Schopenhauers Mitleidsethik – vor allem an das Mitgefühl. Eine Ausnahme stellt die Kritik am Speziesismus dar, wie es der australische Philosoph Peter Singer in die Debatte eingebracht hat und die den Gerechtigkeitsaspekt ins Feld führt.

Auf den ersten Blick scheint die Theorie des Karnismus auf einem Gerechtigkeitsprinzip zu beruhen – und der Aktivismus, der sich darauf stützt, bekräftigt diesen Eindruck. Die zentrale Botschaft lautet: Es ist unfair, Hunde zu lieben und Schweine zu essen.

Was zunächst bestechend klingt, funktioniert vor allem, weil es Bilder von Ungleichbehandlung im Kopf weckt – etwa das von Eltern, die ihre Kinder mit zweierlei Maß messen: das „goldene Kind" wird bevorzugt, das „schwarze Schaf" benachteiligt. Genau diese Art moralischer Schieflage scheint der karnismuskritische Vergleich aufzudecken – und darin liegt seine manipulative Kraft.

Doch damit wird die Theorie des Karnismus nicht automatisch zu einem strategisch wirksamen Instrument für das Tierrecht. Die Karnismus-Hypothese ist zunächst im Wesentlichen rein akademischer Art und beschreibt ein szialpsychologisches Phänomen. Jedoch entdeckte man in der Theorie Karnismus ein Instrument für Überzeugungsarbeit, nämlich niedrigschwellig an das Thema Vegetarismus und Veganismus heranzuführen, indem man die Adressaten an ihrer Hundeliebe zu packen versucht. Und während Singers Anti-Speziesismusansatz es bis heute nicht geschafft hat, im Diskurs eine bedeutende Rolle zu spielen, wurde die Karnismus-These begeistert aufgenommen.

Warum das so ist, werde ich am Ende dieses Aufsatzes noch erörtern, zunächst möchte ich hier untersuchen, inwieweit die These überhaupt einen argumentativen Wert besitzt. Ich behaupte nämlich, dass die Karnismus-Theorie als Strategie für die politische Überzeugungsarbeit der Tierbewegten nicht funktioniert. Schlimmer noch: sie nicht nur diesbezüglich wirkungslos, sondern sogar systemstabilisierend. Warum dies so ist, möchte ich anhand von acht Kritikpunkten darlegen.

1. Karnismus funktioniert in zwei Richtungen

Was ist die zielführende Aussage von „Hunde streicheln – Schweine essen" als zielführendes Argument zum Veganismus? Tatsächlich beschreibt sie zunächst eine Realität: hierzulande werden Schweine üblicherweise gefressen und nur in ganz wenigen Einzelfällen gestreichelt. Und Hunde, zumindest diejenige in verantwortungsvollen Privathaushalten hierzulande, werden gestreichelt und nur in ganz, ganz wenigen Fällen gefressen.[*1]

Vor dem Hintergrund, dass sowohl Hunde als auch Schweine intelligente, bewusste und sensible Persönlichkeiten sind, die an ihrem Leben hängen und nach Glück und Selbstverwirklichung streben, ist dies eine scheinbar willkürliche Ungleichbehandlung von Individuen aufgrund eines von diesen nicht verschuldeten und ethisch völlig irrelevanten Umstandes der Spezi-

---

[Anm.: Die letzte dokumentierte Schlachtung eines Hundes in Deutschland fand 1986 in Augsburg statt. In diesem Jahr wurde das Schlachten von Hunden und Katzen zum Zweck der Fleischgewinnung in Deutschland gesetzlich verboten. Dies geschah allerdings nicht aus Tierschutzgründen, sondern aufgrund von Ernährungshygiene und Verbraucherschutz. Das Verbot wurde durch eine Änderung des Fleischbeschaugesetzes eingeführt, das festlegte, dass Fleisch von Hunden, Katzen und Affen nicht für den menschlichen Verzehr gewonnen werden darf. Im Mai 2010 wurde dieses Verbot durch die Lebensmittel-Hygieneverordnung (Tier-LMHV) weiter konkretisiert. Seitdem ist es ausdrücklich untersagt, Fleisch von Hunden, Katzen, anderen hunde- und katzenartigen Tieren (Caniden und Feliden) sowie von Affen zum Zwecke des menschlichen Verzehrs zu gewinnen oder in den Verkehr zu bringen. Obwohl der Verzehr von Hunde- oder Katzenfleisch in Deutschland nicht explizit verboten ist, machen das Schlachtverbot und das Verbot des Inverkehrbringens den legalen Erwerb und Konsum solcher Produkte faktisch unmöglich.]

eszugehörigkeit. Das bedeutet aber nicht automatisch, dass sie ungerecht ist. Wir behandeln auch unsere Mitmenschen unterschiedlich, je nachdem, welche Rollen sie in unserem Leben spielen, ohne dass dies ein Gerechtigkeitsproblem darstellt.

Auch die daraus gezogene ethische Schlussfolgerung, dass wir keine Schweine essen sollten, weil wir auch keinen Dackel zum Abendbrot verzehren, ist nicht zwingend, um der vermeintlichen Ungerechtigkeit wirksam zu begegnen. Um gerechte Verhältnisse herzustellen, wäre es gleichwertig, das Hundefressen wieder zu legitimieren. Das aber würde den Schweinen nicht helfen und den Hunden schaden.

Karnismus als Gerechtigkeitsansatz funktioniert in beide Richtungen. Es gibt keinen Grund, die für Hunde und Schweine bessere Alternative zu bevorzugen, um selbst gerecht zu sein – es macht nur für die betroffenen Individuen einen Unterschied. Denn auch wenn wir beide schlecht behandeln bzw. zum Fressen preisgeben, ist der Gerechtigkeit genüge getan und der Zustand ungleicher Behandlung aufgehoben. Aus der Position des Fressers betrachtet ist die Freigabe der Hunde als Futtermittel sogar attraktiver, als auf das Fressen von Schweinen zu verzichten. Er wird eher die Hunde opfern wollen, als auf „sein Schweineschnitzel" verzichten, um dem angestrebten „Gerechtigkeitszustand" einer Gleichbehandlung von Hunden und Schweinen genüge zu tun. Das Scheinargument kann also auch aus psychologischen Gründen nicht wirklich funktionieren, denn sie baut auf einem Wert (Hundeliebe), der tatsächlich in der allgemeinen Wertehierarchie allenfalls eine untergeordnete Rolle spielt.

2. Der Hund wird als Mittel zum Zweck missbraucht

Das Ganze ist ein Taschenspielertrick, der darin besteht, eine emotionale Intuition zu evozieren, ohne tatsächlich nachzuweisen, warum es moralisch falsch sein sollte, Tiere unterschiedlich zu behandeln. Das Problem ist ja nicht die unterschiedliche Behandlung, sondern dass der Rahmen des Erlaubten faktisches Unrecht einschließt. Haben wir das wirklich nötig, mit solchen fadenscheinigen argumentativen Bauernfängermethoden zu arbeiten, obwohl wir nun wirklich starke und umumstößliche Argumente auf unserer Seite haben? Wir sollten das tatsächlich unterlassen, denn bei dieser Gegenüberstellung werden – ohne jeglichen argumentativen Nährwert – nur zwei Gruppen von rechtlosen Opfern gegeneinander ausgespielt. Das Unrecht an den Schweinen ist nämlich per se und an sich ein Unrecht, weil Schweine fühlen und denken können und ihr Leben für sie einen Wert hat und nicht, weil wir freundlich zu Hunden sind, weil wir diese bestenfalls (wenn auch nicht generell) für lebenswerte Wesen halten. Bei der Betrachtung des Unrechts an den Schweinen spielen die Streicheleinheiten für den geliebten Hund überhaupt keine Rolle. Die Hunde haben mit dem berechtigten Anspruch der Schweine an uns, über den sich unsere Gesellschaft millionenfach hinweggesetzt, schlichtweg nichts zu tun. Die Hunde können auch nichts dafür, dass es Schweinen schlecht geht. Wir sollten auch nicht deshalb nett zu Schwein sein, weil wir nett zu Hunden sind. Wären wir dann als Hunderhasser etwa aus dem Schneider? In dieser Gegenüberstellung Hund-Schwein werden die Hunde nur als rhetorisches Werkzeug benutzt, was die Tierrechtsidee konterkarriert. Der erste Schritt, eine Wirklichkeit zu verändern, ist der, die erwünschte Wirklichkeit in Worten und Sätzen zu konstruieren. Wir erzeugen Tierrechte, indem wir tierrechtlerisch sprechen. In der genannten Gegenüberstellung entäußert sich aber die Instumentalisierung der Tiere.

Es soll dabei nicht unerwähnt bleiben, dass die Instrumentalisierung von glücklichen Hunden an sich bereits einen faden Beigeschmack hat. Es impliziert indirekt, als ob es in irgendeiner Weise anstößig sei, Hunde zu streicheln. Es macht aus einer, an sich ja angemessenen und respektvollen Haltung einen heuchlerischen Akt und entwertet sie. Allein aus pädagogischen Gründen ist das grotesk. Nur weil jemand nicht in allen Punkten richtig und konsistent handelt, wird eine richtige Handlung dadurch nicht falsch. Wäre es denn besser, sie würden Hunde treten? Wäre das Schweinefressen in diesem Falle dann kein Problem? Wie man es dreht und wendet: es geht bei diesem so geführten Diskurs nicht um die Tiere, sondern ausschließlich um den Menschen.

3. Es verschleiert die Rechtlosigkeit der Hunde

Hunde sind wie alle anderen Tiere völlig rechtlos. Juristisch sind sie de fakto Sachen. Sie werden zu Abertausenden in medizinischen Experimenten misshandelt, gefoltert, umgebracht. Viele Hunde führen ein trauriges Leben in Privathaushalten ohne Respekt und Liebe. Hunde sind Sklaven und haben nichts zu melden. Wenn sie ein gutes und geborgenes Leben führen können, so haben sie das dem gönnerhaften Wohlwollen ihres Besitzers zu verdanken. Sie haben keinen Rechts-

Anspruch darauf, geschweige denn, dass dieser irgenwie durchgesetzt werden könnte. Was ihr Leben von dem der Schweine im Eigentlichen unterscheidet, ist die Funktion, die ihnen zugewiesen wird. Beide sind Mittel zum Zweck und damit dem Grundproblem nicht entkommen. Ist es wirklich das Ziel, dass Schweine fortan rechtlos wie die Hunde leben sollen?

4. Es ist eine Frage der Macht, nicht der Gerechtigkeit
Die Ungleichbehandlung der Tierarten ist tatsächlich keine Gerechtigkeitsfrage, weil sie bei näherer Betrachtung nur eine Rollenzuweisung ist, sondern in erster Linie eine Machtstrategie. Alle Sklavenhaltungsgesellschaften haben die Entrechteten und Unterdrückten durch Ungleichbehandlung kontrolliert: Divede et impera, teile und herrsche, ist ein äußerst wirksames Instrument, um die Verbrüderung der Unterdrückten zu verhindern. Nüchtern betrachtet wird dies bei der Unterdrückung der anderen Arten in ihrer Zweckdienlichkeit eher keine Rolle spielen. Die Allmacht des Menschen über alle anderen Arten ist so durchdringend, dass sie solche Herrschaftsmethoden offenkundig nicht nötig hat.

Eines aber ist ganz sicher: Die Spaltung der Unterdrückten in Priviligierte und Unterpriviligierte dient psychologisch betrachtet der moralischen Entlastung der Täter. Indem sie die Haussklaven besser behandeln als die Feldsklaven, behandeln die Sklavenhalter auch ihr eigenes schlechtes Gewissen. Es befreit vom Gefühl von Schuld, indem es das angestrebte Selbstbild vom guten Menschen in einer Weise bedient, die die Schuld an den anderen, den Unterpriviligierten, leicht tragen lässt. Sie macht für die Täterpsyche also durchaus Sinn, um weiter Täter bleiben zu können.

Die Ungleichbehandlung von Tieren – etwa, dass Hunde gestreichelt, Schweine jedoch gefressen werden – ist darüber hinaus eine systemische, machiavellistische Strategie zur Erhaltung von Machtverhältnissen, bei denen das Individuum als ein bloßes Werkzeug zur Maximierung von Nutzen oder Gewinn fungiert. Diese Differenzierung wird seit jeher als eine der wirksamsten Methoden der Machtkontrolle angesehen.

Der Begriff der Macht ist hier zentral. Denn die versteckte Agenda hinter der Behandlung der Tiere in „Klassen" – von privilegierten Hunden bis zu unterprivilegierten Schweinen – dient der Stabilisierung von Hierarchien und das Aufrechterhalten eines kolonialistischen Systems, das uns als die „Herren" über alle anderen Wesen in der Welt betrachtet.

Die historische Bedeutung von Machtstrukturen in der Beziehung zwischen Menschen und Tieren wird immer wieder in den verschiedenen Formen der Ausbeutung aufgerollt. So werden - nicht nur auf symbolischer Ebene, sondern ganz konkret - Mechanismen etabliert, die den Eindruck eines „natürlichen" Status quo vermitteln. Doch genau dieser Status quo stellt eine moralische Korrumpierung dar, die sich über Jahrhunderte hinweg etabliert hat. Die Ungleichbehandlung von Tieren muss als ein Herrschaftsinstrument verstanden werden, das aus dem Bedürfnis nach Dominanz und Kontrolle erwächst.

Dies ist eine Tatsache, die nicht genug betont werden kann. Die tatsächliche Ungerechtigkeit verbirgt sich einzig und alleine hinter der Vormachtstellung des

Menschen, der sich selbst Rechte verleiht und diese allen anderen Tieren verweigert. Die Bruchstelle liegt also nicht zwischen den Tierarten, sondern einzig und alleine zwischen Menschen auf der einen Seite und allen anderen Tierarten auf der anderen, der rechtlosen Seite. Wer den Blick auf die unterschiedlichen Rollenzuweisungen innerhalb der Entrechteten lenkt, lenkt ihn vom eigentlichen Problem ab und verschleiert damit die eigentliche Ungerechtigkeit.

Zentrum ist hierbei die psychologischen Entfremdung, die bei der Gestaltung und Aufrechterhaltung von solchen Hierarchien stattfindet. Wenn wir den Status eines Tieres von einer moralischen Perspektive heraus beurteilen, müssen wir uns immer wieder fragen: Wer profitiert von der Grausamkeit und Ungerechtigkeit, die diese Hierarchie aufrechterhält? Es sind die Menschen, die sich in dieser Hierarchie selbst privilegieren. Der Wert des Tieres wird von einem rein instrumentellen Standpunkt heraus festgelegt, der auf einer manipulativen und ungleichmäßigen Zuweisung von Vergünstigungen beruht. Die unterschiedliche Behandlung ist das Instrument, um einen ungerechten Zustand zu schaffen, der in einem ganz anderen Bezug tatsächlich vorhanden ist.

5. Soll man Schweine wie Hunde behandeln?

Schließlich: kann es ernsthaft das Ziel sein, dass Schweine hierzulande wie Hunde behandelt werden? Zweifelsohne ginge es ihnen zumindest hierzulande praktisch gesehen meist besser, (sofern sie dann überhaupt noch zur Welt kommen). Doch diese „Besserstellung" ist nur ein willkürlicher Gnadenakt, der die tieferliegende Problematik einer grundlegenden Rechtlosigkeit nicht aufhebt. Hunde sind ebenso wie Schweine völlig rechtlose Sklaven, und wenn sie an einen verantwortungsvollen Halter geraten, so haben sie einfach nur Glück gehabt. Sie haben es dem gönnerhaften Wohlwollen ihrer Besitzer zu verdanken, wenn sie ein gutes Leben führen können, ohne unter dem Machtgefälle zu leiden und Unrecht zu erfahren. Einen Rechtsanspruch darauf haben sie nicht.

Was man darüber hinaus nicht vergessen darf: Gleichzeitig werden, für uns unsichtbar, abertausende Hunde in Laboratorien zu Tode gefoltert oder verdämmern ihr Leben in Tierheimen oder auch in Privathaushalten an der Kette oder in Käfigen wie der hannoveranische „Kampfhund" Chico selig - ohne die Chance, dass ihnen je Recht wiederfährt – von den Pogromen an Straßenhunden in südlichen und osteuropäischen Ländern ganz abgesehen. Und man muss nur mal den Umgang gewöhnlicher Parkbesucher mit ihren Hunden beobachen, um zu erkennen, dass es mit dem behauptete Respekt und der Liebe zu diesen Tieren nicht so weit her ist.

Die Frage, die sich daher stellen muss, lautet: Soll es wirklich unser Ziel sein, diese Art von Gnade für Tiere zu schaffen, die innerhalb dieses Sklavensystems in der unglücklichsten Position gelandet sind? Sollen Feldsklaven zukünftig wie Haussklaven behandelt werden? Geht es wirklich darum, den Kreis derer zu erweitern, denen wir gönnerhaft Almosen zukommen lassen?

Wohlwollen kann kein gerechtes Maß sein, da es Tiere als Untergebene betrachtet und ihnen die Würde nimmt. Es ist schlimm genug, dass wir derzeit keine andere Wahl haben, als Tiere freiwillig wohlwollend zu behandeln und sie zum Beispiel nicht zu fressen. Aber dass das so bleibt, kann kein Ziel sein. Also warum drücken wir das dann nicht aus, sondern missbrauchen die unglücklichen und rechtlosen Hunde für eine unangemessene Aufrechnung? Wir spielen Opfer gegeneinander aus – das ist, was der Vergleich in Wahrheit ist.

6. *Karnismus ist Tierschutzdenken –*
und Tierschutzdenken ist herrschendes Denken
Die Theorie des Karnismus ist letztlich nur eine Tierschutzideologie in neuem Gewand, die irgendwie zwischen den dünkelhaften Vorstellungen der Scala naturae (Mensch als Krone der Schöpfung) und den Moralvorstellungen von Immanufel Kant (Man soll Tiere gut behandeln zur eigenen Charakterbildung) angesiedelt ist: Wir (Menschen) nehmen uns selbst aus dem Wertungssystem nämlich heraus. Wir betrachten die Anderen von oben herab und wir möchten sie idealerweise gerecht behandeln so wie gute Eltern Sohn und Tochter das gleiche Taschengeld geben. Karnismus als ethisches Konzept ist bestenfalls eine Tugendethik, die vor allem danach fragt, ob man selbst „gut" ist und „gerecht". Im Mittelpunkt stehen wir selbst, was auch die größere Popularität der Karnismusidee in einer narzisstischen Gesellschaft erklärt. Es geht nicht darum, was für die Tiere um ihrer selbst willen gut und gerecht ist, sondern darum, dass *wir* gerecht sind.

Tierschutzdenken aber ist herrschendes Denken. Tierschutz gibt es in unserer Gesellschaft seit 200 Jahren und in seinem Geist und mit seinem Anspruch wurden die schrecklichsten Laboratorien gebaut, die größten Konzentrationslager für Lebensrechtsberaubte, die riesigsten Massenvernichtungsstätten seit Menschengedenken. Die Philosophie, man könne mit der Haltung des Dünkels und der Arroganz heraus den Tieren zweiter und dritter Klasse (allen den anderen Arten) gnadenvoll ein schönes Leben bereiten, ist gescheitert. Der Mensch kennt keine Gnade nach unten – es sei denn, er verfolgt einen bestimmten Zweck damit –, sondern zeigt respektvollen Umgang bestenfalls erst ab Augenhöhe. Tierschutzdenken hat gar nicht das Ziel, Tieren zu einem guten Leben zu verhelfen, es soll uns lediglich selbst ein gutes Gewissen verschaffen und da kommt es uns gerade recht, wenn durch dieses Drumherumgerede die wahre Ungerechtigkeit verschleiert wird, dass der Machthaber Mensch Rechte hat und das entmachtete Tier nur seinen verwertbaren Körper.

Was wir wirklich brauchen, ist eine schlüssige Antwort darauf, welche angemessenen Forderungen die Tierheit hinsichtlich der Berücksichtigung ihrer elementaren Interessen an uns stellen kann: eine Rechtsreform, die den Tieren die rechtliche Anerkennung als Individuen verschafft und ihnen die gleichen Rechte garantiert wie wir Menschen sie in Anspruch nehmen. Nur so können wir die strukturierte Gewalt überwinden, die auf der Abtrennung aller Tierarten bis auf die eigene aus dem von uns präferierten Moralkodex basiert und dazu führt, dass Tiere nach Belieben ausgebeutet werden.

Tierschutz allein hat niemals ausgereicht, um den grundlegenden Wandel zu bewirken. Der Versuch, den Tieren durch einen wohlwollenden Tierschutz zu helfen, ohne dabei die tiefere Machtstruktur anzugreifen, hat versagt. Wir brauchen eine radikale Umgestaltung dieses Systems, das die Tiere in ihrer Unterordnung festhält, um die Realität für Tiere wirklich zu verändern.

Die Theorie des Karnismus hat nämlich ein strategisches Problem, weil sie den überheblichen Blick auf die Tiere nicht infrage stellt. Sie erlaubt uns, weiterhin als Güte-Gabengeber über das Schicksal der Tiere zu entscheiden, ohne die wirklichen Machtverhältnisse und uns selbst in unserer Vermessenheit gegenüber den anderen Arten zu hinterfragen. In dieser Logik bleibt die Macht des Menschen unangetastet, und die Opfer bleiben weiterhin unterdrückt.

Dass nun dieses alte Tierschutzdenken über die Karnismusidee ausgerechnet in die Veganismus- und Tierrechtsdebatte als Speerspitze der Bewegung durch die Hintertür Einzug hält, ist geradezu grotesk. Es ist Selbstsabotage; man konterkarriert seine proklamierten Ansätze und Ziele mit einer dem widersprechenden Methode.

7. Beschreiben und Benennen statt Ächtung
verhärtet die Fronten – statt zu bewegen
Die bloße Beschreibung und Benennung der bestehenden Verhältnisse konstituiert diese Verhältnisse, wenn sie keine Ächtung in sich trägt. Melanie Joy etikettiert ein Verhalten, das so üblich ist, dass es bisher noch nicht einmal eine Bezeichnung trug, als Ideologie „Karnismus". Nur was benannt werden kann, kann auch bekämpft werden – so die Theorie. Insofern macht dies auch Sinn, aber in diesem Falle ist es nur ein Scheingefecht. Es ist Kritiksimulation.

Denn: diese Etikettierung ächtet nicht, sie kränkt

nicht und enthält auch keinen Anreiz zur Veränderung in einer Zeit, in der sich jeder gern seinen Spleen bewahren darf und der Schutz religiöser Gefühle wieder so eine Bedeutung erlangt hat, dass er in gerichtlicher Praxis neuerdings sogar schon die Meinungsfreiheit – eines der wesentlichsten demokratischen Werte – beschränken darf. Esoteriker, Moslem, Christ, Karnist – jedem das Seine, wird man sagen.

Karnismus ist ein Spielzeugmesser gegen ein Massenvernichtssystem, das tagtäglich Millionen Opfer hervorstößt. Er ist als Instrument und Strategie stumpf, verharmlosend und ablenkend und dient nur einem: dem veganen Karnismusplapperer und seiner Eitelkeit. Man hat sich ausgedrückt, dabei selbst erhöht und den Gegner scheinbar erniedrigt in einer Form, die letzlich so bedeutungslos und damit ungefährlich ist, dass sie keine empörte Antwort zu befürchten braucht. Der Gratismut verleiht dem Ankläger das gute revolutionäre Gefühl.

8. Die falsche Disziplin und die falsche Einordnung als Ideologie

Ein weiterer, nicht weniger wichtiger Schwachpunkt des Karnismus-Konzepts ist, dass es die falsche Disziplin bemüht. Sozialpsychologie untersucht das „normale" Verhalten des Menschen. Sie fragt: Wie reagieren Menschen üblicherweise auf bestimmte Ereignisse und Situationen, und warum tun sie das? Was die Mehrheit der Gesellschaft für richtig hält, bildet den Rahmen dafür, was die Psychologie als „normal" einordnet und was als „anormal". Wer dieser Norm nicht entspricht, wird als „abweichend" oder „krank" klassifiziert. Der Mainstream bestimmt also, was „normal" und was „anormal" ist, er klassifiziert Verhalten als üblich oder eben normabweichend. Wenn die Normabweichung zu groß ist und die Realitätsanpassung an die herrschenden Gegebenheiten nicht mehr gelingt, gilt das Individuum als „krank". Dies macht die Psychologie in ihrer innewohnenden Weltanschauung zum Hexenhammer des 20/21. Jahrhunderts. Wer im Mittelalter als „verflucht" galt, ist heute psychisch krank. Die von Dämonen besessene Hexe von anno dazumal hat heute eine Borderline Persönlichkeitsstörung. Das Stigma, das der Zeitgeist verhängt, trifft die Unangepassten, die das herrschende Spiel nicht mitspielen, sondern eigene Spielregeln für sich aufstellen.

Diese Sichtweise verunmöglicht das kritische Werturteil auf kritikwürdige herrschenden Verhältnisse und verengt damit den Blick. Was ist, wenn eine Gemeinschaft sich ethisch/moralisch völlig verfehlt verhält? Wird das Böse dann zum Guten? Durch die Bezeichnung „normal" wird es das aber zumindest zu einem Teil. Und genau darin liegt bereits ein prinzipielle Schwachpunkt dieser Untersuchung und damit ihre Gefährlichkeit als systemstabilisierende Interpretation. Normal bedeutet in der Psychologie „üblich", in den Ohren der Allgemeinheit aber „richtig". Wie schreibt der Gerichtsspychiater Reinhord Haller: „Wir finden in der Masse den Code des Bösen in Reinkultur!" Das Böse ist also normal, aber wenn man es als ein solches bezeichnet, legitimiert man es damit zwangsläufig, denn im Gegensatz zur psychologischen Disziplin versteht die Gesellschaft den Begriff „normal" normativ!

Die Sichtweise der Psychologie ist eine beschränkte,

weil sie zweidimensional denkt und die dritte Ebene der Transzendenz ausblendet, also eben auch unverserselle Werte. Wenn wir also die Psychologie als Hebel, als Instrument für das Tierrecht und seiner ihm zugrundeliegenden Werte nutzen wollen, müssen sich diese Werte in der psychologischen Einordnung widerspiegeln und aus dem Bewusstsein dieser Werte als „das Normale" (im Sinne von „Das Richtige" und eben nicht als „Das Übliche") die Phänomene interpretieren. Sicher ist, dass die Karnismusidee dies nicht leistet.

Karnismus beschreibt „das Normale", was nach der Definition der Psychologen „das Übliche" ist, nach der Vorstellung der Allgemeinheit aber „das Richtige". Wie soll es da gelingen, „das Richtige (Übliche)" zum „Falschen" umzudefinieren. Zumal es ja nicht falsch ist, wie wir mit Tieren umgehen, sondern böse. Die Sichtweise der Psychologie ist eine beschränkte, weil sie zweidimensional denkt und die dritte Ebene der Transzendenz völlig ausblendet, also eben die Werte, die größer sind als wir selbst und denen wir uns unterordnen. Wenn wir schon psychologisieren, dann aber richtig: die aufgeblasenen und gleichgültigen Tiernutzer und Mörder sind Narzissten und Psychopathen. Keine niedlichen Fressideologen. Es ist nicht normal, Tiere zu massakrieren. Es ist böse.

Schließlich ordnet die Hypothese des Karnismus die milliardenfache Folter und Ermordung fühlender und denkender Persönlichkeiten als Ideologie ein und das ist eine geradezu groteske und zynische Verharmlosung der Realität. Massenvernichtung ist Genozid und kein Glaubenssatz. Jede sprachliche Verniedlichung und Verharmlosung des Vernichtungssystems dient dessen Erhaltung.

Der Wert dieser Theorie liegt allenfalls in der narzisstischen Zufuhr für Tierbewegte und moralische Perfektionisten – dieses Klientel mag sie irgendwo nachhaltig beeindrucken können –; doch bedient sie letztlich nur die Hybris des Tieres Mensch und das ist so ziemlich das Letzte, was wir in dieser Auseinandersetzung brauchen können.

Kommen wir zurück auf die Hundegrillparty und die Sendung „Hart aber fair", mit dem ich am Anfang in die Thematik eingestiegen bin: Gegen die Hundegrillparty gab es wütende Proteste. Nun ist die Lautstärke des Widerspruchs auch ein Gradmesser dafür, inwieweit es gelungen ist, eine wirksame Antithese vom Zeitgeist gesetzt wurde. Gute Revolutionäre erfahren Widerstand, falsche Revolutionäre Zuspruch. Wenn wir Veränderung erreichen wollen, so ist dieser Bruch mit den Tabus wichtig und richtig. Nur die Antithese zum Zeitgeist führt letztlich nach Hegelscher Dialektik zu einer Veränderung der herrschenden Verhältnisse, indem die herrschende These und die gesetzte Antithese – der Widerspruch – zur Synthese führt und der Zeitgeist damit einen Schritt voranschreitet. Die Empörung gegen das gefakte Hundegrillen von PETA allerdings speist sich aus dem Zeitgeist, dass man Hunde nicht grillen soll. Wollen wir das ernsthaft abschaffen?

Und dann diese Schwatzveranstaltung, in der erwartungsgemäß Folgendes passiert: ein Tierpathologe erzählt von den schrecklichen Missbräuchen der bösen Heimtierhalter, die es zweifellos gibt. Der Vertreter der Massenvernichter aus der Leichenindustrie zeigt mit dem Finger auf die bösen Heimtierquäler. Der Tierschutz schwurbelt karnistisch ambitioniert vom Drama des Heimtieres im Bett und dem Schwein auf Spaltenboden (was bitte ist eigentlich ungerecht daran, wenn der Hund im Bett schnarcht, sollte er besser im Zwinger auf Beton schlafen? Und schadet das Kopfkissen unter seinen Schlappohren dem Wohl der Schweine?

Kurzum hat der WDR mit der Talksendung ein wunderbares Spielfeld geschaffen, um die Opfer gegeneinander auszuspielen und das wird von allen Seiten befeuert. Die Täter an den Schweinen betreiben moralisches Fingerpointing in Eintracht mit dem Tierpathologen, der ein tatsächliches Problem benennt und damit aber nun voraussichtlich unwidersprochen dem Schweinevernichter und seiner Exkulpierung dient. Die Tierschützer erkennen wie gehabt das tückische Spiel nicht und suhlen sich in ihrem oberlehrerhaften moralischem Narzissmus, der Leitstörung unserer Bewegung, und lassen zumindest zu, dass der Täter aus Liebe im gleichen Topf landet wie der Täter aus Habgier und völliger Skrupellosigkeit. Da wird es dem Gutwilligen bereits vergehen, irgendwelche moralischen Anstrengungen zu unternehmen.

Spätestens jetzt sollte uns das Licht aufgehen, dass wir mit der eitlen Theorie vom Karnismus nur unser Ego bedienen, Kritik zu üben, ohne etwas zu riskieren.

Das ist zu wenig für diejenigen, deren Leben davon abhängt, dass wir unsere Arbeit gut und richtig machen.

Mord am Wort –
Wie der Speziesismus zerstört wurde

Die Aufklärung lehrte uns, dass bei der Meinungsbildung das bessere Argument zählt – jenes, das sich an die Vernunft richtet. Doch diese Vorstellung hat sich als Illusion erwiesen. In Wahrheit sind wir keine rein rationalen, sondern vor allem emotionale und soziale Wesen. Damit rückt die Art, wie wir sprechen, in den Vordergrund – oft weit mehr als der Inhalt dessen, was wir sagen. Sprache ist nicht nur Träger von Information, sondern ein Werkzeug zur Wirklichkeitsgestaltung. Und gerade in politischen Auseinandersetzungen entfaltet sie ihre volle Kraft.

Tatsächlich spielt sich Kommunikation nur zu einem kleinen Teil auf der Inhaltsebene ab. Viel entscheidender ist der Rahmen, in dem etwas gesagt wird – die Erzählung, der Ton, das Framing. In den letzten Jahren ist das Bewusstsein für diese Dynamik gewachsen: Wir erkennen zunehmend, wie Sprache Meinungen nicht nur vermittelt, sondern formt – und wie sie, gezielt eingesetzt, Menschen beeinflussen, polarisieren und mobilisieren kann. Wir erleben es in der Auseinandersetzung mit dem Tierhass in unserer Gesellschaft permanent, wie das Unrecht an den Tieren begrifflich verschleiert wird.

Ich möchte heute auf einen Aspekt der tierrechtlerischen Kommunikation eingehen, der auf den ersten Blick für manche Kollegen haarspalterisch wirken kann, in meinen Augen und mit meiner nun 40-jährigen Erfahrung in der Tierrechtsarbeit aber so bedeutsam ist, dass ich darüber ausführlicher schreiben möchte. Immerhin wollen wir Meinung bilden und unsere Sprache ist dabei das einzige nennenswerte Machtinstrument, über das wir verfügen. Wenn man bedenkt, dass bei der politischen Meinungsgestaltung und in der Werbung Heerscharen von wissenschaftlichen Experten bemüht werden, um Inhalte zu verkaufen, sollten wir nicht allzu fahrlässig mit diesem Aspekt der Kommunikation umgehen.

Heute geht es mir konkret um die gezielte Umdeutung des Begriffs Speziesismus, mit der eine Position zum Verstummen gebracht wurde, indem man ihr den begriff raubte. Ob das nun fahrlässig oder vorsätzlich passierte und wer es zu verantworten hat, ist dabei nicht Gegenstand dieser Untersuchung. Es ist passiert, und das reicht eigentlich schon aus.

In den 80er- und vor allem 90er-Jahren gelang es dem politisierten Tierschutz in Deutschland, drei neue Begriffe im allgemeinen Sprachgebrauch zu verankern, mit denen wir ein neues Bewusstsein für Tiere und deren Bedeutung in der Welt artikulierten. Diese drei Begriffe waren „Vegan/ Veganismus", „Tierrechte" und „Speziesismus". Alle drei Begriffe haben in den vergangenen Jahren ihre ursprüngliche Bedeutungsebene verloren.

Die Gründe sind dafür vielfältig: Bequemlichkeit, die üblicherweise bei sozialen lebewesen vorhandene hohe Anpassungsbereitschaft an herrschende Verhältnisse und die Selbstbezogenheit der Menschen in einer Konsumwelt, die Werten nicht mehr dient, sondern sie nur benutzt und damit instrumentalisiert. Innerhalb des erlaubten Meinungsspektrums – wer ist nicht gegen Tierquälerei und für gute Schutzgesetze für Tiere? – wird man überwiegend Zuspruch erfahren und den zielt man an. Der britische Schriftsteller und Philosoph Aldous Huxley formulierte es pointiert: „Wer so tut, als bringe er die Menschen zum Nachdenken, den lieben sie. Wer sie zum Nachdenken bringt, den hassen sie."

Und man darf auch nicht naiv sein: Unsere politischen Gegner – und das sind all diejenigen, die auf dem Tierhass ihre Existenz erreicht haben – schauen nicht tatenlos zuschauen, wie wir daran arbeiten, die Deutungshoheit über die Tierfrage zu erlangen. Schließlich hängen da milliardenschwere Gschäftsbetriebe dran, und die werden sich kaum von uns das Geschäft vermasseln lassen, ohne sich zu wehren. Und die können sich jede Menge Spindoktoren leisten, die unsere Arbeit einfach nur sabotieren müssen und dabei garantiert keine eigenen schlüssigen Argumentationsketten aufbauen.

Macht spricht nicht, um zu überzeugen – sie spricht, um zu unterwerfen. Wer Macht besitzt, muss keine Argumente liefern, sondern kann setzen, behaupten, bestimmen. Das gute Argument, die sorgfältige Begründung, das Bemühen um Überzeugungskraft – das alles sind Zeichen von Ohnmacht. Es ist der Schwächere, der sich erklären muss, der appelliert, der wirbt. Die Mächtigen hingegen senden Signale, keine Bitten: sie inszenieren Autorität, sie setzen Narrative, sie gestalten Räume so, dass Widerspruch von vornherein als absurd erscheint. Wenn sie sprechen, dann meist nicht, um in den Dialog zu treten – sondern um ihre Deutungshoheit zu markieren. Das Argument, das in der Aufklärung als Königsweg zur Wahrheit gepriesen wurde, ist in den

Händen der Ohnmacht ein Notbehelf: ein Versuch, das Spiel mit Regeln zu spielen, das längst ohne Regeln geführt wird. Hannah Arendt schrieb einmal: „Wo alle lügen, verliert niemand mehr die Orientierung. Wer aber die Wahrheit sagt, wird für einen Narren gehalten." So funktioniert das Verhältnis von Macht und Vernunft: Die Wahrheit ist kein Vorteil, wenn sie nicht anschlussfähig ist – sie wird entwertet, weil sie stört. Und wer stört, ist schwach, nicht weil er Unrecht hat, sondern weil er allein dasteht. Darum kann ein Mensch im Recht sein – und doch verlieren. Macht gewinnt nicht durch Argumente. Sie gewinnt durch Wiederholung, durch Rahmung, durch Ausschluss. Darin liegt ihre wahre Intelligenz.

Das bedeutet nicht, dass das „Wahre, Schöne, Gute" sich nicht auch behaupten kann und – in doppeltem Wortsinn – gute Argumente haben durchaus ihre Wirkmacht. Zudem sind aus rein wirtschaftlicher Hinsicht für eine Industrie, die mit geringen Gewinnmargen arbeitet, bereits kleine Verwerfungen brandgefährlich. Sie wird also vorbauen, um ihre Märkte zu sichern und ihre Macht zu erhalten.

Eine perfide Technik der sogenannten schwarzen Rhetorik besteht darin, Begriffe gezielt umzudeuten – sie mit neuer Konnotation aufzuladen, bis sie ihre ursprüngliche Aussagekraft verlieren oder ins Gegenteil verkehrt werden. So wird Sprache zur Waffe: Wer die Bedeutung eines Begriffs verändert, verändert auch, was sagbar ist – und damit, was gedacht werden kann.

Der Philologe, Schriftsteller und Literaturwissenschaftler Victor Klemperer (*1881 – †1960) hat in sei-

160

nem Werk *LTI – Lingua Tertii Imperii: Notizbuch eines Philologen* auch die Sprache des Dritten Reichs analysiert und beschrieben, wie Sprache zur Zersetzung von Wahrheit und Moral genutzt werden kann und wie Begriffe gezielt umgedeutet wurden, um Denken und Fühlen zu steuern. Er schrieb: „Worte können sein wie winzige Arsendosen: sie werden unbemerkt verschluckt, sie scheinen keine Wirkung zu tun, und nach einiger Zeit ist die Giftwirkung doch da."

Von solchen Manipulationen ist auch die Tierrechtsbewegung betroffen. Man muss nur an diese breit und regelmäßig gestreuten Geschichte von der veganen Rindermästerin denken oder diesen „Jeganern" („veganen" Jägern, vorzugsweise Jägerinnen), die intervallmäßig mit größeren Reportagen in den Medien auftauchen. Was bewirkt man damit? Die Kernaussage des Veganismus, dass Tiere ein Recht auf ihr Leben, auf Freiheit, auf Unversehrtheit haben und um ihrer selbst Willen existieren haben, wird verwaschen und vernichtet und der Veganismus zu einer Art persönlichen Moralentscheidung umgestaltet.

Ich bin sehr sicher: Sowas passiert nicht zufällig, aus Blödheit oder Nachlässigkeit. Es steckt ein perfider Plan dahinter. Mit solchen Begriffsumdeutungen fährt man uns über den Mund und raubt uns unsere Ausdrucksmöglichkeiten. Damit verschwinden wir als Idee.

Und genau das geschah in den vergangenen 20 Jahren auf vielfältigen Ebenen: Aus Vegan/ Veganismus als ethisch begründete Lebensweise, die allen Tieren eine Würde und einen Zweck an sich selbst zuspricht und einen Anspruch, nicht vom Menschen benutzt und ums

Leben gebracht zu werden, wurde pflanzliche Lebensweise für Klima, Fitness, Lifestyle. Der ethische Ansatz des Wortschöpfers Donald Watson wurde weitgehend ersetzt durch klassische Tierschutzargumentation: Tiere sollten nicht gequält werden und in der Massentierhaltung und im Schlachthof werden sie das – also werdet vegan.

Dem Begriff „Tierrechte", der sich hierzulande in den 80er- und 90er- Jahren etablierte, erging es nicht besser. Ursprünglich hatte der Begriff zwei Inhaltsebenen: 1. Ein berechtigter (naturrechtlicher) Anspruch der anderen Tiere an uns Menschen aufgrund von vitalen Präferenzen bzw. Interessen und 2. die Forderung nach rechtlicher Anerkennung der Tiere als Individuen und Träger von Rechten, da die klassische Tierschutzgesetzgebung und die rechtliche Einordnung der Tiere als Sachen systembedingt keine echte Verbesserung für die Tiere leisten können. Die anfänglich zugrundeliegende Theorie der Tierrechte wurde in nur wenigen Jahren auf die ursprünglichen und bisher schlichtweg erfolglosen Bemühungen um eine bessere Tierschutzgesetzgebung zurückentwickelt, die – wie gesagt – alles ist, aber eben kein Tierrecht, sondern nur den Rahmen vorgibt, wie Menschen mit Tieren verfahren dürfen. In der zugrundeliegenden Philosophie bleibt damit das Tier Objekt. Es konstituiert das menschliche Anrecht an der Verfügungsmasse Tier. Formulierungen wie „Wir brauchen mehr Tierrecht" offenbaren im Zuge dessen, dass das Bewusstsein um die völlige Rechtlosigkeit der Tiere verloren gegangen ist. Vergessen wir vor allem nicht, was klassisches Tierschutzdenken bewirkt hat: in

100 Jahren praktisch nichts, während das Tierrecht die bedeutendste Befreiungsbewegung zur Folge hatte: den Veganismus.

Beide Begriffsumdeutungen vollzogen sich in den letzten 15 Jahren, bemerkenswerterweise also gerade ab dem Zeitpunkt, als die neu gesetzten Begriffe ihre erste Wirkmacht entfalteten, indem sie in den allgemeinen Wortschatz integriert worden waren und damit als Gedanke und Idee fassbar wurden. Als letzten Streich wird heute der Speziesismus einer inhaltlichen Säuberung unterzogen und damit – so behaupte ich – als Begriff weitgehend unwirksam gemacht.

Es war der Psychologe und britische Tierrechtspionier Richard Ryder, der in den 70er-Jahren den Begriff Speziesismus ursprünglich einführte. Dieser bezeichnet die Vorstellung, dass Menschen allein wegen ihrer Artzugehörigkeit moralisch über jeder anderen Spezies stehen und deshalb über sie verfügen dürfen.

In Deutschland wurde Speziesismus vor allem über den hierzulande viel bekannteren australischen Philosophen Peter Singer und sein wegbereitendes Buch Animal Liberation zum Begriff. Peter Singers Definition hält sich im Wesentlichen an die des Wortschöpfers: „Speziesismus [...] ist ein Vorurteil oder eine Haltung der Voreingenommenheit zugunsten der Interessen der Mitglieder der eigenen Spezies und gegen die Interessen der Mitglieder anderer Spezies."

Mit dem Begriff Speziesismus wird den von der menschlichen Macht zugewiesenen Sklavenstatus der anderen Tiere zum Ausdruck gebracht, der den Kern des Problems auf den Punkt bringt: Wir Menschen nehmen Kraft unserer Macht Rechte in Anspruch, die wir den Anderen nicht gönnen, weil wir sie benutzen wollen. Wir diskriminieren die Mitglieder der anderen Tierarten aufgrund willkürlich gewählten und zumeist auch erlogenen Merkmalen, die keine ethisch tragfähige Grundlage bilden. Wir sind die Nutznießer einer Ungerechtigkeit, und dass dies ein untragbarer Zustand ist, verstehen schon kleine Kinder. Psychologische Studien haben mittlerweile herausgefunden, dass der Dünkel gegenüber den anderen Tieren nicht angeboren, sondern erworben wird.

Die Aufhebung dieser Ungerechtigkeit und der doppelten Moral, die dahintersteckt, würde uns nur das Privileg auf Folter und Mord nehmen. Aufgeboben wäre diese Ungerechtigkeit allerdings auch, indem wir uns selbst in den rechtlosen Zustand von Freiwild versetzen würden, und das Recht des Stärkeren dann für alle gilt. Das aber kann kaum einer ernsthaft wollen – wenn man nicht Marquise de Sades Freiheitsbegriff vertritt: „Es gibt keine Freiheit, wenn man nicht das Recht hat, Verbrechen zu begehen." Somit wird offensichtlich, dass wir den Tieren vorenthalten, was wir selbst sehr gern in Anspruch nehmen. Wir nehmen, ohne zu geben.

Der Speziesismus ist die ultimative Kritik an einem ideologischen Konstrukt, mit dem bereits Aristoteles die belebte Welt hierarchisch ordnete und dabei den Menschen von den anderen Tierarten als grundlegend andere Lebensform abgrenzte: die Scala naturae. Dieses Konstrukt ist der entscheidende geistige Überbau, um ein Unrechtssystem gegenüber allen anderen Arten zu legitimieren.

Heute hat der Begriff nahezu unbemerkt eine andere Inhaltsebene erhalten, die sich im vergangenen Jahrzehnt durch eine Neuerscheinung auf dem Büchermarkt, „Warum wir Hunde streicheln, Kühe essen und Schweine anziehen", von Melanie Joy sukzessiv entwickelte. Die amerikanische Sozialpsychologin hatte im Rahmen ihrer Promotion die Tierefresserei als psychologisches Phänomen untersucht. Joy entlarvt ein, von Verleugnung, Verdrängung und Selbstbetrug getragenes, ideologisches System, das die Tierefresserei und das Fressen ganz bestimmter Tierarten gesellschaftlich zu einem normalen und natürlichen Verhalten integriert, obwohl es moralischen und logischen Grundprämissen widerspricht. Joy nennt diese Ideologie Karnismus. Der Slogan „Hunde streicheln – Schweine essen" ist seitdem in verschiedenen Ausformungen ein fester Bestandteil der Öffentlichkeitsarbeit von Tierbewegten. Die Botschaft lautet: Es ist unfair, unterschiedliche Tierarten unterschiedlich zu behandeln. Hunde streicheln und Schweine essen sei eine ungerechte Ideologie.

Seit einiger Zeit erfährt nun der ursprüngliche Speziesismusbegriff nach der Definition von Singer ein sogenanntes Reframing. Vorangetrieben wird dies insbesondere durch PETA mit einer Anti-Speziesismuskampagne und Social-Media-Influencer wie die Militante Veganerin, die ihre Argumentation ebenfalls auf diesen Begriff stützt. Die Definition von Singer wird dabei mit der Karnismus-Theorie von Melanie Joy ergänzt und damit einer der wichtigsten Begriffe, den die Tierbewegung hervorgebracht hat, in seinem Bedeutungsinhalt schlichtweg zerstört.

Aber warum ist das so? Ist denn die Ungerechtigkeit, Hunde zu streicheln und Schweinen das Messer in die Brust zu rammen, und die Ungerechtigkeit, dass wir Menschen es uns mit Grundrechten gut und sicher eingerichtet haben, während wir die anderen Tiere diese Rechte absprechen, sie zu Freiwild erklären und ihnen die Hölle bereiten, nicht gleichermaßen eine Ungerechtigkeit, die in einer ungerechtfertigten Abwertung bestimmter Spezies fußt?

Nein! Tatsächlich wird hier ein sozialpsychologisches Phänomen (Karnismus) als ethisches Argument eingesetzt. Dieses zielt aber nicht auf die Bewusstmachung eines Unrechts, sondern erklärt psychologische Handlungsmuster zum Aufbau und Erhalt von Machtverhältnissen. Das „Ethische" daran ist allenfalls die darin verwobene mittelbare Kritik an fehlender Tugendhaftigkeit,(während die Gewalt gegen Tiere ganz sicher eine andere Dimension hat als bloße Unhöflichkeit und Ungehörigkeit). Im politischen Diskurs liegt der Wert dieser Theorie allenfalls in der narzisstischen Zufuhr für Tierbewegte und bedient ein perfektionistisches Ich-Ideal, während die Werte dahinter verschwinden.

Warum ist aber nun Singers Speziesismusdefinition eine ethische Aussage von Wert und die neue Definition, die die unterschiedliche Behandlung von Hunden und Schweinen beziehungsweise „Heimtieren" und „Nutztieren" als Speziesismus bezeichnet, gerade nicht?

Dies liegt in der Natur der Karnismus-Theorie begründet, mit der ich mich in einem anderen Aufsatz bereits beschäftigt habe. Ich werde hier die Argumente, mit der ich die Schwachsinnigkeit der Umwandlung der sozialpsychologischen Theorie zu einer ethischen Aussage umfangreich begründe, im folgenden Absatz nur stichpunktartig erwähnen, aber nicht vertiefend erläutern und begründen. Dazu verweise ich auf meine Argumentation *Vergesst Karnismus – Kritik an einem kontraproduktiven Strategiekonzept* (Seite 138).

 Der Karnismus kritisiert es als Ungerechtigkeit, Hunde und Schweine unterschiedlich zu behandeln. Diese Ungerechtigkeit kann dabei gleichermaßen in zwei Richtungen aufgehoben werden: indem man Schweine wie Hunde behandelt, oder aber auch, indem man Hunde wie Schweine behandelt. Hunde und Schweine werden bei dieser Argumentation gegeneinander ausgespielt. Wie kann man glauben, dass man auf diesem Wege Menschen davon überzeugt, vom Benutzen der Tiere Abstand zu nehmen, wenn man es selbst zumindest strategisch und abstrakt tut?

Karnismus beschreibt letztlich den völlig wertfreien psychologischen Fakt, dass Mitgefühl evolutionär an Beziehung geknüpft ist, und Mitgefühl als sozialer Kitt eine wichtige Funktion im sozialen Miteinander einnimmt. Hunde sind in unserer Gesellschaft präsent, Schweine nicht. Den Tieren werden einfach nur unterschiedliche Rollen zugewiesen, je nachdem, welchen Zweck sie in unserem Leben erfüllen sollen. Wir behandeln auch unsere Mitmenschen unterschiedlich, je nachdem, welche Rolle sie in unserem Leben einnehmen. Daran ist nichts Verwerfliches, solange der Umgang nicht von Gewalt und Missbrauch bestimmt ist. Das eigentliche Unrecht, dass Hunde gleichermaßen wie Scheine völlig rechtlose Objekte sind, wird dadurch verschleiert.

Es wären noch einige weitere Punkte zu nennen, fürs Erste sollen die genannten reichen, um zumindest einen Eindruck zu verschaffen, dass der Karnismus womöglich keine so gute Idee ist, um das Unrecht an den Tieren als Gerechtigkeitsproblem zu argumentieren.

Karnismus und der entsprechend reframte Pseudospeziesismus ist eine Als-ob-Moral, ein Plastikmesser gegen ein Massenvernichtungssystem, das tagtäglich Millionen Opfer hervorstößt. Er ist ohne Botschaft, strategisch verharmlosend und stumpf. Er ist narzisstisch ausgerichtet und bedient nur das verzweifelte Streben nach eigener Vollkommenheit. Mit seinem eitlen Karnismusgeplapper erhöht der moralische Oberlehrer sich selbst und erniedrigt gleichzeitig den Gegner in einer Form, die letztlich so nichtssagend ist, dass keine empörte Antwort zu befürchten ist. Der diesbezüglich Angeschuldigte kann daraus sogar noch einen narzisstischen Nährwert daraus ziehen, dass ihm in seiner barbarischen Fresserei sogar noch ein interessant kligender Titel verliehen wird.

Wahrscheinlich ist der narzisstische Mehrwert sogar der wahre und einzige Grund für die Popularität. Die österreichische Philosophin Isolde Charim hat in ihrem Buch „Die Qualen des Narzissmus" eindrucksvoll das Dilemma einer narzisstischen Gesellschaft dargestellt, die niemanden aus ihren Fängen entlässt. Diese Gesellschaft will narzisstisch bedient werden und erwartet es von uns. Die vegane Community spiegelt dabei diesen Narzissmus in Vollkommenheit. Besoffen von der eigenen Begeisterung über sich selbst und die eigene Moralität jubelt sie sich gegenseitig zu und überschüttet sich mit Likes und Klicks, und die Tiere spielen nur für dieses Spiel eine Rolle. Man benutzt sie zur Selbstoptimierung in entsprechender Weise, weil genau hier der bestätigende Applaus sicher ist.

Man könnte einen perfiden Plan dahinter vermuten, eine Bewegung zu übertölpeln und deren Energie über gezielt konstruierte Scheindebatten ins Leere laufen zu lassen. Es ist ja kein Geheimnis, dass Bewegungen kontrolliert, manipuliert und gesteuert werden, ein Großteil der Ausgaben des Inlandsgeheimdienstes wird durch diese Tätigkeit beansprucht. Dass sich mächtige industrielle Komplexe das Geschäft von moralisch angefressenen Aktivisten ohne Gegenwehr verderben lassen, braucht man wie anfangs erwähnt auch nicht annehmen. Und die haben natürlich das Geld, dafür professionelle Stellen anzuheuern. Dass ausgerechnet der Vorzeigephilosoph des WEF und Transhumanismus-Experte Yuval Noah Harari das neue Vorwort für die überarbeitete Neuauflage von Joys Karnismus-Buch geschrieben hat, könnte als handfestes Indiz dafür gewertet werden, dass wir längst nicht mehr die Deutungshoheit über unsere wichtigsten Begriffe halten.

Wir machen es den Feinden der Tierheit allerdings auch leicht. Es hat nur etwas mit uns selbst zu tun, wenn wir zwar eifrige Debatten über einen Only-Fans-Account eines veganen Shootingstars führen, aber das Problem der Speziesismusumdeutung noch nicht einmal erkannt wird. Es braucht weder WEF-Harari noch Geheimdienststeuerung, um unsere Bewegung zu Fall zu bringen. In unserem geistigen Tiefschlaf haben wir uns längst freiwillig selbst zu Boden gelegt. Wir sabotieren uns selbst und vor allen unsere Mission von der Befreiung der Tiere aus der Tyrannei des Menschen.

Ich schreibe es hier nochmals mit Nachdruck: Wir verlieren gerade selbstverschuldet durch unreflektierten Aktivismus die letzte Wortschöpfung, mit der wir eindeutig ausdrücken können, wofür wir stehen. Wenn wir dem nicht entschlossen entgegentreten und uns die Deutungshoheit über die Begriffe zurückerobern, wird die Position, die unsere eigentlichen Werte hält, ersetzt durch Begriffe einer Als-ob-Moral, die allenfalls für die Selbstinszenierung etwas taugt.

Wir sind den Tieren etwas Besseres schuldig.

Tugendwächter auf Abwegen –
Ist man Speziesist, wenn man Tiere idealisiert?

Unter Tierrechtlern und Veganern ist eine Tendenz auszumachen, sich gegenseitig perfektionistisch abzumahnen und zu beschulmeistern. Die neueste Idee: Tierrechtler belehren, die Tiere idealisieren und als die „besseren Menschen" wahrnehmen, und damit – so lautet der Vorwurf – quasi von hinten durch die Hose eine Entwertung des Menschen durch Überhöhung der anderen Tiere betreiben.

Das Denk- und Sprechtabu wird bei beiden Etikettierungen, – also „Menschenhass" und „Tieridealisierung" – genau mit den Vorwürfen belegt, mit denen überzeugte Tierbenutzer sich von den Tierbewegten abgrenzen, die nicht nur wohlfeile und belanglose Phrasen dreschen, sondern deutlich werden und die Grabesruhe über dem Unrecht stören.

Szeneintern wird dazu ein in den vergangenen Jahren wieder populär gewordener Kampfbegriff herausgeholt. Wahlweise sind die als Menschenhasser oder Tieridealisierer Gebrandmarkten in den Augen ihrer Parteifreunde Speziesisten, ein Begriff, der in den Anfängen der Tierrechtsbewegung mal eine Rolle spielte und dann für eine länger Zeit mehr oder weniger in der Versenkung verschwand, bis er in letzter Zeit wieder häufiger zu hören ist.

Zunächst: der Begriff „Speziesismus" wird in diesem Kontext noch nicht einmal korrekt verwendet. Um dieser unseligen Definition nach Gusto einen Riegel vorzuschieben, ist es sinnhaft, an die Wortdefinition der

Wortschöpfer Richard Ryder und Peter Singer zu erinnern und die lautet folgendermaßen: „Speziesismus [...] ist ein Vorurteil oder eine Haltung der Voreingenommenheit zugunsten der Interessen der Mitglieder der eigenen Spezies und gegen die Interessen der Mitglieder anderer Spezies."

Das heißt, dass ein Mensch, der seine eigene Spezies abwertet, kein Speziesist sein kann. Ein Mensch, der die Mitglieder anderer Spezies aufwertet, auch nicht! Deshalb ist die Aussage, dass Menschenverächter und Tiervergötzer gleichermaßen Speziesisten sind, rein sachlich betrachtet schlichtweg falsch.

Was aber jenseits sprachlicher Feinheiten bleibt, ist der damit verbundene Vorwurf, dass das Abwerten von Menschen und die Aufwertung der anderen Tiere ethisch verwerflich und strategisch falsch sei. Aber stimmt das überhaupt?

Um vernünftig zu bewerten, inwieweit die behauptete Aufwertung der Tiere zu verurteilen ist, so wie es unterstellt wird, müssen zwei Aspekte geklärt werden:

1. Sind die aufwertenden Aussagen wahr? Werden Tiere also tatsächlich ungerechtfertigt aufgewertet, indem ihnen positive, idealisierende Eigenschaften untergeschoben werden, die nicht zutreffen?

Die Aufwertung der Tiere hat zwei Erscheinungsformen. Die eine äußert sich darin, anderen Tierarten vermeintlich exklusiv menschliche Fähigkeiten und Eigenschaften zuzuschreiben, statt diese als Instinkt abzutun, und ist mit dem Kampfbegriff Vermenschlichung belegt. Die Flut an Erkenntnissen aus der Verhaltensforschung hat in den vergangenen Jahren zum

Glück dafür gesorgt, dass man diesen Vorwurf immer seltener hört. Im Gegenteil trauen sich heute renommierte Verhaltensforscher wie Karsten Brensing, diese Vermenschlichung sogar einzufordern, weil die Fakten zeigen, dass die über Jahrtausende aufrecht erhaltene Vorstellung vom Menschen als etwas grundsätzlich anderem als alle anderen Tierarten zusammengenommen schlichtweg falsch ist. Sie ist reine Ideologie. Bisher scheiterte noch jede Behauptung einer angeblich exklusiv menschlichen Fähigkeit, die uns grundsätzlich von den anderen Tieren unterscheide, an der Wirklichkeit: Tiere verwenden Werkzeuge, haben Selbstbewusstsein, Moral, Kultur, haben eine Vorstellung von der Zukunft, können planen, abstrakt denken und verständigen sich sprachlich. Wer heute noch behauptet, Menschen und Tiere seien grundsätzlich unterschiedlich, ist auf einem Bildungsstand von vor 50 Jahren hängengeblieben und der Propaganda aufgesessen. Menschen sind Tiere, eine Art von vielleicht 50 Millionen Arten und dabei hat natürlich jede Art ihre spezifischen Eigenschaften und Fähigkeiten und unterscheidet sich darin von anderen Arten graduell, aber nicht grundsätzlich. Der behauptete Graben zwischen Menschen und allen anderen Tieren ist ein Hirngespinst.

2. Was aber weiterhin so manchen unangenehm aufstößt, sind diese tierliebesbesoffenen Leute, die die anderen Tiere als die besseren Menschen betrachten; vornehmlich ihren Charakter als unschuldig und rein und ohne verborgene und böse Absichten betrachten. Im Gegensatz zu den Menschen seien die Tiere gut, lautet diese Form von Tieridealisierung.

Hier fällt zunächst unangenehm auf, warum es denn überhaupt stört, dass jemand gut von einem anderen spricht – ist es doch soviel schöner, als wenn einer nur lästert und den anderen klein und schlecht redet. Selbst wenn man der Meinung ist, dass diese Bewertung nicht den Tatsachen entspricht, muss einen das doch nun wirklich nicht aufregen, und erst recht nicht vor dem Hintergrund Jahrtausende währender bösartiger Abwertung der Tiere. Es schadet doch niemanden, wenn nun das Pendel in die andere Richtung ausschlägt und über die Idealisierung ein wenig Ausgleich schafft.

Nun ist es ja eine Binse: Wer handeln kann, verursacht auch Leiden – der eine mehr, der andere noch mehr. Das betrifft alle Arten, die handeln. Sogar Nichthandeln kann Leiden verursachen. Ein herabstürzender Stein kann den Tod bringen. Gewalt, Leiden und Schmerz sind systemimmanent. Diesen traurigen Umstand grundsätzlich anzuerkennen ist weder besonders moralisch noch klug, er ist ein offensichtliches Faktum. Leiden vorsätzlich zuzufügen und nur um des Zweckes, dass der andere leidet, ist dabei höchst selten. Sadismus ist meines Wissens ein Phänomen, das bisher nur bei Menschen und ihren engsten Stammesbrüdern, den Schimpansen, beobachtet wurde. Per Definition benennt es das Vergnügen daran, die physische und psychische Integrität einer Person zu verletzen und sich an ihrem Leid zu ergötzen. Vorsätzlich und sinnlos Leiden zu verursachen ist dabei noch kein Sadismus.

Was die vorsätzliche und sinnlose Leidzufügung betrifft, so muss man zunächst von dem pauschalisierenden Begriff „Tier" Abstand nehmen. Die meisten Tiere töten nämlich nicht vorsätzlich und leben von Pflanzen, aber das vergisst man gern, wenn es darum geht, aufzuzeigen, wie grausam Tiere untereinander seien. Die meisten sind es tatsächlich nämlich nicht.

Aber in der Tat gibt es viele Tierarten, die töten und damit auch großes Leid verursachen: bei denen, die sie töten, und bei denen, die um die Getöteten trauern.

Man muss aber zugestehen, dass diesen tötenden Tieren regelmäßig keine Wahl bleibt. Ihr Überleben hängt davon ab. Es ist für sie existentiell notwendig, sonst würden sie verhungern. In den letzten Jahrzehnten ist allerdings auch bekannt geworden, dass unsere Stammesbrüder, die Schimpansen, uns Menschen auch in unserer hässlichen Seite erschreckend ähnlich sind. Sie führen brutale Kriege gegen andere Schimpansengruppen, morden, vergewaltigen und verschleppen. Es sind Fälle dokumentiert, bei deren sich eine Schimpansengemeinschaft an einer anderen rächte. Sie brachten die Hälfte der Gruppenmitglieder ums Leben und zwangen die Überlebenden, die sterblichen Überreste zu essen. Sogar die als friedlich bekannten Sex&Love-Zwergschimpansen töten andere Affenarten. Nach Einschätzung von Verhaltensforschern geht es bei diesem Töten auch nicht um ernährungsphysiologische Bedürfnisse. Es ist Politik. Die todbringende Gewalt geschieht im Sinne von Macht und der Durchsetzung von Interessen.

Trotzdem ist die von Darwin geprägte Vorstellung vom Kampf ums Überleben, die nach wie vor in unseren Köpfen festsitzt, nur die eine Seite der Medaille. Tatsächlich spielt die Kooperation auch im Leben der anderen Tiere die viel entscheidendere Rolle. Der amerikanische Verhaltensforscher Jonathan Balcombe, der viel Zeit bei und mit Wildtieren verbrachte, sagt sogar, dass die Gewalt im Leben der anderen Tiere eine sehr untergeordnete Rolle spielt. Sie ist da, aber sie wurde überzeichnet, weil sie die Sensationsgier bedient und auch Leute Tierfilme anschauen lässt, die sich sonst nicht für Tiere interessieren. Man fühlt sich nach solchen Filmen selber auf einmal besser.

Zweifelsfrei ist: Hinsichtlich der Gewalttätigkeit ist der Mensch aufgrund seiner breiten Palette von diesbezüglichen Befähigungen mit weitem Abstand weltweiter Spitzenreiter. Das durch ihn verursachte Leid ist qualitativ und quantitativ herausragend, sodass es deshalb nur einen guten Grund gibt, Menschen abzuwerten und die anderen Tierarten aufzuwerten, da in Sachen Brutalität die anderen Tiere dem Menschen einfach nicht das Wasser reichen können. Die Menschen sind die fürchterlichsten Tyrannen auf dem allergrößten Totenfeld. Das macht die anderen gewalttätigen Tiere nicht automatisch gut, aber es relativiert ihre Gewalttätigkeit. Sie sind diesbezüglich regelrechte Stümper.

Dazu kommt: Die moralische Dimension einer Gewalttat liegt in der inneren und äußeren Freiheit des Individuums, die Gewalttat unterlassen zu können oder eben nicht. Hat das Individuum die innere und äußere Möglichkeit zu einer gewaltlosen Befriedigung eigener angemessener Interessen? Hat es ausreichende Einsichtsfähigkeit in die Folgen seiner Tat für den Anderen? Ist das Motiv existentieller Natur oder willkürlich, anmaßend und überzogen egoistisch?

Bei erwachsenen Menschen kann man überwiegend

davon ausgehen, dass sie sowohl die innere als auch die äußere Freiheit haben, auf Gewalt zu verzichten. Sie wissen, was sie anrichten, und sie könnten es in den meisten Fällen unterlassen, ohne sich selbst in existentielle Not zu bringen.

Die Frage, wie es sich das bei den anderen Tierarten verhält, ist schwieriger zu beantworten. In den überwiegenden Fällen dient die Gewalt dem eigenen nackten Überleben und das Individuum handelt diesbezüglich aus einer Unfreiheit heraus und in Ermangelung einer Alternative, existentielle Bedürfnisse anderweitig zu befriedigen. Damit erübrigt sich die schwierige Frage nach Einsichtsfähigkeit und Schuldfähigkeit, und sie kann damit offenbleiben.

Oft wird diesbezüglich fälschlich argumentiert, dass die Tiere keine Moral hätten. Aber das stimmt nicht. Bei vielen Tierarten ist mittlerweile nachgewiesen, dass sie Mitgefühl empfinden und einen Sinn für Gerechtigkeit haben, die treibenden Emotionen für moralisches Handeln. Das ist auch nur logisch, denn diese Empfindungen sind für sozial lebende Individuen unerlässlich, um ein gedeihliches Zusammenleben überhaupt zu ermöglichen. Diese Moral kann auch artübergreifend wirken. Schon Plutarch hat beschrieben, dass gefangene Löwen sich unter bestimmten Umständen mit lebenden „Beutetieren" identifizieren und dann nicht mehr töten können.

Moral haben also auch die anderen Tiere ganz sicher. Die entscheidende Frage ist allerdings nicht diejenige nach der Moralbefähigung, sondern, inwieweit sie schuldfähig sind. Schuldfähig bedeutet, Einsichtsfähigkeit in die Folgen einer Tat und ausreichende Selbstkontrolle zu besitzen, um aus innerem Antrieb unmoralische Handlungen unterlassen können.

Diese Frage ist alleine deshalb kaum zu beantworten, weil uns das geistige und emotionale Innenleben der anderen Tiere aus Erkenntnisgründen bisher verschlossen ist. Sie zu ermitteln setzt bei strittigen Fällen eine ausführliche Begutachtung durch Fachleute voraus, die aufgrund der bestehenden Sprachbarriere zwischen Menschen und anderen Tierarten derzeit nicht durchgeführt werden kann. Statt sich aber den Kopf über diese kaum zu klärende mögliche Schuldfähigkeit der anderen Tierarten zu zerbrechen, sollten wir uns lieber daran erinnern, dass Schuldfähigkeit in unserer Gesellschaft mit guten Gründen auch bei vielen Menschen verneint wird. So ließ man 2023 zwei zwölfjährige Mädchen straffrei davonkommen, die eine Mitschülerin in den Wald gelockt und mit 30 Messerstichen getötet hatten. Auch das dreizehnjährige Mädchen, das am 26.10.24 seine 7-jährige Schwester erstochen hat, wird nicht wegen Mordes angeklagt werden. Strafmündig sind hierzulange nämlich Jugendliche erst ab dem 14. Geburtstag. In England, Wales und Nordirland gelten Kinder ab dem vollendeten 10. Lebensjahr als strafmündig. Im berühmten Fall der Mary Bell hatte man 1968 in England eine Elfjährige zu lebenslanger Haft verurteilt. Sie hatte zwei Kleinkinder getötet. Solange nicht nachgewiesen ist, dass die anderen Tiere schuldfähiger als 9- oder 13-jährige Menschenkinder sind, solange gibt es gute Gründe, ihre Gewalttaten auch nicht nach den Maßstäben zu beurteilen, die wir bei erwachsenen Menschen ansetzen.

Da Menschen überwiegend gewalttätig ohne Not sind, die anderen Tiere überwiegend gewalttätig aus der Not heraus sind, gibt es hingegen gute Gründe, die Gewaltakte auch unterschiedlich zu bewerten, und zwar zugunsten der Täter-Tiere. In diesem Sinne sind die anderen Tiere vielleicht nicht „gut", zumindest aber „besser" als ihre nackten, zweibeinigen Stammesbrüder.

Die zweite Frage, die diesbezüglich zu klären ist, lautet: Ist die Aufwertung der anderen Tiere strategisch gesehen schädlich und wenn ja, für wen? Schadet diese Aufwertung dem gemeinsamen Ziel, Tiere aus dem Joch der Menschen zu befreien? Oder schadet sie uns und unserem Bild in der Öffentlichkeit? Dies ist eigentlich sogar die wichtigere Frage, da wir der Tierheit gegenüber und unserem Erfolg bei der Aufgabe, den Tieren zu helfen und ihre menschenverursache Not zu beenden oder zumindest zu lindern, verpflichtet sind – und nicht der Wahrheit, was immer man darunter auch verstehen mag.

Wenn die Suche nach der Wahrheit das Ziel ist, dann dient das vor allem der eigenen Eitelkeit, vor sich selbst und anderen als moralisch hochstehender, differenziert denkender, gebildeter Mensch dazustehen. Was die Befreiung der Tiere angeht, so ist nur die Wahrhaftigkeit von Belang. Das aber ist etwas völlig anderes. Bei der Durchsetzung von Interessen spielt die Wahrheit allenfalls insofern eine Rolle, dass sie als Werkzeug und Waffe eingesetzt werden kann. Manchmal aber schadet sie auch dem Ziel.

Für die Zielverfolgung ist die getroffene Aussage absolut kontraproduktiv. Der geistige Überbau dieser Tyrannenherrschaft über die anderen Tiere ist die Artarroganz des Menschen – seine Hybris einerseits und die Abwertung aller anderer Tiere andererseits. Insofern ist die Umkehr der Aussage – jenseits ihres Wahrheitsgehaltes – in jedem Fall geeignet, einen Kontrapunkt zu setzen und deshalb strategisch gesehen sinnvoll.

Die Metapher eines kenternden Boot ist dabei hilfreich, um das zu verdeutlichen: Ein Boot hat Schlagseite, weil alle Passagiere auf der rechten Seite sitzen. Es wird weiterhin Schlagseite haben, wenn sich die Hälfte oder die Mehrheit der Leute in die Mitte setzt. Das Problem der Schlagseite wird sich nur dadurch lösen, wenn genau so viele Leute die Seite wechseln, wie auf der Schlagseite verharren. Im Lot wäre es auch, wenn alle in der Mitte säßen. Solange die große Mehrheit der Menschen immer noch der Hybris anhängt, solange kann es gar nicht genug Menschen geben, die ein Gegengewicht dazu bilden.

Selbst wenn man sich darauf einigt, dass – jenseits von Qualität und Quantität und dem Maß an Schuldfähigkeit – die anderen Tierarten teilweise Urheber von schlimmer Gewalt sind – vor allem an anderen Tieren und nur äußerst selten gegenüber Menschen –, steckt in dieser „Wahrheit" keine problemlösende Dimension. Wir entlasten uns nur von persönlicher Schuld, indem wir mit den Finger auf die Tiere zeigen und die Gewalt als „natürlich" verschleiern. Wir waschen unsere Hände in Unschuld, sind aber damit nicht Teil der Lösung des Problems (Bootsmitte). Nur in der Umkehr liegt eine ausgleichende Wirkung. Die Vergötzung der Tiere und Entwertung der Nacktaffen sind Werkzeuge gegen die bösartige und hemmungslose Diskriminierung der Tiere. Es sind nicht die einzigen Werkzeuge, wir müssen uns ihrer auch nicht bedienen, aber wir müssen es jederzeit können dürfen.

Ein andere verdeutlichende Metapher ist die eines Gerichtsprozesses. Zwei Seiten streiten sich. Was würdet ihr Eurem Anwalt sagen, der nicht Eure Interessen vertritt, sondern die der gegnerischen Seite im gleichen Maße – während der gegnerische Anwalt nur die Interessen seines Mandanten vertritt, so wie es sein gutes Recht ist. Kurzum: du würdest deinen Anwalt zum Teufel jagen – so wie es jedes vom Menschen gefolterte Tier tun würde, wenn sein Verteidiger dem Folterknecht und Mörder Verständnis und Liebe entgegenbringt. Mandantenverräter braucht niemand, am wenigsten die Tiere. Und um das nicht zu sein, reicht es eigentlich schon, der anderen Partei nicht dermaßen in die Karten zu spielen und seine eigene Mandantschaft schlecht zu reden.

Die Frage nach der Güte der Tiere ist eigentlich eine Frage des Selbstverständnisses. Die Aussage hat ihre Berechtigung, wenn das Ziel moralische Selbstinszenierung ist. Sie ist auch verwoben mit unserem Bedürfnis nach Loyalität – gegenüber den Tieren oder gegenüber dem Tätermenschen. Sie ist aus dem Munde von Tierrechtlern Mandantenverrat. Es sagt etwas über uns selbst aus, wie wir die Frage beantworten. Und mehr auch nicht.

Der Pieks und der Verrat –
Wie die veganen Säulenheiligen
im Coronajahr die Tiere verkauften

Als im Dezember letzten Jahres (2020, Anm.d.Verf.) die Vorbereitungen fürs große Durchimpfen gegen Corona losgingen, muckte in Indien prompt die Schar der Gläubigen auf. Hindus, für die Kühe heilige Tiere sind, monierten das fötale Kälberserum, das bei der Herstellung von Impfstoffen eingesetzt wird. Es wird lebenden Rinderföten bei vollem Bewusstsein mit einer dicken Kanüle direkt aus dem schlagenden Herzen entnommen, nachdem die schwangere Mutter geschlachtet und der Fötus ihrem Bauch entrissen wurde. Es kann bis zu einer Stunde dauern, bis der Fötus daran verstirbt.

Auch die Muslime hatten verstanden, was sie ihrem Glauben schuldig sind. Sunni-Gelehrte warnten vor dem in Indien eingesetzten chinesischen Impfstoff. Dieser enthalte Schweinegelatine und sei damit nach dem Verständnis konsequenter Muslime nicht halal. Die Gelatine dient als Stabilisator, um während der Lagerung und des Transports die Wirksamkeit des Impfstoffes sicherzustellen. Folgerichtig forderten die Gelehrten eine Alternative für Muslime. Auch hochrangige Vertreter der Christenheit äußerten Bedenken, da zumindest der Impfstoff von Johnson & Johnson in direkter Verbindung mit Zelllinien stehen soll, die von abgetriebenen Menschenföten stammen. Bischöfe in Australien und den Vereinigten Staaten forderten deshalb, einen „ethisch unumstrittenen" Impfstoff verfügbar zu machen.

Und was bietet die vegane Community diesbezüglich? Hält sie die Werte der veganen Idee hoch und fordert folgerichtig vegane Impfstoffe für Veganer, nachdem für alle erhältlichen Impfstoffe über Leichenberge gegangen wurde und wird, sowohl bei den experimentellen Folterungen und Ermordungen – beschönigend Tierversuche genannt – als auch bei der reinen Produktion des Impfstoffes an sich?

Leider nein. Das ist offenbar zu viel verlangt für die mittlerweile geistig bis ins Mark verrottete Szene. Deren Parvenüs – die unter den bereits erste Fragen aufwerfenden Labels wie „Vegan ist ungesund" oder „Der Graslutscher", aber auch unter Privatnamen fungieren – praktizieren durchweg den Verrat: Im lauen Windhauch des proveganen Zeitgeistes der vergangenen zehn bis 15 Jahre hatten sie es zu einer gewissen Bekanntheit gebracht und dabei die Deutungshoheit für vegan beansprucht. Die eigene Eitelkeit macht es überaus verführerisch, sich ein größeres Publikum damit zu erkaufen, dass man das geistige Niveau dieser einst großen Idee herunterstutzt auf die bescheidenen Gefilde praktischer Vernunft und opportunistischer Herdenmoral.

Der englische Schriftsteller und einer der führenden Intellektuellen seiner Zeit, Aldous Huxley, hat es diesbezüglich auf den Punkt gebracht: „Wer so tut, als bringe er die Menschen zum Nachdenken, den lieben sie. Wer sie wirklich zum Nachdenken bringt, den hassen sie." Und er war nicht der erste, der diese Dynamik durchschaut hat, schon Platon warnte im Höhlengleichnis davor, was demjenigen blüht, der den in der finsteren Höhle angeschmiedeten Ahnungslosen von der Sonne erzählt. Und hat man diese endlich von den Ketten befreit und aus der Höhle geführt, starren sie voller Begeisterung in die Pfützen und halten das sich spiegelnde eigene Antlitz für die Sonne, über die man ihnen in der Höhle erzählt hatte. Vor diesem, in unserer Gesellschaft überall greifenden, Muster entwickelten die ironisch gewählten Labels der Protagonisten eine tragische Eigendynamik wie eine selbsterfüllende Prophezeiung. Es ist allerhöchste Zeit für ein Widerwort gegen diese Entwicklung, die nicht neu ist, aber in diesem einen Coronajahr außerordentlich an Fahrt aufgenommen hat.

Mit 300 km/h in die vegane Bankrotterklärung –
Wie Friedrich Mülln das Unantastbare relativierte
Das Versagen der Community, unseren Werten auch unter Coronaeinfluss treu zu bleiben, begann im Frühjahr 2020 mit einer überaus irritierenden Äußerung des bekannten Tierversuchsgegners und Totfilmers Friedrich Mülln. 2019 hatte der Aktivist schwere Misshandlungen von Tieren in dem Hamburger Labor LPT aufgedeckt und damit großes mediales Interesse geweckt. Über 7000 Menschen demonstrierten für die Schließung des Labors, in dem unter anderen auch Ratten für den Corona-Impfstoff gefoltert wurden.

In einem Presseinterview wird Mülln zum Thema Tierversuche und Corona gefragt. Zitat aus der Hamburger Morgenpost vom 21.4.2020 im Artikel *Umstrittene Tierversuche für Corona-Impfstoffe unverzichtbar: „[...] Zu den Protesten hatte die Soko Tierschutz aufgerufen, die ein Ende aller Tierversuche fordert. Auch jetzt in der Corona-Krise bleibe der Verein bei sei-*

ner Haltung, sagt Sprecher Friedrich Mülln. Allerdings erkennt Mülln an, dass es nun eine Notsituation gebe und die Wissenschaft nicht ad hoc auf Tierversuche verzichten könne. ‚Wenn man bei 300 Kilometern pro Stunde eine Vollbremsung macht, wird das nicht gut ausgehen‘, sagt er. Es räche sich nun, dass Alternativmethoden nicht genug gefördert worden seien.“

Die Community äußerte sich – zumindest jenseits der Groupieschar des Vereins und des prominenten Vertreters – entsetzt über die in mehrfacher Hinsicht missglückte Metapher. Spätestens seit den 80er Jahren ist es das unverrückbare Gebot der Tierversuchsgegnerbewegung, keine einzige Maus an die Schlächter in den Laboratorien preiszugeben, und es ist seitdem aus guten Gründen ein Tabu, ihren Foltertod wie auch immer zu relativieren. Niemand darf wegen der Endung seines Kreuzbeines und anderer Äußerlichkeiten gefoltert und ermordet werden, unabhängig davon, ob es dem Täter oder dieser ominösen Menschheit nun nutzt oder nicht. Die sofortige und vollständige Abschaffung aller Tierversuche ist als Forderung seither in Stein gemeißelt. Bis zum 21. April 2020, als Friedrich Mülln als damals prominentester Tierversuchsgegner das Sakrileg beging.

Der Kritisierte wehrte sich mit der Beteuerung, er sei definitiv Tierversuchsgegner, man habe ihn falsch zitiert und dies sei mittlerweile berichtigt worden. Was es nicht besser machte, sondern den ersten Verdacht nur bestätigte, dass es bereits an Problembewusstsein mangelte. Denn wen interessiert es ernsthaft, ob der Zitierte gegen Tierversuche ist? Vielleicht *GALA* oder *Das Goldene Blatt*. Entscheidend ist, dass eine Person an der Spitze der Anti-Tierversuchsbewegung auf einmal öffentlich Tierversuche relativiert und damit die ganze Agenda konterkariert.

Aber angeblich wurde er ja falsch zitiert, das kann natürlich jedem passieren und würde ihn tatsächlich exkulpieren. Der Versuch der Schadensbegrenzung liest sich aber nun so: *„[...] Mülln bekräftigt, dass sich jetzt die Schwächen des Tierversuchs zeigen, der viel zu viel Zeit braucht und nun ohne guten Zwischenschritt am Menschen getestet wird. „Wenn man bei 300 Kilometern [...] usw. usw. [...]."*

Die Kernaussage blieb damit bestehen, und diese lautet, dass Tierversuche irgendwie legitim sein könnten, wenn es keine Alternativmethoden gäbe. In der Neufassung sind sie nun ein zeitliches Problem. Da wollte uns wohl jemand für dumm verkaufen, oder versteht er selber nicht, worum es geht? Dies ist jedenfalls nichts anders als eine Akzeptanzäußerung für Tierversuche auszulegen und das Verheerende daran ist, dass sie aus dem Mund des derzeit prominentesten Vertreters der Anti-Tierversuchsbewegung kommt.

Mit sehr viel gutem Willen kann man in Müllns Äußerung eine Art realpolitisches Taktieren hineinlesen, vor dem Hintergrund hochemotionalisierter Zeiten mit der Forderung nach Abschaffung aller Tierversuche das Publikum nicht überfordern zu wollen. Diese hat allerdings nur einen Nährwert: sie dient der eigenen, als günstig empfundenen Selbstdarstellung als Realist.

Aber ist nicht genau das eine schädliche Botschaft, wenn man bereits die Forderung nach Abschaffung der Tierversuche derzeit für unrealistisch hält? Warum setzt man sich dann überhaupt für dieses Ziel ein? Jede Realitätsveränderung der Geschichte begann mit einer als unrealistisch etikettierten Forderung. Die Kunst ist doch, sich die Einschätzung als unrealistisch nicht einreden zu lassen. Immerhin sind Tierversuche eine freie Entscheidung der Folterknechte und kein Naturgesetz, dem wir uns zwingend beugen müssen.

Im Kern erkennt Mülln an, dass das Problem mit Corona so schwerwiegend ist, dass es in Ermangelung von Alternativmethoden derzeit Tierversuche zwingend notwendig macht, auch wenn man selbst eigentlich dagegen sei. Auf diese Art und Weise werden es außenstehende Leser aufnehmen und dankbar zur Kenntnis nehmen, denn wenn schon prominente Tierversuchsgegner hier die Notwendigkeit einsehen, dann wird jede Infragestellung quasi obsolet.

Wie man es auch dreht und wendet, mit dieser Äußerung begann das Jahr des bisher noch nie dagewesenen Ausverkaufs tierrechtlerischer und veganer Werte an den Götzen Corona, höchstpersönlich verrichtet durch die prominentesten Säulenheiligen der Veganerszene und des Tierschutzes.

In den letzten Wochen traten nun verschiedene populäre Vertreter der Szene auf die Social-Media-Bühne, um sich auf ihren veganen Kanälen explizit für die Corona-Impfung stark zu machen. Dass diese Impfung nicht vegan ist, ist das eine; dass es, rein professionell gesehen, insbesondere für Galionsfiguren gelinde gesagt überaus unklug ist, Tierrechte bzw. Veganismus mit anderen Themen wie etwa der Coronaimpfung überhaupt zu verknüpfen, welche die ganze Gesellschaft in Lager spalten, sollte zumindest erwähnt werden, auch wenn es hier nicht Gegenstand der Diskussion sein soll.

Stellvertretend für deplatzierte und veganverratende Impfpropaganda durch szeneprominente Veganvertreter reichen drei Beispiele aus den vergangenen Wochen aus für einen Nachweis, dass mit den vorgebrachten Argumenten aus veganer Sicht ein manipulatives, scheinvernünftiges Verwirrspiel betrieben wird und sie faktisch untauglich sind. Die Einlassungen von Der Graslutscher, den beiden Protagonisten vom Youtube-Kanal „Vegan ist ungesund" und des Ernährungsberaters Niko Rittenau stehen exemplarisch für sämtliche eingebrachte Thesen, welche die Coronaimpfung vegan absegnen sollen.

Im Namen der Fressfeinde - Der ethische
Offenbarungseid von „Vegan ist ungesund"
Die Vorhut der pseudoveganen Impfpropaganda bildeten Gordon Prox und Aljosha Muttardi, die erfolgreich den YouTube-Kanal „Vegan ist ungesund" betreiben. Mitte Februar posteten die beiden ein ausführliches Video zum Thema Coronaimpfung auf ihrem Kanal. Titel: „7 kritische Fragen zur Impfung".

Wer nun – wie es für einen monothematisch angelegten veganen Kanal angebracht wäre – Informationen zu den bei der Entwicklung der Impfstoffe durchgeführten Folterungen von Rhesusaffen, Mäusen, Hamstern – und wer auch immer auch für dieses Produkt noch misshandelt und ermordet wurde –, sowie konkrete Angaben zu der Vernichtung von Tieren für die reine Impfstoffproduktion erwartet hat, erwartete vergebens. Stattdessen erfolgte eine knapp 50-minütige Einlassungen zur Frage, ob der Impfstoff für uns selbst bzw. unsere Artgenossen sinnvoll oder gefährlich sei.

Bei dieser Gelegenheit sollte nicht unerwähnt bleiben, dass diese Artgenossen zu 99% explizit die Mörder, Sklaventreiber und Fressfeinde der Vertreter der anderen Tierarten sind, welche die vegane Philosophie doch vor Gewalt bewahren will. Das wirft zwingend die Frage auf, warum es ausgerechnet im veganen Interesse sein sollte, diese Fressfeinde zu retten. Das wird aber für selbstverständlich gehalten, obwohl es natürlich kein veganes Ziel ist und sein kann, ebenso wenig, wie es das Ziel der Welthungerhilfe ist, den Pflegenotstand in deutschen Altenheimen zu beheben. Und um den Wahnsinn komplett zu machen, benutzen die beiden ungesunden Veganer bei ihrer Argumentation die diesbezüglichen Einlassungen der ZDF-Wissenschaftsjournalistin und Influenzerin *maiLab*, einer Befürworterin experimenteller Tierfolter.

Das vegane Thema selbst wird mit wenigen Sätzen abgefertigt: Erstens, nö, der Impfstoff ist nicht vegan, aber zweitens, hey, kein Problem, denn es gibt halt keinen anderen, keinen veganen Impfstoff, und ein wirklich konsequent veganes Leben geht ja eh nicht, sonst dürften wir auch nicht Auto fahren und ein Handy benutzen. Von wem war das noch gleich das Lieblingstotschlagargument, um unsere übergeordneten Werte, denen wir uns verpflichtet haben, zu einem moralischen Ehrgeizding zu machen, das – hihi und ätsch – an der Realität scheitert? Ach ja, genau, von den Antiveganern!

Es ist wirklich bemerkenswert, wenn Veganvertreter sich der Scheißhausparolen manischer Tierfresser bedienen, um damit ihr Impfdingens argumentativ zu untermauern. Man macht sich dabei einen Umstand zu Nutze, der einfach nur eine traurige Tatsache ist: In der Tyrannei wird sich auch der Anständigste zwingend und bedauerlicherweise immer irgendwo die Hände blutig machen. Deshalb könne man ja, so die Logik der Tierfresser, getrost Tiere fressen. Deshalb könne man, so die bemerkenswerte Logik von Vegan ist ungesund, beim Impfstoff getrost zugreifen und sollte es auch, schließlich rette der ja Tierfresser.

Das Durchtriebene an dieser Argumentation ist, dass sie sich der deskriptiven Ethik bedient, die in diesem Kontext, wo sie eigentlich gar nichts verloren hat, zu einer Art Gutsherrenmoral verkommt, genau das für gut und richtig zu befinden, was den bestehenden Gegebenheiten entspricht. Ein Mord wird aber nicht dadurch gut und richtig, weil es Mord und Totschlag in der Welt gibt. Die deskriptive Ethik beschreibt nur bestehende Phänomene von moralischer Dimension, sie prüft sie nicht auf ihren philosophisch-analytischen Wert. Sie ist nicht normativ, kann aber in einem solchen Kontext so erscheinen. Diese Methode, einen herrschenden Zustand als moralisches Argument unterzujubeln, stammt aus der rhetorischen Trickkiste von Psychopathen und Bequemen, die sich mit ungerechten Zuständen gern abfinden, solange sie selber nicht den Kürzeren gezogen haben.

Man muss sich das mal auf der Zunge zergehen lassen, dass sich dieses Video an Menschen richtet, für die moralische Fragen überdurchschnittliche Bedeutung haben. Die es schafften, sich aus den mafiösen Fängen

unserer tierfressenden Gesellschaft zu lösen und aus-
zusteigen, nicht mehr mitzumachen beim organisierten
Verbrechen gegen die anderen Tiere. Die es schaffen,
sich selbst und ihre Bedürfnisse einem höheren Wert
unterzuordnen. So verhöhnt man sein eigenes Publikum und verkauft es für dumm. Das Erschütternde daran: es funktioniert offenbar sogar bei einigen, nämlich
genau bei denen, die –aus welchen Gründen auch immer – sich unbedingt impfen lassen wollten und denen
so ein leichtfertiger Freibrief gerade Recht kommt.

Schließlich wird dann noch eine Notwehrsituation
herbeibehauptet, die uns zum Impfstoff quasi zwingen
würde, die es aber faktisch nicht gibt, denn der Angrei-
fer ist ja dieser Virus, aber nicht der gefolterte Rhesusaffe im Labor oder das aus dem Bauch seiner Mutter
herausgeschnittene Kälbchen, dessen Herzblut für die
Produktion des Impfstoffes nutzbar gemacht wird. Oder
die ermordeten Haie, aus deren Lebern die Psychopathen den Wirkverstärker Squalen gewinnen. 500000
Hailebern brauche es, um die Weltbevölkerung zwei-
fach durchzuimpfen, hat die Organisation Sharkproject
hochgerechnet. Aber so was interessiert die ungesunden
Veganer alles nicht, vielleicht auch deshalb, weil es von
Haien und Kälbchen und Rhesusaffen kein Like unter
den Youtube-Videos gibt.

Dieses Machwerk ist damit nichts anderes als Hoch-
verrat an der Sache. Werbung für ein nicht-veganes Produkt auf einem veganen Kanal. Warum tut man das?

Impfluencen statt Konsequenzen –
Der Graslutscher und die Selbstrechtfertigung
mit antiveganen Parolen

Mit seiner Einlassung ins Impfthema hat sich Vegan ist ungesund nicht nur Freunde gemacht, sondern den Spaltpilz Impfung tiefer in die vegane Community getrieben. Daraufhin legte der Blogger Jan Hegenberg alias Der Graslutscher nach. Die Überschrift seiner Ausführung war zunächst vielversprechend („Ist Impfen vegan?") und die versöhnliche Einleitung konnte den oberflächlichen Anschein erwecken, dass hier jemand die Wogen glätten will, die das Impfvideo der ungesunden Veganer aufgeworfen hatte.

Tatsächlich ist die vorausgeschickte, wortreiche Bitte an die Leser, sachlich zu bleiben, irgendwie befremdlich. Man kann sie als Beleidigung auffassen, weil damit implizit unterstellt wird, der Leser sei aufs Pöbeln aus. Der Autor sagt damit: Hier bin ich, mutig und in bester Absicht und mit weißer Fahne, und ihr seid die wilde Horde, die sich nicht zusammennehmen kann. Offensichtlich hält der Autor von seinen eigenen Lesern nicht viel.

Der geschulte Leser erkennt auch den Bauernfängertrick: Einleitende harmoniesüchtelnde Beschwichtigungsbemühungen und Ermahnung zum konstruktiven Dialog sind nämlich generell nur dazu da, das Publikum dazu zu bringen, mit dem Autor einer Meinung zu sein. Eigentlich sollte man da schon gar nicht mehr weiterlesen.

Der Autor beginnt – und das ist sinnvoll – seine Einlassung mit einer Begriffsklärung von „vegan". Diese lautet folgendermaßen: Veganismus ist eine Philosophie und Lebensart, die – so weit wie möglich und praktisch durchführbar – alle Formen der Ausbeutung und Grausamkeiten an Tieren für Essen, Kleidung oder andere Zwecke zu vermeiden sucht.

Er schreibt diese Definition Donald Watson zu, der den Begriff 1944 erfand. Sie stammt jedoch aus dem Jahr 1988 und zwar von dcr Vegan Society. Ok, geschenkt, sie ist ja nicht unbedingt falsch. Sachlich gesehen kann man diese Definition zwar verwenden, aber ob diese wirklich gelungen und hilfreich ist, kann getrost bezweifelt werden, weil die vegane Philosophie, also der Kernsatz, um den sich alles dreht, nicht klar erkennbar ist. Es fehlt das entscheidende Warum; sie beschäftigt sich nur mit dem Was und Wie.

Von Donald Watson ist bekannt, dass er mit dem Begriff „vegan" die philosophische Grundeinstellung umschreibt, dass es keine moralische Rechtfertigung gibt, Tiere für menschliche Zwecke zu nutzen. Diese Forderung ist absolut und sie betrifft alle Lebensbereiche und damit natürlich auch Impfstoffe. Es ging Watson ausdrücklich nicht darum, ein religiös anmutendes Gebot der „Reinheit" aufzustellen. Veganismus ist kein Selbstzweck, sondern eine Haltung: Er ist eine Ernährungs- und Lebensweise, die die natürlichen Rechte der Tiere auf ihr Leben und eine freie, unversehrte Existenz freiwillig ebenso respektiert, wie es im zwischenmenschlichen Bereich Recht und Gesetz ist. Oder kurz und knapp und in Analogie zu Albert Schweitzers Definition für Humanität formuliert: Vegan besteht darin, dass niemals ein Tier einem Zweck geopfert wird.

Vor diesem Hintergrund ist die Formulierung „soweit möglich und praktisch durchführbar" auch einzuordnen:

es geht nicht um unseren Perfektionismus, unsere „Reinheit" von Schuld, eben weil es beim Veganismus gar nicht um uns selbst geht. Es geht um die Tiere und ihr Recht auf Anerkennung ihrer natürlichen Grundrechte, die man (auch) durch das Konsumverhalten ausdrückt.

So wie im Christentum die 10 Gebote absolut gelten, trotzdem es menschlich ist, dass das tugendhafte Leben nach diesen Geboten oft hinten und vorne nicht gelingen will, und der Mensch sich geradezu zwangsläufig immer wieder schuldig macht, weil sein innewohnender ichbezogener Gefühlsapparat das Gewissen regelmäßig überwältigt und sich seinen Weg bahnt. Das Christentum hat diesbezüglich Optionen von Sühne und Reue vorgesehen. Und dieses sehr sinnvolle Konzept spiegelt sich in unserer ganzen sozialen Lebensführung und auch im Rechtsstaat wider.

Die Interpretation von vegan auf den banalsten Teil der gewählten Definition „soweit möglich und praktisch durchführbar" – ja was bleibt uns denn auch sonst übrig? – abzustellen, verkennt die Botschaft, die dahintersteht: lebt die Vision so gut wie es geht, aber verrennt Euch nicht in selbstbezogenem Perfektionismus. Ein Freibrief aber ist diese Handlungsmaxime ganz sicher nicht.

Die durchgeführten Folterungen und Ermordungen von Individuen und Persönlichkeiten anderer Arten bei Experimenten sind – um das hier definitiv festzuhalten – genuin nicht vegan, weil es eben grundsätzlich keine moralische Rechtfertigung gibt, Tiere für menschliche Zwecke übergriffig zu benutzen! Daran ändert auch die Tatsache nichts, dass diese Experimente für die Impfstoffzulassung gesetzlich vorgeschrieben sind. Diese Gesetze sind keine Naturgesetze, sondern Menschenwerk, oder sollte man nicht besser sagen: Unmenschenwerk. Die gilt auch für den reinen Herstellungsprozess des Impfstoffes und die dafür praktizierte Ermordung von Tieren. Auch wenn es derzeit keine veganen Impfstoffe gibt, wird dadurch der unvegane Impfstoff nicht vegan. Wir fressen ja auch keine Forelle, nur weil es noch keine vegane Forelle im Handel gibt, und sagen: So what, gibt ja nur unvegane Forelle blau.

Zurück zu den Tierversuchen. Allerdings räumt der Autor uns großzügig das Recht ein, dass wir (Veganer) gerne (sic!) Tierversuche kritisieren könnten und uns politisch dafür einsetzen, dass hierfür Alternativen gefunden werden. Zitat: „Da gibt es ja auch schon spannende Projekte [...] um etwas gegen das Problem zu tun. Und dass Tierversuche ein ethisches Problem (sic!) sind, ist jetzt nicht nur eine Position innerhalb der veganen Community[...]." Wow! Diese Zeilen hätten inhaltlich und stilistisch auch von einem Vivisektor kommen können: „spannende Projekte" für das Bemühen, Folter zu umgehen, Massenfolter ist „ein Problem", aber wir dürfen uns gern... Danke für Deinen Segen, Lutscher, aber ehrlich: So kannst Du uns gern haben mit dieser sprachlichen Hybris und Kälte, die den Verdacht aufkeimen lässt, hier könnte jemand grundsätzlich unter falscher Flagge segeln. Sprache ist halt so verräterisch.

Etwa die Hälfte seiner Ausführungen füllt der Autor mit verschiedenen Beispielen, die seine selbsterklärt anspruchsvolle Erkenntnis stützen (Zitat: „Ja, das ist alles ganz schön kompliziert"), dass ein rein veganes Leben in dieser tierausbeutenden Gesellschaft realistisch betrachtet nicht möglich ist. Das ist etwas zu viel Aufmerksamkeit für diese Binsenwahrheit, womöglich will der Autor den unveganen Impfstoff in der Flut unveganer Dinge im alltäglichen Leben quasi verschwinden lassen und zur Bagatelle zusammenschrumpfen. Sie ist allein deshalb keine Bagatelle, weil Impfen das wohl zentralste Thema dieser Zeit ist. Die Ausführlichkeit infantilisiert jedenfalls das offenbar für begriffsstutzig gehaltene Publikum, welches diesbezüglich im Bilde sein dürfte, dass unser Tyrannenstaat bis in den letzten Winkel mit dem Blut seiner Opfer besudelt ist. Das ist ein rhetorischer Trick, den der weltbekannte Sprachwissenschaftler Noam Chomsky als eine Form manipulierender Machtsprache entlarvt hat, die Politiker gern anwenden: Man spricht zu uns wie zu Kindern. Dabei sind es Erwachsene und als Veganer auch noch von überdurchschnittlicher Bildung.

Auch psychologisch gesehen ist die erkennbare Fixierung auf die Praxisfrage sehr interessant. Bereits die Beschäftigung mit der Frage, ob wir uns als Veganer impfenlassen dürfen, ist im Kern narzisstisch, denn sie hat uns selbst im Blick, was der Veganismus eben gerade nicht beabsichtigt. Vegan ist, den respektvollen Blick auf die Tiere zu richten und ihre Würde und natürlichen Rechte zu achten. Hier klingt der Satz des berühmten Psychiaters Viktor Frankl im Ohr: „Nur das kranke Auge sieht sich selbst". Das ist umso bedeutsamer, als Frankl im 2. Weltkrieg in vier verschiedenen Konzentrationslagern kaserniert war und offenkundig den Blick nach außen trotzdem nicht verloren hat.

Es ist ein Fakt: Je größer unsere ungesunde Selbstbezogenheit, umso mehr werden uns solche Praxisfragen beschäftigen. Und das ist eine Falle. Wenn wir von tieremampfenden Idioten und Konsorten hämisch darauf hingewiesen werden, dass auch in unserem Handy etwas vom Tier drin sei, beabsichtigt man genau dies: Statt beim Thema zu bleiben – bei den Tieren und ihren natürlichen Rechten, für die wir einstehen, wenn wir vegan ernst nehmen – werden wir verführt, uns mit uns selbst (und unserer eigenen schuldhaften Verquickung) und, noch schlimmer, wehleidig mit unserem ureigenen Gedöhns zu beschäftigen. Eine ärgere Trivialisierung ist kaum denkbar, und genau dazu wollen die Überzeugungstäter uns treiben: Wir sollen zum Ausdruck bringen, dass das Messer im Auge der Kuh unbedeutender ist als unser Psychoproblem zwischen Schein und Sein.

Und je selbstbezogener jemand veranlagt ist, umso leichter wird dieser Trick funktionieren, denn er funktioniert allein über unseren tiefverwurzelten Drang zum stets präsenten Ego. Geben wir ihm nach, schnappt die Falle zu und wir erklären implizit die Sache der Tiere zur Bagatelle und geben zu, dass es uns letztlich auch nur um uns selbst geht. Ob wir das wollen oder nicht, man führt uns damit vor, dass unsere Mission nicht von Wert ist, indem man unsere Ablenkbarkeit gegen unsere Sache benutzt.

Und nun spielen die Vegan-Poser mit den Antiveganern dieses Macht- und Verwirrspiel Hand in Hand: die Antiveganer treiben die Veganer in die Schuldgefühle und dann kommen Veganaufklärer als Retter und verleihen hinterkopftätschelnd „mit Realitätssinn" die Absolution. Die schmierigsten Pfaffen bekommen es immerhin noch gebacken, den Sünderleins im Beichtstuhl ein paar Vaterunser abzupressen, bevor sie ihnen stellvertretend für Gott die Schuld vergeben. Dürfen wir dem Autor nun dankbar sein für sein großherziges Angebot, uns einfach so davonkommen zu lassen?

Aber hey, der Autor hat noch eine gute Nachricht. Nachdem er uns erklärt hat, dass bereits der Strom aus unserer Steckdose nicht vegan ist, weil bei der Kupfergewinnung Glutinleim eingesetzt wird, der aus „tierischen Abfällen" gewonnen wird – auch so ein übles Unwort im übrigen –, dürfen wir aufatmen: Die Befriedigung der Bauchbedürfnisse durch Reisen im Zug und Konzertbesuche fürs Lustempfinden (und damit unausgesprochen eben auch Impfen gegen die Angst) dürften deshalb nicht als unvegan bezeichnet werden, weil es eine Umkehrung von Ursache und Wirkung sei, denn als Motiv hinter diesen Tätigkeiten stehe ja nicht die Ausbeutung von Tieren.

Und wieder dienen die allerdümmsten Parolen der tierverschmatzenden Stoffwechselapparate, um letztendlich die unvegane Impfe abzusegnen: Ich will ja nicht, dass Tiere umgebracht werden für die Herstellung der Kupferdrähte in den Elektromusikinstrumenten, die ich spielen hören will auf dem Konzert, aber ich höre halt so gern Musik und deshalb ist das auch ok! Ich will ja nicht, dass Rhesusaffen und Kälbchen und Haie für die Impfe ermordet werden, aber gerade hat einer im Zug geräuspert und ich mit meinen gut 40 gesunden Lenzen habe nun Angst, an Corona zu sterben und will jetzt sofort diese Impfe. Ich will ja nicht, dass die Tiere gequält werden, aber mir schmeckten sie halt so gut und deshalb brate ich mir jetzt ein Steak!

Die eigenen Bauchgefühle als ausreichende Legitimation – und das wird uns mehr als 250 Jahre nach Kant und dem Erscheinen der Kritik der praktischen Vernunft serviert. Ausgerechnet uns Veganern, die exemplarisch für die Kant'sche Erkenntnis stehen, dass Hedonismus als ethisches Prinzip nichts taugt, wird nun dieser verquaste egomane Denkschrott untergeschoben, der die eigene Triebbefriedigung über alles stellt, um uns zum unveganen Impfen dummzuschwurbeln. Und es funktioniert ebenfalls über das falsche Schamgefühl – so wie bei unserem Dilemma, uns beim besten Willen immer irgendwie mittelbar schuldig zu machen, so funktioniert es jetzt über eine andere Keule, die in unserer Spaßgesellschaft trifft wie die Faust aufs Auge: Du bist lustfeindlich, ein Spaßverderber, ergo: du gehörst nicht dazu.

Kant wies in seinem Werk im Übrigen nicht nur die Untauglichkeit des Hedonismus als ethisches Prinzip nach, sondern auch die des Utilitarismus. Dessen Grundvorstellung von dem, was gut ist, lautet: Handle so, dass Dein Handeln den größtmöglichen Nutzen erbringt; darunter fällt auch die Idee vom „größten Glück der größten Anzahl". Ich erwähne dies, weil der Autor mit seinem zweiten Argument pro Impfung genau auf diese Denke abstellt, indem er eine Nutzenabwägung zwischen der Impfung einerseits und einem anderenfalls nötigen Einsatzes von (Tierversuchs)-Medikamenten vornimmt. Das Kernproblem des Utilitarismus ist aber genau diese Relativierung und Opferzahlen-Aufrechnung, die das Böse der einzelnen Tat völlig außer Acht lässt. Diese Denke lässt jedes Unrecht zu, sofern hinten die Bilanz stimmt. So argumentieren Vivisektoren.

Da braucht es auch keine Prüfung der schlichten Unterstellung mehr, dass es bei Ablehnung der Impfe mehr

Tierversuche, mehr enterale Ernährung von Komapatienten durch unveganen Nährstoffbrei und mehr Medikamente mit (Tier)-Leichenbestandteilen gäbe. Es braucht keine Belege für diese Behauptung, weil das Argument an sich nicht tragfähig ist.

Und um auch das dritte Argument nicht unwidersprochen stehen zu lassen, nämlich die These, die Folterungen der „Versuchs"tiere seien ja nun Vergangenheit und würden durch die Annahme der Impfe nicht zusätzlich befeuert werden – so wie es beim Kauf von einem Liter Kuhmilch der Fall wäre. Dies ist eine geradezu unfassbare Naivität, denn Märkte entstehen durch Nachfrage, und im Moment stehen schon weitere Absahner in der Warteschleife auf Zulassung neuerer Impfstoffe und das würden sie nicht, gäbe es keine Nachfrage.

Allerdings brauchen wir unsere vegane Haltung generell nicht mit dieser größenwahnsinnigen und infantilen Vorstellung aufladen, wir könnten mit unserer Kaufentscheidung unmittelbar etwas ändern. Der Gedanke ist sicher verführerisch, als Konsument auch aktiver und wirkungsvoller Weltretter zu sein, aber er ist natürlich Träumerei. Der Markt ist entkoppelt, das gilt für die Impfe ebenso wie für das Schweineschnitzel. Was nicht gefressen und verspritzt wird, landet im Müll. Das Gesamtgeschäft muss passen, deshalb schickt man das lebendige Fleisch ja auch auf weite Reisen und nimmt große „Verlustzahlen" in Kauf, solange am Ende schwarze Zahlen stehen.

Unsere politische Einflussnahme erfolgt über unsere unbeirrbare und aufrechte Haltung, weil wir für einen Wert unverbrüchlich einstehen, so gut wir eben können.

Es ist dabei nicht unser Perfektionismus, sondern unsere ernsthafte Hinwendung, welche die Kraft entfaltet, ansteckend und überzeugend zu wirken. Erst über größer werdende Gruppen wird die Entscheidung schließlich zu einem marktwirtschaftlichen Faktor.

Immerhin ist dem Autor zugute zu halten, dass er in seinem Text das Unvegane an der Impfe nicht als lästigen Störfaktor unter ferner Liefen behandelt und zumindest eine Argumentation im Stil eines sachlichen Diskurses versucht. Sie taugt nur nix. Schlimmer noch: sie ist manipulativ und eine intellektuelle Beleidigung, wobei diese Mission ja bereits in der Ouvertüre erahnbar war.

Im Deutschunterricht wäre diese Einlassung wohl unter „Thema verfehlt" gelaufen, denn tatsächlich wird die Frage „Ist Impfen vegan?" gar nicht beantwortet, sondern mit überaus schwachen Argumenten den Veganern der Segen zum unveganen Produkt erteilt. Sowohl Sprachduktus als auch die Argumente an sich sind derart durchdrungen von der Struktur antiveganer Propaganda, dass man nur staunen kann, dass das offenbar bisher noch niemandem aufgefallen ist.

Rationalität als Vorwand – Wie Niko Rittenau
Ideale für Impfpropaganda missbraucht
Zuletzt stieg nun der vegane Ernährungsexperte Niko Rittenau ins Nest zu den Niederbronner Schwestern des Tierrechts. Zu seinem Geburtstag äußerte er seinen einzigen Herzenswunsch: Seine Follower sollten sich gegen Corona impfen lassen. Breite Kritik folgte auch hier, viele äußerten sich enttäuscht und kündigten das Abonnement seines Kanals.

„Ich bin nicht mehr vegan" betitelt er daraufhin ein 35-minütiges Video, in dem er auf die vorgebrachte Kritik eingeht und sich mit kurzen Statements von 20 weiteren Protagonisten unterstützen lässt in der These, es sei gut und richtig, sich (als Veganer) gegen Covid19 impfen zu lassen. Der Titel war ironisch gemeint, ist aber vor allem ein Indiz dafür, für wie wichtig er sich hält und genauso wie *Der Graslutscher* und *Vegan ist ungesund* leichtfertig damit umgeht, falsche Botschaften rauszuhauen. Das wirklich Bezeichnende und letztlich Verwerfliche an diesem Beitrag ist allerdings, dass im ganzen Video mit seinen 21 Plappertaschen die Tiere nicht mit einem einzigen Wort Erwähnung finden. Deutlicher kann man es nicht ausdrücken, welche Bedeutung ihnen diese Leute in diesem Spiel zuweisen. Sie sind noch nicht einmal vorhanden.

Besonders getroffen zeigt sich der Autor von der häufig geäußerten Unterstellung, er sei von der Pharmaindustrie gekauft worden, was er entschieden bestreitet – als wäre es tatsächlich besser, sich für lau zur Hure dieser Mafia gemacht zu haben. Der kritikwürdige und belegbare Vorwurf ist ja der, mit der Werbung für ein unveganes Produkt verbundene, Verrat der Tiere, und nicht etwa die monetäre Zuwendung dafür, die, wäre sie erfolgt, doch noch irgendwie allzumenschlich wäre.

Nur wenn einem dieser Verrat so gar nichts wert ist, was heißt denn das dann bitte? Eine gekaufte Meinung kann nie die Schlagkraft entwickeln wie eine quasi selbstlos erbrachte, bei der ein persönlicher Vorteil nicht erkennbar ist. Es lässt nur den Meinungsverkünder etwas anrüchig und unehrenhaft erscheinen. Schon hier geraten die Tiere schneller unter die Räder der Eitelkeit, als ein Ferkel blinzeln kann.

Dabei beteuert der Autor ausdrücklich, ethisch motivierter Veganer zu sein, und sagt damit ja aus, dass er seine Arbeit, den Fokus auf ernährungswissenschaftliche Beratung zu lenken, in diesen höheren Kontext und Dienst stellt. Man möchte es ihm ja wirklich glauben, aber er gibt leider mit seinen Impfeinlassungen so gar keinen handfesten Grund dafür.

Was die Argumentation betrifft, hält sich nämlich auch der vegane Ernährungscoach an die verräterische Strategie der Vorredner, aus der praktischen Unmöglichkeit einer absolut veganen Lebensführung in dieser Gesellschaft die Rechtfertigung abzuleiten, mit der Impffrage lapidar umgehen zu dürfen; ergänzt mit der völlig aus der Luft gegriffenen, grotesken Grundannahme, die Rettung von Tierfresserleben sei ein veganes Ziel. Das ist auch insoweit schade, als der Redner deutlich erkennbarere Motivation zeigt, seinen Teil zu einem niveauvollen Diskurs beizutragen, und möglicherweise mehr als seine Kollegen das Zeug dafür hat. Seine Argumentation erfreut immerhin mit intelligenteren Inhalten und eröffnet die Möglichkeit einer Debatte auf erwachsenem Niveau.

Interessant ist zunächst der Hinweis auf die Problematik des Confirmation Bias bzw. des Bestätigungsfehlers. Der Begriff umschreibt ein aus der Kognitionspsychologie bekanntes und verbreitetes Phänomen: Menschen neigen dazu, sich bei ihrer Wahrheitssuche nicht ergebnisoffen zu informieren, sondern dort, wo man die für die eigene Position bestätigenden Informationen erhält. Ihre Wahrheitssuche ist also tatsächlich die Suche nach Bestätigung einer bereits gefassten Meinung. Das ist ein Umstand, den man getrost annehmen kann, und es ist durchaus sinnvoll und klug, diesen Aspekt in der Diskussion einzubringen, denn er spielt in der veganen Impfdiskussion eine entscheidende Rolle. Leider erkennt der Autor das Phänomen nur bei seinen Kritikern beziehungsweise den Impfkritikern, aber nicht bei sich selbst. Denn gerade er unterliegt diesem Mechanismus so vollumfänglich, dass er sogar seine veganen Werte über den Tisch zieht. Und damit meine ich ausdrücklich nicht die völlig uninteressante Frage nach der Sicherheit bzw. Gefährlichkeit der Corona-Impfe für uns und unsere Artgenossen – denn das ist kein veganes Thema –, sondern die auffällige Bereitschaft, sich aufgrund der gefassten positiven Einstellung zur Coronaimpfung diese dann mit den billigsten Phrasen vegan schönzureden. Kurzum: der Schelm spricht von sich, wenn er die Keule Bestätigungsfehler schwingt...

Und hier tun sich Impfbefürworter und Impfgegner nämlich gar nichts: Beide Seiten leugnen den transzendentalen Anspruch von vegan, der uns alle zusammenhalten sollte, und interpretieren die vegane Idee je nach ihrer gewählten Einstellung zur Impffrage: Die Pro-Impfen-Fraktion verunstaltet die vegane Idee passgerecht, um der unveganen Impfung die Absolution erteilen zu können. Die Contra-Impfen-Fraktion ist da zwar in einer prinzipiell besseren Ausgangsposition als die Impfbegeisterten, aber die Art der Argumentation verrät, dass sich deren Standpunkt aus der Ablehnung der Impfung ergibt und nicht aus dem Umstand, dass sie nicht vegan ist;

sie benutzt die vegane Idee als moralische Waffe gegen Impffans, das ist auch nicht besser. Beides entwertet die vegane Vision, beides verbricht sich am transzendentalen Anspruch und an den Tieren, denen er dienen sollte, und das jenseits dessen, welche Argumente zu Sicherheit und Sinn der Impfstoffe nun belastbarer sind.

Apropos Wahrheit: Der Autor unterliegt bei seiner Untersuchung zur Wahrheitsfindung auch implizit dem Denkfehler, die Motivation hinter vegan sei die Wahrheitssuche. Das ist sie aber nicht. Es ist nur ein Tribut an den dümmlichen Zeitgeist à la Faktencheck, der glaubt, die Wahrheit wäre ein Synonym für primitive, durch sinnliche Erfahrung verifizierbare Tatsachen. Die Regeln naturwissenschaftlicher Wahrheitsprüfung geisteswissenschaftlichen Inhalten überstülpen zu wollen, kann nur danebengehen. Als kleiner Teilaspekt für die Praxisfrage, wie man sich vollwertig vegan ernährt, macht sie ja durchaus Sinn, weil sie Ängste lindern kann und unsichere Neuveganer beratend an die Hand nimmt. Am Großen Ganzen scheitert diese Vorgehensweise aber gnadenlos.

Vegan ist eine Antwort auf die Frage: Was ist gut? Es geht dabei eben gerade nicht um das Wahre, genauso wenig, wie es um das Schöne geht. Wahr und gut bedingen einander ebenso wenig wie sie sich gegenseitig ausschließen. Unter bestimmten Umständen kann die Lüge sogar gut und die Rettung vor drohendem Unheil sein. Natürlich wäre es besser, wenn die Wahrheit dem Guten zuspielte, aber das funktioniert eben nicht immer. Es kann sogar sehr selbstverliebt und zum Schaden des Anderen sein, wenn die eigene Wahrheitsliebe wichtiger genommen wird, als dem Guten zum Durchbruch zu verhelfen. Es ist also auch eine verwirrende Umdeutung des Veganismus, wenn man ihn unter den deutlich schwächeren Wert der Wahrheit einordnet, statt ihn dort zu belassen, wo er hingehört: der Dienst am Guten.

Ein weiteres, trügerisches Argument, das der Autor anführt, ist das der Rationalität. Dazu ermahnt er dringend. Das klingt besser als es ist, der Zuspruch ist sicher, wir lieben ja alle nicht nur die Wahrheit, sondern wollen auch noch „vernünftig" sein.

Zunächst ist auch dies nur ein Tribut an den Zeitgeist. Die Rationalität ist aber kein Wert an sich. Sie ist – wie die Wahrheit – nicht mehr als ein Werkzeug, ein mehr oder minder scharfes Schwert, ein Mittel zum Zweck.

Die Verehrung der Rationalität ist ein Kind der Aufklärung, als die sogenannte Vernunft zum neuen Götzen erklärt wurde. Die Rationalität hat den alten Gott abgelöst. Ihr nun einen so hohen Stellenwert einzuräumen, so wie der Autor es tut, ist im Kontext des Veganismus allerdings überaus problematisch, weil die Vergötzung des Rationalismus schlichtweg das Erbe einer der fürchterlichsten Gestalten der Geschichte des organisierten Verbrechens und Genozids an der Tierheit ist. Der Pionier der Aufklärung ist gleichzeitig der Begründer der Vivisektion: René Descartes. Ich erspare uns Details aus seinem Foltertreiben. Sein „Cogito ergo sum" hat das „Ich fühle, also bin ich" in Vergessenheit geraten lassen.

Den anderen Tieren die Rationalität abzusprechen, braucht nicht mehr als die bloße Behauptung. Der Widerspruch fällt in einer Art aus, über die man leichtfüßig hinweggehen kann. Wer kann schon Gedanken lesen, wer kann die anderen Tiere zu ihrer Vernünftigkeit befragen? Mit der Huldigung der Rationalität verschwinden die Tiere vollständig aus unserem Bewusstsein. In der Fixierung auf die Rationalität liegt zudem auch die Botschaft begründet, Emotionalität wäre irgendetwas Anrüchiges, sie würde uns falsche Botschaften geben. Dabei ist sie das, was uns von Psychopathen unterscheidet. Genau diesen spielt es zu, wenn man die Emotionalität – auch mittelbar – durch die Vergötzung der Rationalität verurteilt, als wäre sie ein verwerflicher Fehler.

Der Rationalität und damit Descartes Erbe einen so hohen Stellenwert zu verleihen, fällt in die gleiche Kategorie wie die Übernahme der Scheißhausparolen der Antiveganer, wie ich sie hier nun ausführlich benannt und analysiert habe – nur eben auf höherem Niveau. Diese Argumente sind Sackgassen, die nicht zum veganen Ziel führen, sondern in die Irre leiten. Sie sind Selbstsabotage. Da steht Niko Rittenau seinen Niederbronner Schwestern in nichts nach.

Erwähnenswert wäre bei dieser Gelegenheit auch noch die hämische Reaktion der ungesunden Veganer auf Attila Hildmanns Fauxpas, auf einen tierfressenden Witzbold hereingefallen zu sein, der sich mit seinem gefakten Impfschaden über den „Sojawurst-Jonnie" lustig machte. Das ist den ungesunden Veganern ein eigenes Video wert, was sie sich nach eigenem Bekenntnis allerdings hart abgerungen haben, denn eigentlich wolle man Attila Hildmann keine Bühne geben. Gemeinschaftliches Auslachen eines Veganers zusammen mit Tierfressern. Ganz großartige Idee. Das ist nicht nur charakterlich schäbig, sondern vor allem strategisch selten dämlich und geradezu ein Lehrbuchbeispiel dafür, wie man eine Bewegung schwächt und ihren Erfolg verhindert.

Für Leute, die sich nur selber produzieren möchten, aber darauf verzichten können, etwas zu erreichen, mag dieser Umstand allerdings eine untergeordnete Rolle spielen. Es verrecken ja nur die Tiere, sie selbst sind aus der Vernichtungsnummer fein raus, da kann man diesbezüglich entspannter an die Sache rangehen. Ach ja, ich vergaß: Der Scheiß eigene kleine Ruf ist ja so wichtig, der durch den irren Veganer Hildmann besudelt werden könnte. Also wenn in der Geschichte alle Pioniere mit dieser Einstellung an die Weltverbesserung herangegangen wären, würden wir heute noch in den Höhlen hocken. Und wie sagte Émile Zola so schön: Die Sache der Tiere steht höher für mich als die Sorge, mich lächerlich zu machen. Was hat ein Dichter verstanden, was die eigenen Reihen nicht in ihren umsichselbstbesorgten Kopf kriegen?

Fazit: Die Säulenheiligen segeln unter falscher Flagge
Das zurückliegende Corona-Jahr hat dunkle Seiten unserer Gesellschaft zum Vorschein gebracht, aber auch schonungslos zutage befördert, wie verrottet das moralische und geistige Niveau der veganen Bewegung ist. Buchstäblich den letzten Schlusspunkt haben diese Säulenheiligen der Szene gesetzt, die seit Jahren erfolgreich auf der veganen Welle reiten und nun Propaganda für ein unveganes Produkt machen: die Coronaimpfung. Das, was da unter dem Label Impfung geboten wird, ist in Wahrheit antivegane Propaganda, ein bauernschlauer Versuch subtiler Sabotage und Selbstzerstörung.

1. Schachzug: Angriff auf den Geist! Die antivegane Propaganda interpretiert den Begriff vegan so um, dass er zu einer narzisstischen Falle wird. Aus der Anerkennung des natürlichen Rechts der anderen Tiere auf ihr Leben und eine freie und unversehrte Existenz wird eine schnöde Praxisfrage als Zweck an sich.

2. Schachzug: Angriff auf die Wurzeln! Die antivegane Propaganda verleugnet die historischen und geistigen Wurzeln der veganen Bewegung und verknüpft sie mit den Ursprüngen des systematischen und einzigartig grausamen Vernichtungsfeldzuges unserer Artgenossen gegen die Tierheit: Nutzenkalkül, Narzissmus und Descartes' Erbe in Form der Vergötzung vermeintlicher Rationalität. Die Frage nach dem Guten wird zu einer Pseudo-Wahrheitsfrage banalisiert und umgedeutet.

3. Schachzug: Zerstörung unseres Zusammenhalts! Die antivegane Propaganda spaltet uns unleugbar in Lager über Themen, die nicht die unseren sind und schürt Zwietracht in einer Community, die ohnehin schon verschwindend klein ist.

Im Ergebnis soll diese Propaganda uns dazu verführen, dass wir – entkoppelt von unseren Werten, die uns die Richtung und Orientierung geben, entwurzelt von unseren historischen und geistigen Ursprüngen und auseinanderdividiert von denen, mit denen wir uns über die gemeinsame vegane Vision verbunden fühlen sollten – um uns selbst, unseren veganen Tellerrand, unsere ureigenen Wünsche und Befindlichkeiten, unsere Ängste und Schuldneurosen kreisen. Nichts schwächt das Individuum mehr, als wenn es, auf sich selbst zurückgeworfen, sich selbst zur Orientierung wird. Vegan wird damit zur Privatangelegenheit und zu einem narzisstischen Theaterschauspiel. Da sind wir also angelangt und genau da wollen uns die Tierfresser auch haben. Es ist dabei völlig unerheblich, aus welcher Sickergrube des Unterbewusstseins dieser Schwachsinn gequollen ist, ob es beabsichtigt ist oder aus der Dummheit oder der Feigheit geboren wurde. Das Resultat ist, was zählt.

Lasst Euch nicht von den Parvenüs und Rattenfängern der veganen Szene einseifen, die zwar vegan essen, aber offensichtlich nicht vegan denken können.

In seiner Gesamtheit gesehen ist es ein machiavellistisches Vorgehen mit dem Ergebnis, die Sache der Tiere und uns unten zu halten. Psychopathen agieren so – und Leute, die andere Ziele haben als diejenigen, die sie vorgeben. Derartige Einlassungen in der Impffrage sind für Verbände und Meinungsbildner untragbar. Apropos Verbände: PETA behauptet, die Impfstoffe von Pfizer und Astra Zeneca enthielten „keine tierischen Bestandteile". Können wir nun davon ausgehen, dass PETA bald mit Fischblase geklärten Wein zum veganen Produkt erklärt, weil im Endprodukt nichts mehr von der Fischblase zu finden ist?

Wer solche – wahlweise dumme, böse oder feige – Freunde hat, braucht keine Feinde mehr. Die Tiere haben wahrhaft Besseres verdient als dieses coronawahnsinnige narzisstische Schauspiel einer gescheiterten Szene.

Dilemma der Werte:
Wie Veganer mit der
Impffrage besser umgehen könnten

Die Bilanz über das Scheitern in Sachen Coronaimpfung wäre wertlos, ohne einen Orientierungsmaßstab anzubieten, der unserem Geist und unseren Wurzeln gerecht wird und dabei den Burgfrieden und unseren Zusammenhalt erhält, indem es das einzelne, gutwillige Individuum nicht überfordert. Wir sehen uns dabei der Anforderung gegenübergestellt, dem ethischen Anspruch und den psychologischen Fakten gleichermaßen gerecht zu werden, die strategisch in zielführenden Bezug gesetzt werden müssen.

1. Der ethische Aspekt:
Der Entwicklung aller Impfstoffe, auch des Coronaimpfstoffes, sind Massenfolter und Massenmord vorausgegangen. Dies entspricht den derzeit herrschenden gesetzlichen Vorgaben. Sie verpflichtet die Hersteller zu sogenannten Tierversuchen, die im Gegenzug die Hersteller vor Regressansprüchen schützt. Zur Entwicklung der Corona-Impfstoffe wurden und werden überwiegend Rhesusaffen, Mäuse, Hamster und Frettchen zu Tode gefoltert. Diese durchgeführte experimentelle Folter verstößt gegen den zentralen Wert des Veganismus, dass Tiere nicht vom Menschen benutzt werden dürfen.

Bei allen derzeitig erhältlichen Impfstoffen werden für die reine Impfstoffproduktion Tiere gefoltert und ermordet. Viren und Bakterien werden in lebenden Körpern und Leichenbestandteilen vermehrt, zahlreiche Impfstoffe enthalten Anteile von Gelatine, Laktose oder Rindergalle. Selbst wenn das finale Serum keine tierlichen Bestandteile mehr enthält, werden diese im Verlauf des Herstellungsprozesses eingesetzt. Für die Produktion von Grippeimpfstoffen werden die Viren in befruchteten Hühnereiern vermehrt, die Hühnerembryonen sind ab dem 7. Entwicklungstag bereits bewusst und leidensfähig. Eine Impfdosis entspricht dabei einem vernichteten Tier.

Ferner wird bei der Impfstoffproduktion der Wirkverstärker Squalen eingesetzt, der aus den Lebern von Haien gewonnen wird. Squalen könnte auch aus Pflanzen gewonnen werden, das ist aber verhältnismäßig aufwändig. Bisher wurden jedes Jahr 2,7 – 3 Millionen Haie nur um ihrer Leber willen ermordet. Die kalifornische Organisation Shark Allies schätzt, dass mindestens 250.000 zusätzliche Haie für die Produktion von Covid-19-Impfstoffen getötet werden könnten. Die Vereinigung Sharkproject hat sogar errechnet, dass für die Produktion von Corona-Impfstoff für die gesamte Weltbevölkerung 500.000 Haie ermordet werden müssten.

Besondere Erwähnung sollte das fetale Rinderserum finden, das seit etwa 70 Jahren bei der Impfstoffherstellung eingesetzt wird. Es stammt aus Ländern mit noch deutlich geringeren Tierschutzstandards als hierzulande. Schwangeren Kühen wird bei der Schlachtung der Fötus aus dem Bauch geschnitten. Dem unbetäubten, lebenden Fötus wird der Brustkorb aufgeschnitten und das fetale Blut mit einer Schlauchpumpe unmittelbar aus dem Herzen in ein steriles Gefäß überführt. Bis es zum Herzstillstand kommt dauert es zwanzig Minuten bis eine Stunde.

Bereits Vorcorona ging man von ein bis zwei Millionen Kälbchen aus, die auf diese Weise weltweit zu Tode gefoltert wurden. Die Sächsische Zeitung meldete bereits im März, dass bei der Coronaimpfstoffproduktion bezüglich des fetalen Kälberserums Engpässe drohen.

Aus diesen genannten Gründen ist die Corona-Impfung eindeutig nicht vegan. Entsprechend ist das Bewerben vom (unveganen) Impfstoff ein Tabubruch und ein Verrat an der Idee und den Tieren. Die vegane Entscheidung lautet: Nicht impfen!

2. Der psychologische Aspekt

Wir verstehen, dass „vegan" die ethische Haltung ist, dass auch die anderen Tiere Zweck an sich selbst sind und kein Mittel zum Zweck. Mit jeder veganen (Konsum)-Entscheidung bekennen wir uns zu diesem Gebot. Es ist ein Dienst an den Werten, denen wir uns verpflichtet fühlen, und es ist eine Botschaft an die Welt zugleich, die eine neue Wirklichkeit schaffen soll. Theodor Adorno, der eigentlich eher ein Skeptiker war, was Weltverbesserungen anbelangt, formulierte es so: Man sollte, soweit das nur irgendwie möglich ist, so leben [...] wie man in einer befreiten Welt glaubt leben zu sollen, [...] mit all den unvermeidbaren Widersprüchen und Konflikten, die das nach sich zieht, versuchen, die Existenzform vorwegzunehmen, die eigentlich die richtige wäre.

Nun ist es aber eine unbestreitbare Tatsache, dass es überaus menschlich ist, an ethischen Ansprüchen zu scheitern. Der Geist ist willig, aber das Fleisch ist schwach, so heißt es schon in der Bibel. Je nach äußerer Situation und Persönlichkeit gelingt es leichter oder eben nicht. Es ist einfach unfassbar verführerisch, zu tun, was man kann, um sehr schwer, zu lassen, obwohl man nicht muss. Am ehesten hat noch Strafbarkeit und Strafverfolgung die Wirkung, dass die Leute brav bleiben.

Sozialer Druck und der Wunsch, dazuzugehören, wirken kaum weniger intensiv auf das Individuum ein, sich Verhaltensstandards anzupassen. Schwer haben es diejenigen, deren ethische Überzeugung von der herrschenden Meinung abweicht, auch, wenn sie deren Mindeststandards übertrifft. Die angepassten Leute mögen es nie, geht man andere Wege als sie. Es erfordert bereits eine erhebliche Willensstärke, in einer so Grundsatzfrage wie beim Essen aus der Reihe zu scheren und auch wenn es diesbezüglich in den letzten Jahren für Veganer leichter geworden und die Gruppentoleranz gewachsen ist, gehört schon einiges an Willenstärke dazu, sein Essverhalten seinen Werten und nicht mehr dem Gruppendruck anzupassen. Der Wunsch, dazuzugehören, ist einfach ein zentrales Bedürfnis sozialer Individuen.

Corona stellt dieses Individuum vor weitere Herausforderungen. Zwar gibt es (noch) keinen Impfzwang, aber die Angst vor dem Virus und der wachsende öffentliche Druck auf das Individuum, sich impfen zu lassen, ist nicht zu unterschätzen. Hier wirken mächtige Kräfte auf den Einzelnen ein, vor denen persönliche Gewissensentscheidungen leicht ins Hintertreffen geraten. Und je nach persönlicher Konstitution und den äußeren Umständen geraten Ego, sozialer Zusammenhalt und unser Gewissen in einen Konflikt. Nüchtern betrachtet werden dabei die Meisten am ehesten das Gewissen preisgegeben, weil es am leichtesten fällt und obwohl genau das uns unserer größten Kraft beraubt.

Dieses Dilemma, wenn Gewissen, Ego und soziale Bindung in einem (scheinbaren) Widerspruch stehen, konstruktiv zu lösen und nicht zulasten einer der drei wesentlich Aspekte im Leben, ist wohl eine der größten Herausforderungen, vor denen wir generell im Leben stehen und es ist wesentlich für uns persönlich und für unsere Gestaltungskraft als vegane Community, diesen Mechanismus zu begreifen und zielführend zu lösen. Wie aber kann das gehen? Als Veganer haben wir bezüglich der Coronaimpfung scheinbar nur drei Handlungsoptionen.

1. Das Ego als Gewinner. Der Virus macht mir Angst, ich will mich schützen, Pech für die Tiere aber ich bin mir eben wichtiger als ein Kälbchen, ein Hai, ein Rhesusaffe oder gar die Maus im Labor, die ich nie persönlich kennengelernt habe. Ich bin mir wichtiger als meine Werte. Diese Entscheidung ist narzisstisch.

2. Der soziale Zusammenhalt als Gewinner. Der sozialen Gemeinschaft signalisiere ich meinen Zugehörigkeitswunsch, indem ich mich impfen lasse. Passe ich mich der gesellschaftlichen Erwartungshaltung an, opfere ich im Zuge dieser Anpassungsleistung mein Gewissen. Diese Entscheidung ist opportunistisch. Version 1 und 2 opfern gleichermaßen den Wert vegan. Manche Schlaumeier verschleiern dabei den egoistischen Verrat der Werte oder die soziale Unterwerfung als Dienst am Menschen. So was nennt man Heuchelei.

3. Das Gewissen als Gewinner. Ich lasse mich nicht impfen und gebe meiner Angst nicht nach (was umso leichter fällt, je weniger ich aufgrund meines Alters und meines Gesundheitszustandes gefährdet bin, oder je mehr ich davon ausgehe, dass die Impfung für mich selbst gefährlich ist). Dafür bin ich bereit, die soziale Bindung aufzugeben und die Botschaft auszusenden: meine Werte sind mir wichtiger als mein Gegenüber. Diese Entscheidung ist zwanghaft und rigide.

Es scheint also, als ob wir aus der Nummer nicht anständig und mit geradem Rücken herauskommen können, sondern nur entweder als rücksichtsloser Narzisst, als feiger Opportunist oder als rigider, abstoßender Moralapostel. Wie man es auch dreht und wendet, scheinen wir immer einen hohen Preis für diese Entscheidung zahlen zu müssen.

Als Narzisst wählen wir den Halt in uns selbst und das schwächt uns mehr als alles andere, auch wenn es gerade äußerst populär ist, uns einzureden, mit der Liebe zu uns Selbst hätten wir den Stein der Weisen für ein glückliches Leben gefunden. Halt gibt uns aber tatsächlich nur unsere Orientierung an Werten und unsere soziale Einbindung.

Als Opportunist geben wir unsere Werte auf und verraten uns selbst in diesem Akt der Überanpassung und Aufgabe der eigenen Werte. Wir entscheiden uns, Objekt zu werden und uns als Subjekt aufzugeben. Unser Gewissen aber ist entscheidender Bestandteil unseres Seins. Im Ergebnis werden wir verraten und enttäuscht werden, denn diese Aufgabe unseres Gewissens wird als Unterwerfung registriert und natürlich ausgenutzt werden. Als rigider Moralapostel spalten wir uns von der sozialen Gemeinschaft ab und werden nur noch uns selbst gerecht. Wir werden letztlich niemanden für unsere vegane Botschaft gewinnen und den veganen Virus nicht mehr als Superspreader in der Welt verteilen können. Überall lernt man nur von dem, den man liebt, erkennte schon Goethe, und der Moralapostel hat alles Liebenswerte, Großherzige verloren, das ihn zu einem erfolgreichen Botschafter des Guten machen könnte. Er wird nicht mehr für scinc Moral bewundert, sondern allenfalls für seine Strenge gefürchtet. Für einen selbst führt dies auch schnell in selbstschädliche Überforderung. „Alle, die edler sein wollen, als ihre Konstitution es ihnen gestattet, verfallen der Neurose", konstatierte Freud treffend. (8) Auch nicht wirklich im Sinne der Sache.

In diesem psychologischen Spannungsfeld befindet sich das Thema Vegan und Impfen also tatsächlich. Ein erwachsener und verantwortungsvoller Umgang damit ist die Herausforderung an uns alle: Wie lösen wir das scheinbare Dilemma zwischen Ethik, menschlicher Psyche und unserem Auftrag, die Sache der Tiere erfolgreich voranzutreiben, da vegan ja eben keine Privatangelegenheit ist, sondern den elementarer Anspruch der Tiere auf ein freies, unversehrtes Leben ausdrückt, und der seinen Wert dadurch erhält, indem man ihn durchsetzt.

Was können wir tun?

1) Wir fordern gemeinsam vegane Impfstoffe ein und das unabhängig davon, wie wir zur Corona-Impfung oder zur Impffrage an sich stehen. Im Idealfall bezieht sich das auf die Umstände der Erforschung als auch auf die Produktion an sich, zumindest aber auf die Produktion, genauso, wie wir nicht wollen, dass unser Obstsaft und unser Rotwein nicht mit der Fischblase geklärt wurde.

Damit drücken wir unseren gegenseitigen Respekt und unseren Zusammenhalt aus: die Impfbefürworter machen geltend, dass sie ihre Glaubens- und Gewissensfreiheit respektiert sehen wollen. Die Impfgegner unterstützen diesen berechtigten Anspruch der impfwilligen Veganer. Wer das für grotesk hält: in Frankreich sind Medikamente mittlerweile aufgrund des Drucks der Muslime halal und enthalten zum Beispiel Gelatine nur noch von geschächteten Rindern. Wie lange wollen wir Veganer eigentlich noch mit dieser naheliegenden Forderung warten, dass unserem ethischen Anspruch genüge getan wird?

2) Entsprechend aufgestellte größere Verbände entwickeln eine ethische und quellenbasierte Argumentation für eine Prozessstrategie und bieten impfunwilligen Veganern Prozesshilfe an – sollte eine Impfpflicht eingeführt werden. Eine Impfverweigerung auf Basis des Art.4 GG (Glaubens- und Gewissensfreiheit) wird als erfolgversprechender gewertet als andere Ansätze (wie das Recht auf Unversehrtheit) und führte beim tschechischen Verfassungsgericht in einem Fall religiöser Impfverweigerung bereits in der Vergangenheit zum Erfolg.

3) Wir lassen uns über die Impffrage nicht auseinanderdividieren. Das ist eine Frage der gebotenen Wertehierarchie. Die Tiere sind auf jeden von uns angewiesen und es liegt an uns, dass wir diesen Wert in Ehren halten vor allem anderen. Den Burgfrieden zu halten ist ein ehernes Gesetz, das allein aus machtstrategischen Gründen nicht gebrochen werden sollte.

4) Wir sollten aufhören, das Verbrechen an den Opfern zu einer persönlichen Gewissensentscheidung he-

runterzurechnen. Das Gebot, Tiere nicht zu benutzen, gilt als absoluter ethischer Anspruch an die Welt und ist nicht nur unsere Privatmeinung und Privatentscheidung. Es kommt darauf an, Haltung einzunehmen, im richtigen wie in falschen Entscheidungen. Das Unrecht als Unrecht zu benennen, auch wenn wir es bewusst begehen. Wir sollten uns gegenseitig nicht zur Perfektion nötigen, sondern zur Loyalität den Werten gegenüber.

5) Wir sollten uns nicht impfen lassen. Wenn uns aber diese Gewissens-Entscheidung überfordert, sollten wir zumindest zu unserem Bekenntnis stehen, dass es ein Unrecht ist, Tiere für Impfstoffe zu foltern und zu ermorden, und kommunizieren, dass wir die Entscheidung, uns impfen zu lassen, gegen unser Gewissen treffen. Unsere Kraft liegt nicht in unserem Perfektionismus, sondern in unserem unverrückbaren Bekenntnis. An seinem ethischen Anspruch zu scheitern bedeutet nicht, dass der ethische Anspruch kleingeredet oder gar aufgegeben werden muss.

Das Christentum kann uns hier hervorragende Orientierung sein, immerhin ist über die Zeit aus einer Vision von einem guten Leben eine überaus erfolgreiche Mission geworden. Auf der Basis der christlichen Idee erwuchs ein moralisch weltprägendes Machtkonstrukt, da lohnt es sich schon, genauer hinzuschauen, wie das gelungen ist.

Das Konzept dahinter ist so einfach wie genial, es hält seinen moralischen Anspruch mit den 10 Geboten unantastbar und absolut, bietet aber der riesigen Gemeinde an Sünderleins, die in der Lebenswirklichkeit an diesem Anspruch immer wieder scheitern, den Beichtstuhl an. Die Vergebung durch den Priester erfolgt nach Reue und Beichte und drei Vaterunsern. Auch Atheisten pflegen im Normalfall – Psychopathen und Narzissten mal ausgenommen – bestimmte Rituale im zwischenmenschlichen Miteinander, wenn sie sich am Anderen schuldig machen. Sie zeigen Einsicht, Reue und bitten um Verzeihung. Und sogar unser Strafrecht sieht vor, die Reue des Straftäters strafmildernd zu berücksichtigen.

Wer sich also trotz allem in der Impffrage gegen die Sache der Tiere und zur Coronaimpfung entscheidet, ehrt seine Werte, indem er Buße tut. Zum Beispiel durch die Übernahme einer Patenschaft für ein Kälbchen oder einem Huhn auf einem Lebenshof. Oder, indem man einen großen Sack Taubenfutter kauft und es den Coronaopfern in den Städten zur Verfügung stellt, denen der Lockdown zum Verhängnis wird. Es gibt viele Möglichkeiten, den Tieren unmittelbar etwas zu geben als reuevolles Bekenntnis, sich in der Impffrage gegen sie entschieden zu haben.

Es kommt nämlich nicht darauf an, wer wir sind, sondern darauf, was wir tun und dass wir gut und böse dabei nicht verwechseln. Nicht der Heiligenschein verleiht uns das Zugangsrecht zum Veganismus, sondern die tiefe Überzeugung und das ehrliche Bemühen.

Der Hochverrat
eines veganen Parvenüs –

Wie eine geblähte Veganerin dem Tod durch Gasexplosion knapp entkam, weil der Ernährungsrittenauer ihr fremde Eier zum Kauen gab

Es war einmal ein junger Koch und Ernährungsberater aus Kärnten im schönen Österreich, der unter der aufgehenden Sonne des Veganismus Morgenluft witterte. Geschäftstüchtig erkannte er – der im Übrigen auf den Namen Niko Rittenau hört – das Potenzial des neuen Markts und baute darauf einen florierenden Servicebetrieb rund um Ernährungsberatung und den Vertrieb von Nahrungsergänzungsmitteln auf. Im Zeitalter der selbstbesorgten Ichbezogenheit und nach jahrzehntelanger Propaganda gegen vegane Ernährung als angeblich mangelhafte Hungerleiderkost sind junge Veganer dankbare Abnehmer für Rat – und Supplemente. Sein YouTube-Kanal zur veganen Ernährung zählt mittlerweile weit über 100.000 Abonnenten.

Soweit, so gut. Doch seit geraumer Zeit mehren sich die Anzeichen, dass die einst zelebrierte Begeisterung des Gurus der Fressveganer zunehmend nachlässt. Und auch optisch hat er sich verändert. Passend zum inneren Sinneswandel ziert das Milchgesicht unseres Nikolaus neuerdings ein schwarzer Vollbart – ein Symbol, so heißt es, für Männlichkeit, Dominanz und Vertrauenswürdigkeit. Ob er diesen Marketingkniff nötig hat?

Die Spannung ist kaum noch auszuhalten, da erklärt

Ende Juli 2023 der bärtige Nikolaus, der ja ein geradezu besessen wahrheits- und wissenschaftsliebender Mensch mit viel Sendungsbewusstsein ist, endlich in einem einstündigen Youtube-Video den Fans und Followern ebenso langatmig wie bedeutungsschwanger die drei Gründe für seine sich abzeichnende Fahnenflucht. Mit dabei diesmal – neben dem beeindruckenden Hightech-Equipment – eine junge Blondine mit Tattoos wie aus einem Mädchen-Malbuch auf dem entblößten Oberarm. Er stellt sie uns als seine Lebensgefährtin vor.

In den vergangenen ein bis zwei Jahren, so erklärt uns der rührige Influencer in ausschweifenden 20 Minuten, habe er seine ernährungswissenschaftlichen Recherchen nochmal vertieft und intensiviert und dabei einige erstaunliche Problemfelder aufgetan. Es wäre ja auch schlimm, wenn Ernährung nicht eine so unfassbar hochkomplizierte Angelegenheit wäre, dann würden die ganze Ernährungswissenschaft und die an ihr hängenden Subjekte jede Existenzberechtigung verlieren und zumindest keine Forschungsgelder mehr gerieren, die gibt's nämlich nur bei Problemen. Und auch sonst könnte sich die Kundschaft daran erinnern, dass Abertausende von Generationen vor ihr sich ganz ohne Berater ernährt haben. Oft war man froh, überhaupt etwas auf dem Teller zu haben. Wo kämen wir da nur hin, wenn diese Erkenntnis Schule macht?

Anlass für die unfassbar tiefschürfenden Untersuchungen waren zum einen ein Buchprojekt über vegane Ernährung in Schwangerschaft und Stillzeit. Und dann sei er nach einem Vortrag auf einer Messe von einem angeblich veganfreundlichen, aber nichts desto trotz Tiere fressenden Professor aus Bonn zur Promotion über vegane Ernährung motiviert worden. Unser strebsamer Ernährungsberater habe daraufhin beschlossen, seine Ausbildung mit einem Doktortitel zu adeln. Im Zuge seiner Arbeit an beiden Projekten musste der redliche Rittenau aber – zum Erstaunen seines Doktorvaters – erkennen, dass es – wie in neurotischen Beziehungen halt so üblich – leider kompliziert ist mit der gesunden veganen Ernährung.

Dazu käme die zunehmende Anzahl erschütternder Berichte abtrünniger „Veganer", die sich als neuesten Influenzer-Trend auf ihren Social-Media-Kanälen dem treulosen Bekenntniszwang hingaben und diverse Befindlichkeitsstörungen vorschoben, um sich die Absolution für ihren Verrat öffentlich abzuholen. Der bärtige Nikolaus formuliert das freilich anders, wittert (natürlich sehr ausdifferenziert) ein ungeahntes Gefahrenpotential hinter der veganen Ernährung und vor allem seine Chance – als krisenfeste, konfliktfähige, wissenschaftliche, wahrheitsliebende Supernase – auf heldenhafte Ermittlung der Ursache und Rettung nach bestem Wissen und Gewissen – bestenfalls durch seine neuen Supplemente. Rittenau spricht von huuuunderten Berichten, „wahrscheinlich sogar viele huuunderte Berichte [...] von Personen, die leichte oder schwere Probleme im Rahmen der vegane Ernährung bekommen haben."

Wir haben uns kaum von unserer Bestürzung über diese aus der veganen Bahn werfenden Schicksale erholt, da kommt endlich die Lebensgefährtin ins Spiel. Bisher war ihr im Video (und wahrscheinlich auch sonst im wahren Leben) die Rolle zugefallen, dem Super-Niko die Bälle zuzuspielen. Jetzt allerdings hat sie es aus der Randzone ins Zentrum geschafft. Denn sie und ihre Leidensgeschichte – vermittelt uns der Galan und Ernährungsritter tief bewegt („Ich habe noch nie um einen Menschen so eine Angst gehabt!") – wären der Hauptgrund für seinen Wandel.

Die weltbewegende und wahre, hochdramatische und tragische Geschichte geht so: Weil der bekannte Ernährungsberater Tag und Nacht über seiner Doktorarbeit schwitzte und er deshalb seine vegane „Lebensgefährtin" zwar mit Supplementen aus dem Vertrieb seines Spezls Benni bestens, aber mit seinem Fleischwürschtl resp. Aufmerksamkeit weniger aufmerksam bedachte (Zitat: „Ich habe mich monatelang verbarrikadiert und kam quasi nur um Essen und Schlafen raus. Sorry dafür!"), machte sich diese nach einer Zeit des stillen Leidens Luft, indem sie zunächst menstruationsbeschwerte Fürze biblischen Ausmaßes losließ, sich deshalb in einem eigenen Zimmer sozial isolierte und dann die Fähigkeit zum Sprechen und Laufen verlor: „Du musstest mich stützen!" Auch viele Haare hätten sich in ihrer Bürste befunden. Ihr Doktorand, dem sie bisher die Videos geschnitten und die Drecks– resp. Hintergrundarbeit abgenommen hatte, begleitet die verängstigte Geblähte und mittlerweile bis zur Arbeitsunfähigkeit Geschwächte endlich zu ärztlichen Untersuchungen, zahlt für irgendwelche nicht näher definierten Tests „Tausende Euros". Die bleiben ebenso wie die neurologischen Untersuchungen ohne Befund. Ein Arzt würde nun eine Überweisung zum Psychiater schreiben, doch die Patientin hat einen besorgten und unfassbar wahrheitsliebenden Ernährungsrittenauer an ihrer Seite. Der stellt seine eigenen Diagnosen und nach einer kurzen, gemeinsam durchlittenen Sinneskrise heilt er die Symptome durch die therapeutische Gabe von täglich zwei fremden Eiern im Laufe von wenigen Wochen weitgehend aus. Der Zuhörer versteht, dass es der jungen Frau offenkundig an Eiern gemangelt hat. (Das erklärt auch, nebenbei bemerkt, warum der frischgewachsene Vollbart von der LGBTQ–Gemeinde bis heute nicht als Zeichen ekelhafter toxischer Männlichkeit aufs Korn genommen wurde, denn offenkundig dürfen eierlose Männer Bart tragen).

Unser bärtiger Wunderheiler drückt es verständlicherweise wieder etwas anders aus, er vermutet hinter den Symptomen einen Arachidonsäuremangel. Man fragt sich spontan, warum er der jungen Frau da das (deutlich arachidonsäurehaltigere) Fleischwürschtl vorenthalten hat; zwei Eier sind doch auch nichts Halbes und nichts Ganzes. Arachidonsäure, so erfährt der Hörer, sei eine semiessentielle Fettsäure, die in Pflanzen nicht nennenswert vorkommt, die aber aus Linolsäure synthetisiert werden kann, sofern genug davon zugeführt wird, und die Person nicht wie viele Europäer ein Minderkonvertierer ist und an einer Stoffwechselstörung leidet. Rittenau schätzt seine Freundin als eine solche Minderleisterin ein.

Es dauert nicht so lange, da gibt es endlich aufgrund der aufopferungsvollen Bemühungen des Ernährungsritters Arachidonsäure als Supplement im Angebotsportfolio von Spezl Benni (50ml zu € 29,90). Trotzdem die Freundin gehorsam schluckt, misslingt der Versuch, ohne Eier zu leben. (Nur nicht vergessen: Unser Ernährungsritter arbeitet ja bis heute an der Doktorarbeit.) Die Beschwerden treten trotz Supplementierung nach dem Absetzen der Eier rasch wieder auf. Eiermangel verträgt sie offenbar ganz und gar nicht – zumindest seit sie mit ihrem Ernährungsritter zusammen ist, und die Probleme unter seiner spitzenmäßigen Substituierung dann richtig schlimm wurden. Also wird der Versuch abgebrochen, und die Probandin bekommt wieder die verdächtige Anzahl von zwei Fremdeiern täglich verordnet. Rittenau bleibt rührig und vermutet in einem nächsten Schritt einen Mangel von MEBICO (meat-based bioactive compounds), die bei ihm, bei Watson, bei seinem Spezl Benni erst „in einigen Monaten, oder in wenigen Monaten, hoffentlich in einigen Wochen" erhältlich sind und dann, schwärmt Rittenau, könnten sie einen neuen Versuch starten, sofern seine Prinzessin *zwinker* dann noch Geduld mit ihrem Ernährungsritter hat.

Es könnte auch ein ominöser und unentdeckter Faktor X sein, überlegt er noch laut weiter, nein, doch, am Ende sowas wie Adrenochrom, das aus dem Blut entführter und gefolterter Menschenkinderleins gewonnen wird und Superreichen und Mächtigen die ewige Jugend verleihen soll. Aber nein, das kann nicht sein, dass Rittenau unter die Verschwörungsideologen gegangen ist, so sehr, wie der auf Linie ist, aber gewisse Parallelen drängen sich da schon auf, was den Mythos betrifft, dass einer anderer bluten muss, damit es einem selber gut gehen kann. Und in einem Jahr wird er der Entdecker des Faktors X sein mit allen großartigen Folgen für ihn und seine Karriere als Ernährungsrittenauer der Welt.

Zum krönenden Abschluss fabuliert man dann noch gemeinsam über die große ethische Verantwortung (gegenüber den Menschen und den kommenden Generationen, die unter der Fehlernährung ihrer Ahnen anno dunnemals irgendwann zu leiden hätten). Er könne es sich nie verzeihen, wenn auch nur ein einziger Mensch durch falsche Empfehlungen seinerseits zu Schaden kommen würde. Von den Tieren, die zu Schaden kommen, freilich kein einziges Wort, die müssen dann leider für seinen Perfektionismus und dermaßen vorbildliches Verantwortungsbewusstsein für die Gesundheit des gesamten Rests der Menschheit zu Schaden kommen.

Und auch wenn er aufgrund dessen und seiner Ehrlichkeit damit rechne, wirtschaftlich ebenso vernichtet zu werden wie angeblich all die abtrünnigen Veganer nach deren öffentlichem Verrat, könne er, der Ernährungsheld, nicht anders, weil er, der ehrliche Ernährungsritter, von der tiefen Überzeugung getragen sei, dass ein offener Diskurs über diese Probleme unabdingbar sei, um den Veganismus voranzubringen. In anderen Worten: Wir müssen es richtig kompliziert machen, dann wird der Veganismus attraktiv fürs Volk. Ende der Geschichte.

Freiwillig, so gebe ich hier offen zu, hätte ich es mir nicht angetan, dieses Video anzuschauen. Schon als ich vegan wurde, langweilten mich meine mitfühlenden Zeitgenossen mit diesen ihren Befürchtungen, zugrunde zu gehen, wenn man der Mafia den Rücken kehrt. Man sagte mir den baldigen Tod voraus: „Du stirbst!" „Ja", sagte ich daraufhin, „das ist mir bekannt!" Daraufhin erhöhte man den wohlwollenden Druck: „Du stirbst bald!" Ich: „Und wie lange habe ich noch?" Man gab mir ein Jahr, in dem mir zuerst meine Haare ausfallen würden, bis ich dann final zugrunde gehen würde. Ein Jahr später gab man mir noch zwei Jahre, dann noch bestenfalls fünf. Dann gab man es auf, mich mit Angstmache auf Spur bringen zu wollen. Das ist nun 40 Jahre her. Erwähnenswert ist in diesem Zusammenhang vielleicht auch noch, dass ich die ersten 17 Jahre meines veganen Lebens konsequent B12-frei lebte, da damals niemand auf die Idee kam, irgendetwas „anzureichern", und ich wahrhaftig Größeres im Sinn hatte, als mich mit Supplementen und meiner Nährstoffversorgung zu beschäftigen, baute ich damals doch mit ANIMALPEACE maßgeblich den Veganismus und das Tierrecht auf. Einen kräftigen Spitz in den Allerwertesten hätte jeder bekommen, der mir da mit Arachidonsäure um die Ecke gekommen wäre. Ich bin auch sicher, dass ich nur deshalb keine Mangelerkrankungen entwickelt habe, weil ich nicht wusste, dass man die als Veganer ohne Substitution zu kriegen hat. Dieses unbeschreibliche Narzisstengehabe um eine optimale Nährstoffversorgung empfinde ich aus meinem jahrzehntelangen Erfahrungsschatz als Belästigung und – viel schlimmer – Verhöhnung der veganen Philosophie, die für wahrhaft größere Werte steht. Ich halte es im Übrigen auch für eine Form der Dekadenz, im Zeitalter des Überflusses von der Sorge getrieben zu sein, nicht satt zu werden. Aber so ist es nunmal: unser Gehirn ist per se auf Problembewältigung ausgelegt, und gibt es keine Probleme, so imaginiert es sich welche.

Jedenfalls bin ich in den vergangenen Tagen von entsetzten fb-Freundinnen auf das besagte Video aufmerksam gemacht und um Stellungnahme gebeten worden und diese erfolgt hiermit: Ich halte dieses Schelmenstück für einen Intelligenztest. Wer´s glaubt, ist durchgefallen. Wer es nicht glaubt, dem stehen drei Optionen der Deutung zur Verfügung.

These 1: Der gesundheitliche Leidensweg von Nikos Freundin Knatterton war tatsächlich ein Kopffurz und sie litt an psychosomatischen Symptomen. Dafür spricht, dass die „Tests für 1000e Euros" und die medizinischen Untersuchungen kein Resultat erbrachten. Wortfindungsstörungen, Haarausfall, körperliche und geistige Schwäche und Flatulenzen sind allesamt mögliche Folgen von Stress. Dass die Symptome erst richtig Fahrt aufnahmen, als sie mit ihrem Ernährungsritter zusammenkam und damit auch in den Genuss des gesamten Pillen-Portfolios, wundert da überhaupt nicht. In dem geistigen Klima des Ernährungsapostel hätte ich selber auch das dringende Bedürfnis, gegen all die mit Düsenjägergeschwindigkeit rausschallende Salven an Gehirnfürzen mit Mastdarm-Passatwinden anzustinken. Die ungeheure Sprechgeschwindigkeit kann einem darüber hinaus auch echt die Sprache verschlagen. Es gibt Leute, die eine aus der Bahn geworfene Psyche in den Rollstuhl zwingt, denn Psyche kann sehr mächtig sein. Auch wenn es Konsorten wie unser zeitgeistorientierter Ernährungsrittenauer vielleicht nicht wahrhaben wollen: wir sind nicht nur Stoffwechselapparate, sondern auch psychische und geistige Wesen.

These 2: Es gibt auch Indizien für einen Machtkampf in einer nur vordergründig harmonischen Beziehung. Dass es dem Blähgirl just genau ab dann schlechter ging, als sie mit ihrem Ernährungsritter zusammenkam und endlich nährstofftechnisch bestens versorgt wurde, ist dafür das erste Indiz (und nicht unbedingt dafür, dass etwas mit den Pillen nicht in Ordnung war, was auch aufgeregt für unmöglich erklärt wird). Wenn ich es richtig berechne, verbrachte die junge Frau ein Jahr weitgehend allein im stillen Kämmerlein („Ich habe mich eingeschlossen" – möglicherweise, weil es sonst eine einfach zugezogene Tür aus der Zarge gesprengt hätte bei den gewaltigen Luftbewegungen). Ihr Doktorand kam „nur noch zum Essen und Schlafen aus seinem Arbeitszimmer". Er hat sich im Video mehrfach dafür entschuldigt, dass er lange ihre Befindlichkeitsstörungen vernachlässigt und sie damit vertröstet hat, sich um sie zu kümmern, wenn die Arbeit beendet sei.

Derart Vernachlässigte und auf die hinteren Ränge der Wertehierarchie des Liebsten Verwiesene können in ihrer sozialen Isolation auf die abenteuerlichsten Gedanken kommen. Und da sie in ihren Ausführungen zu ihrer ethisch bewegten Vergangenheit und ethischem Veganismus beim „Outreach" (Neudeutsch für Infostand) als Lebensthema auch in der Vergangenheitsform spricht, kann das als Fingerzeig gewertet werden, dass „der Schock, als ich *kicher* Earthlings gesehen habe" zwischenzeitlich überwunden und durch den Wunsch ersetzt worden ist, dem Lebensgefährten die Interessenlosigkeit an ihr persönlich heimzuzahlen. Und was gibt es da Großartigeres, als einen Menschen mit Mission dazu zu bringen, seinen transzendentalen Anspruch zugunsten der Partnerin fahren zu lassen? (Dass es mit diesem Anspruch nicht so weit her ist, wird später noch erörtert werden, entscheidend ist hier nur, dass er sich dieses Image anheftet und es ihm viele Gutgläubige abnehmen). Dass er sie auch noch mit täglich ausgerechnet zwei fremden Eiern heilte spricht in seiner Symbolik Bände.

These 3: Es ist eine Geschäftsidee. So funktioniert ja generell das Spiel im Kapitalismus: man schafft einen Markt/ ein Bedürfnis und bietet die Lösung an. Wer heute noch glaubt, dass das Problem vor der Lösung kommt, kann getrost als hoffnungslos naiv bezeichnet werden. Das Problem wird geschaffen und herbeigeredet, um dann die Lösung für die unverbindliche Preisempfehlung von € 24,95 aus dem Hut zu zaubern. Und es ist ja schon ein Treppenwitz, dass das Heilmittel für Geh-, Sprach- und Furzstörungen bei seinem/ unseren Spezl Bennis/ Watson-Vertrieb bereits zwei Tage nach Veröffentlichung des Videos für Mitte August und besagte € 24,95 angeboten wird.

Selber schuld, kann man da nur sagen, wer sich mit solchen Bauernfängertricks das Geld aus der Tasche ziehen lässt. Dummheit kostet eben. Und wer sich, wie wir noch sehen werden, von seinen transzendentalen Ansprüchen ohnehin längst wegbewegt hat (wenn er diesen denn je ernsthaft vertreten oder auch nur begriffen hat, was Veganismus wirklich bedeutet), hat damit auch das einzige tragfähige Tabu verloren, seine Fanbase an der Nase herumzuführen. Für dumm braucht man Rittenau nun nicht gerade halten, aber offenkundig verkauft er seine Kundschaft dafür. Aber klar, der große Wissenschaftler und Menschenretter Rittenau hat als heldenhafter Konquistador ein Problem gefunden und der arme Spezl Benni verdreht die Augen, weil er nun wieder aufopferungsvoll neue Pillen verkaufen muss, um der Menschenrettung gerecht zu werden! Bei so viel Aufopferungsbereitschaft zum Wohle der Allgemeinheit möchte man ja gleich mit einem grandiosen Furz Salut schießen.

Unfraglich beherrscht da einer sein Business aus dem Effeff, wenn auch die Frage offenbleibt, ob wirklich er das Geschäft beherrscht oder nicht viel eher das Geschäft ihn und seine Denke in Geiselhaft hält. Man sagt auch nicht umsonst, dass der Mensch sich seine Wirklichkeit so definiert, dass er damit gut und klug dasteht.

Tatsächlich wäre das alles auch kein nennenswertes Problem (warum sollten sich nicht auch Veganer bereichern dürfen, wenn es die ganze tierefressende Welt tut?), wenn er damit nicht der Tierheit dermaßen in den Rücken fallen würde. Nachdem Rittenau in der Impfagenda bereits unangenehm aufgefallen ist, als er ein Tierfolterprodukt als vegan framte und seine Fanbase anbettelte, ihm zu seinem Geburtstag das Geschenk zu machen, sich dieses unvegane Produkt reinzupfeifen, mutiert er nun vom kleinen Kriegsgewinnler des Veganismus definitiv zum klassischen Schädling.

Selbst wenn wir in einem hypothetischen Gedankenexperiment annehmen, dass die ganze Story vom Mann im Mond wahr und der Arachidonsäure–MEBIOS–FaktorX-Mangel real wäre, ändert das alles nichts an dem Umstand, dass das ganze Machwerk zutiefst charakterlos ist und den Feinden der Tiere ein echtes Portfolio an Stärkungsmitteln bietet, wie sie es sich besser nicht wünschten könnten. Sie werden den Verrat lieben. Erklärungen hierzu erspare ich mir, sie sind zu offensichtlich.

Die Botschaft des Videos lautet, dass es ein hochrisikobehaftetes und schwieriges und auch teures Unterfangen ist – immerhin ist man ein kleines Vermögen los, wenn man nach Rittenauers Vorstellungen perfekt supplementiert –, vegan zu leben. Also bedient der, als veganer Ernährungsguru bekannt gewordene, Rittenau genau diejenigen Klischees, mit denen seit Jahrzehnten erfolgreich eine ethische Lebensweise als maximal unattraktiv geframt wird – nämlich von den Werbexperten der Tiermafia, die sich ihr Geschäft mit Leid und Tod natürlich nicht ohne Gegenwehr verhagein lassen will. Wenn dann ein veganer Ernährungsexperte genau diese Mär verkündet, ist der Effekt für diese Klientel nicht mit Gold aufzuwiegen.

Um Ethik geht es dem Rittenau ganz sicher nicht (mehr), und vielleicht hat er sich auch deshalb einen Vollbart wachsen lassen, weil – so haben ganz wissenschaftlich Studien ergeben – bärtige Männer wahrscheinlicher Verbrechen begehen. Würde es ihm nennenswert um die Tiere gehen, so würde er sich ausschweigen oder zumindest, wenn der Bekenntniszwang zu groß ist, die Story völlig anders erzählen. Man beichtet im Stillen! Posaunt man seine Sünden so hinaus wie die beiden Darsteller, verfolgt man andere Zwecke, als sich schamhaft und schuldbewusst von der Last der Sünde zu befreien und schon gar nicht das Ziel, sich ehrlich zu machen vor der Fanbase. Die Wahrheitsliebe des Möchtegern-Faktencheckers Rittenau nebst Blähgirl ist das genaue Gegenteil von Wahrhaftigkeit. Aber wahrscheinlich braucht man ein Mindestmaß an Charakter, um das überhaupt erkennen zu können.

Wie sich Flatulenzexperte, Fressmessias und Eierheiler Rittenau mit einer Fachkraft für Betrugsbeihilfe ethisch zu Tode dilettiert

Wer nun denkt, dass unser abtrünniger Flatulenztherapeut, Ernährungsritterauer und erfolgreicher Eierheiler mit seinem Bekenner–Video „Die Gründe für meine kritischere Position zu veganer Ernährung" bereits den veganen Vogel erschossen hat, wird drei Tage später eines Besseren belehrt. In einem zweiten Video mit seiner furzenden Lebensgefährtin (ach ja, sie furzt ja jetzt nicht mehr, weil die Ausgehungerte endlich wieder auf fremden Eiern herumkauen darf, sorry dafür!) bespricht er eine Auswahl von Reaktionen auf das erste Video, also aus denen, die nicht seiner Zensur zum Opfer gefallen sind und ausreichend geeignet schienen, ihn in seiner wissenschaftlichen Sagenhaftigkeit darzustellen. Was ihm durchaus vergönnt wäre – wir sind ja tolerant –, hätte er nicht die schlimmste aller Sünden in dieser gottlosen Komödie begangen, als er mit stolzgeschwellter Brust unter die Verräter gegangen ist. Auch das neue Video „Antworten zur Kritik aus der Community" verlangt vom Zuseher/ Zuhörer eine Stunde Aufmerksamkeit für einen Inhalt ab, der auf rein informeller Ebene keine fünf Minuten trägt.

Man möge mir nachsehen, dass ich dem selbsterklärt ausdifferenzierten Gesundheitsgeschwafel keine weitere Beachtung zollen möchte, das mögen andere mit Interesse am Thema gerne tun; für mich war schon der erste Teil schwer genug zu ertragen. Wichtig ist für uns echte Veganer, Ethikveganer, eigentlich nur, dass wir uns zukünftig darauf gefasst machen müssen, von veganunwilligen Figuren mit leicht traurerumflorter, gedämpfter Stimme gesagt zu bekommen, dass man leider leider nicht vegan leben könnte, weil man minderbemittelt Minderkonvertierer sei und nun die Hühner und Rinder ums Eck gebracht werden müssten, weil man sonst furzen muss. Und das hat ein veganer Ernährungsguru gesagt, der nur der Wahrheit und nichts als der Wahrheit verpflichtet ist.

Als wäre das alles aber nicht schon Opferverhöhnung genug, lässt unser Ernährungscoach auf den letzten Metern, also in den letzten 10 Minuten noch ein paar atemraubende orale Flatulenzen ab, als er nun auch seine ethische Position ausdifferenziert, Kritiker beschulmeistert und auch in diesem Feld mit Unterstützung einer Fachkraft für Betrugsbeihilfe seine neue „differenziertere" Position zur veganen Ernährung nochmal... ja... ausdifferenziert. Es war, soviel vorweg, keine gute Idee von unserem Furzassistenten, das Problem belästigender Leibwinde nach oben und damit näher ans Gehirn verlagert zu haben.

Ich erlaube mir, zunächst zusammenzufassen: Inspiriert wurde Rittenau, den ich damit fortan Veganjudas nennen werde, nach eigenem Geständnis vom hauptberuflichen Ghostwriter Elias Nochniegehört Gudwis, der mit Möchtegern-Betrügern sein Geld macht, indem er Diplomarbeiten für € 90 pro Seite fertigt (Bachelor ist 5 Euro billiger). Er ist auch Autor des Buches „Homo Carnivorus", einer im April 2023 erschienenen 512-Seiten-Kampfschrift für Tierfresser. Unser Veganjudas stellt ihn uns respektvoll als „Philosophen" vor, der neun Jahre aus ethischen Gründen vegan gelebt haben und in der Tierrechtsszene aktiv gewesen sein will, dann aber gesundheitliche Probleme bekam (Flatulenzen?), worauf er sich mit regelmäßigem Opferkult in Form eines Blutbads auf dem Teller heilte. Kurzum: er hat wieder Heilige gefressen. Kühe.

Offenbar hat also auch dieser Verräter mit dem zweifelhaften Arbeitsumfeld und einem Styling, das einen schon das Fürchten lehren kann, die wirtschaftlichen Möglichkeiten entdeckt, mit der „Make-the-Opposite"-Technik Märkte zu erschließen. Der Dienstleisterjob gibt ja so viel her, und neben finanzkräftigeren Studenten beim Erschleichen von Vorteilen zur Hand zu gehen, so dachte er sich, könnte er zusätzlich seinen zahlungskräftigen Freunden vom organisierten Verbrechen gegen die Tierheit schreibend Rückenwind verschaffen. Man spürt direkt die Seelenverwandtschaft zwischen den beiden Vollbartträgern.

Unser Veganjudas zeigt sich jedenfalls tief überzeugt von Elias Niegehört Gudwis' 500-Seiten-Engagement – fleißig ist der Kerl ja – für den Wahn, schöne, kluge und sensible Individuen erst gewaltsam in den Tod zu treiben, um sie dann in einen Haufen Scheiße zu verwandeln. Dessen ethische These kann man folgendermaßen zusammenfassen: Die vegane Ernährungsform ist ja gar nicht die leidfreieste – *Ätsch*. Leidfreier wäre, jedes Jahr zwei „Weiderinder" schmerzfrei abzumurksen, um von diesen „Nose-to-Tail" und ein paar Vitamin C-Pillen (vom #MirsanwiederimGeschäft Pillendreher Benni aus dem Portfolio von Watson Nutrition?) und eventuell noch ein Äpfelchen vom Baum der Erkenntnis vollwertig zu leben. Dies würde herunter und hinauf gerechnet weniger Leid und Tod bedeuten, als sich von Grünzeug zu ernähren, für das auf Acker und Feld mit Pestiziden und Erntemaschinen vorsätzlich und fahrlässig Insekten, Mäuse und Rehkitze getötet werden. Das Rindviech hingegen, das man vernichten und fressen möchte und das idealerweise ausbeutungsarm gehalten werden sollte, habe in seinem Leben selber kaum Leid und Tod verursacht, und könne leidfrei #hinterrücksimSchlaferschossen ins Jenseits befördert werden.

Er selber, so verkündet uns unserer Veganjudas, sehe damit die These, dass vegan diejenige Lebensweise sei, die am wenigsten Leid verursachen würde, widerlegt und visionäre Bilder entstehen vor seinem geistigen Auge, als er sodann einen Schulterschluss mit den Überzeugungstierfressern aus dem Carnistenlager als potentielle Weggefährten zur Durchsetzung von gemeinsamen Zwischenzielen vorschlägt. Die Carnisten würden zum Beispiel auch industrielle Massentierhaltung ablehnen (Toll! Äh, aber wer tut das eigentlich nicht?).Ihn selbst höchstpersönlich, den Wissenschaftler Rittenau, überzeuge diese „valide" Argumentation, die bisher niemand entkräften konnte. Sogar einer militanten Veganerin, die sonst dafür bekannt dafür ist, alle Widerworte kurz und klein zu reden, hat es da in einem anderen Youtube-Talk buchstäblich die Sprache verschlagen.

Es scheint unserem Ethik-Minderkonvertierer Rittenau aber schon wichtig zu sein, seiner Fanbase zu versichern, dass er weiterhin eierlos durchs Leben ginge. Er höchstpersönlich würde trotz dieser vernichtenden

Gegenargumentation aus rein kulinarischen Gründen kein Fleisch (mehr) essen wollen. Zitat: „Ich könnte auch jetzt nimmer zurückgehen, überwiegend Kuh zu essen." Und damit es auch dem größten Dummlack klar ist: „Selbst diese [seine, Rittenaus, frühere] Position, [dass es an der veganen Ernährung ethisch nicht viel zu diskutieren gäbe], muss ich anhand solcher Positionen revidieren und mich anhand solcher stärkeren Argumenten [...] ausdifferenzieren."

Alles klar, der Veganjudas bereitet nun sorgfältig jeden einzelnen Schritt vor, das Lager zu wechseln. Oder sollte man nicht besser sagen: ein Lager zu verlassen, das er nur benutzt und abgeschöpft hat für sein Geschäftsmodell, indem er dessen Geisteshaltung bestenfalls simuliert, aber ganz sicher nicht verstanden oder gar vertreten hat. Denn sonst hätte er Elias Nochniegehört Gudwis' sophistisches Geschwafel ohne große Mühe als klassisches Strohmann-Argument erkannt und entlarvt.

Die Definition von vegan als „Wir wollen keine Tiere töten und ausbeuten" beziehungsweise „Ich möchte mich so leidfrei wie möglich ernähren" ist eine obszöne und durchtriebene Verunstaltung der veganen Philosophie und umso bösartiger, weil die schwarze Rhetorik in ihrer unschuldigen Einfalt so unauffällig daherkommt. Möglich ist das, weil diese Erklärung beim Einstieg in die Kommunikation mit Tierfressern beliebt ist, um diese niedrigschwellig auf ihrem Niveau in einem ersten Schritt abzuholen. Das rhetorische Instrument ist aber nicht die Definition des Veganismus. Es ist ein Hammer (eher Hämmerchen), aber nicht Philosophie.

Die Fachkraft für Betrugsbeihilfe und der Möchtegern-Doc Flatus bedienen sich bei ihrem Verwirrspiel der Vegandefinition der englischen Vegan Society. Diese lautet folgendermaßen: „Veganismus ist eine Philosophie und Lebensart, die – so weit wie möglich und praktisch durchführbar – alle Formen der Ausbeutung und Grausamkeiten an Tieren für Essen, Kleidung oder andere Zwecke zu vermeiden sucht." Rittenau schreibt diese Definition indirekt Donald Watson zu, der den Begriff 1944 erfand. Sie stammt jedoch aus dem Jahr 1988 und ist in meinen Augen schon deshalb misslungen, weil sie sich alleine auf die Praxis bezieht und die Theorie, den geistigen Überbau, komplett ausspart. Sie wird dem Urheber ganz und gar nicht gerecht.

Von Donald Watson ist bekannt, dass er mit dem Begriff „vegan" die philosophische Grundeinstellung umschreibt, dass es keine moralische Rechtfertigung gibt, Tiere für menschliche Zwecke zu nutzen. Man kann darin deutlich den deontologischen Ansatz des Veganismus erkennen, der anerkennt, dass das (tierliche) Individuum eine Würde hat und einen Wert an sich. Es ist damit kein Mittel zum Zweck, sondern Zweck an sich selbst. Oder kurz und knapp und in Analogie zu Albert Schweizers Definition für Humanität formuliert: Vegan bedeutet, dass niemals ein Tier einem Zweck geopfert wird.

Es geht also beim Veganismus gar nicht um „leidfrei", sondern um die respektvolle Anerkennung des Individuums: Die Würde des Tieres ist unantastbar. Natürlich gehört es auch zur Anerkennung dieser Würde, dass die körperliche Integrität der Tiere respektiert wird und ihnen vorsätzlich kein Leid zugefügt wird. Letztlich spiegelt der Veganismus die Grundzüge unserer gesellschaftlichen Wertevorstellung hinsichtlich der Menschenrechte und hebt dabei die bisherige willkürliche, egoistische und auf arten-narzisstischen Glaubenssätzen beruhende Moralgrenze auf, dass Rechte nur den Machthabern, den Menschen, zustehen. Der Veganismus ist eine Geisteshaltung, ein Bekenntnis zu den Rechten der Tiere.

Wendet man nun den Maßstab konsistent auf unseren Umgang mit den Individuen anderer Arten an, wird erkennbar, dass es eben nicht „das Gleiche" ist, jemanden Aug in Aug umzubringen, persönlich zu versklaven und zum reinen Mittel zum Zweck zu degradieren, seine Familie zu zerschlagen, die Kinder zu rauben, seine körperliche Integrität zu zerstören, um ihn zu verspeisen, oder die anonymen Mitglieder einer fremden Gemeinschaft vorsätzlich tödlich anzugreifen oder grob fahrlässig ums Leben zu bringen.

Letzteres sind reaktive, unpersönliche Gewaltakte, die freilich nicht zu verharmlosen sind, aber eher im Bereich von Notwehrexzess und kriegerischen Handlungen zu sehen sind, die sich im zwischenmenschlichen Bereich teilweise sogar im legalen Rahmen bewegen. Das gezielte Versklaven und Ermorden von Individuen hingegen – und genau das geschieht in jeder Form der Tierhaltung – würde in jedem Fall im zwischenmenschlichen Bereich alle Kriterien schwerster Straftaten erfüllen, weil es ein Angriff auf die Würde der Person ist.

Die von Rittenau gewählte Definition betreibt etwas, das die österreichische Philosophin Isolde Charim als moralischen Narzissmus bezeichnet. Es geht dabei nicht mehr um Transzendenz und darum, höheren Werten zu dienen, sondern nur, das eigene Image mit Werten auszustatten, die einem in den Kram und das eigene Selbstbild passen. Eine narzisstische Position aber ist per se schwach und damit nicht mehr geeignet, Wirklichkeiten zu verändern. Man betreibt nur sein eigenes Spiel damit. Und genau aus diesem Grund ist Rittenaus Definition nicht nur falsch, sondern macht aus einer visionären Idee einen bedeutungslosen Akt persönlicher Selbstoptimierung.

In seiner eigenmächtigen Umdeutung des Veganismus auf die eigenen Bedürfnisse betreiben der Veganjudas und sein Vordenker eine Art Ethik mit dem Rechenschieber und bedienen sich der Grundlagen einer sehr vulgären Version des Utilitarismus. In dieser im angloamerikanischen Bereich angesiedelten Denkrichtung sind zwar die Ursprünge moderner Tierschutzbestrebungen beheimatet, welche der umstrittene Philosoph Peter Singer vor einem halben Jahrhundert wiederbelebte; für die Beschreibung moderner Tierrechtsideen und des ethischen Veganismus aber aus vielen Gründen gänzlich ungeeignet. Das sophistische Geschwafel gegen den Veganismus unseres Veganjudas' und seines gleichgearteten Geistesbruders vom „Geschlecht erfinderischer Zwerge, die für alles gemietet werden können" (Berthold Brecht, Galileo) zeigt, dass sie den Veganismus zum eigenen Zweck nach Gusto uminterpretieren.

Nach Rechenschiebermoral wäre, und das ist mal sicher, der gezielte Opfermord an zwei Rindern jährlich für einen „Nose-to-Tail"-Verzehr auch nicht die leidfreieste Lebensform; der Opfertod von Niko Rittenau für einen „Nose-to-Willy"-Verzehr wäre nach dieser Logik ganz sicher und aus verschiedenen Gründen noch viel leidfreier, was für den anderen bärtigen Darsteller natürlich genauso gilt. „Muss dieser Rittenau am Leben bleiben?", fragt man sich frei nach Peter Singers umstrittenen, aber sehr stringent logischen Euthanasiebuch, nachdenklich. Ja? Nein? Vielleicht? Ja, vielleicht könnte ein verwitwetes Blähgirl dann auch einen Eiermangel besser ertragen, weil sie ihn dann nicht mehr auf doppelter Ebene erleben müsste.

Zu guter Letzt arbeitet sich unser Veganjudas dann noch an einem (anonymisierten) Kommentator ab, welcher schreibt, dass es beim Veganismus um die Moral und nicht um die Gesundheit des Menschen geht: „Wir Menschen sollten endlich aufhören, unser Wohl über das der Tiere zu stellen. Diese Hybris kotzt mich so an [...] Die Gesundheit des Menschen rechtfertigt nicht die Unterjochung der Tiere. Ein Regenwurm ist wichtiger als alle Menschen zusammen. Wer nicht mit Herz und Geist dabei ist, sollte sich nicht vegan nennen dürfen."

Rittenauers überwältigend ausdifferenzierte und valide und wissenschaftliche und was auch immer hochrationale und tief durchdachte Reaktion lautet folgendermaßen: Er teile die Überzeugung nicht, dass jegliche Unterscheidung unterschiedlicher Spezies speziesistisch sei. Was schon mal beweist, dass dieser Fake-Gesundheits-Moral-/Apostel auch den Begriff Speziesismus gar nicht verstanden, sondern eine derzeit populäre aber sinnenstellende und fragwürdige Neudefinition aufgeschnappt hat. Wie auch der Begriff „vegan" kann man den Begriff „Speziesismus" auf einen (eigentlich zwei) Urheber zurückführen, nämlich auf den englischen Psychologen und Tierrechtler Richard Ryder, der den Neologismus 1970 erstmals einsetzte, und den australischen Philosophen Singer, der ihn übernahm und bekannt machte. Die Definition lautet: „Speziesismus ist ein Vorurteil oder eine Haltung der Voreingenommenheit zugunsten der Interessen der Mitglieder der eigenen Spezies und gegen die Interessen der Mitglieder anderer Spezies." Was ist das eigentlich für eine Unsitte, klar definierte Begriffe einfach mal so nach eigenem Gutdünken umzuinterpretieren? Das wäre ja Selbstsabotage übelster Art.

Jedenfalls ist der Veganjudas damit per Definition ein Speziesist, denn er hält es für rational, die eigene Spezies zu bevorzugen, schließlich würde man auch nahestehende Menschen fremden Individuen vorziehen. Man kann sich lebhaft vorstellen, dass unser Möchtegern-Doc Flatus tatsächlich nicht erkennt, dass es einen manifesten Unterschied zwischen verschiedenen subjektiven persönlichen Beziehungsebenen und ideologischen Rassenkriterien gibt. Es ginge ihm jedenfalls um eine faire Interessensabwägung und nach seinem Gusto wäre es zu rechtfertigen, ein Tier über die Klinge springen zu lassen, nur dass ein Mensch nicht mehr furzt leidet. Für eine Lebensqualitätsoptimierung von 99% auf 100% dürfe man allerdings keine Tiere opfern. Ethik à la Differenzierungsfreak Rittenau. Speziesistisch und unvegan.

Aber je nun, Angriff ist die beste Verteidigung und in seinem Verwirrspiel wirft er kurzerhand dem Verfasser des kritischen Beitrags – an dieser Stelle switcht er von „rational" kurz auf „leicht erregt" um – Speziesismus gegenüber Menschen vor (den es per Definition nun halt nicht gibt und nicht geben kann). Ferner wittert er, wieder kurz „leicht erregt", zudem „Misanthropie", was eine sehr populistische und einfältige Deutung ist. Aber man versteht schon, dass da Vernichtungsängste aufsteigen, nachdem unter den Misanthropen viele Künstler und Geistesgrößen zu finden sind, Schopenhauer und Nietzsche, Mark Twain oder auch Arno Schmidt, da schaut man als „erfinderischer Zwerg" ganz klein daneben aus.

Die Äußerung zum Regenwurm hält er für „völligen Irrsinn", eine „gefährliche menschenfeindliche Haltung" und nicht vegan, denn der Veganismus inkludiere auch Menschen. Nein, tut er nicht, du opportunistischer Spaßvogel, schon alleine deshalb, weil wir die Fresser sind und nicht die Gefressenen. Um die wenigen Grenzgänger der Ernährung wie Armin Meiwes kümmern sich die Gerichte, die müssen uns nicht scheren. Und dieser, soviel Zeit muss sein, hatte sein Essen namens Bernd aus Berlin zu dessen Lebzeiten anständig um Erlaubnis gefragt, bevor er sich zunächst über dessen Fleischwürstl hermachte (leider war es zu zäh!), und sich später dann das Filetstück mit Rosenkohlgemüse und Prinzesskartoffeln munden ließ. Unser Veganjudas jedenfalls hat jeglichen moralischen Kompass verloren, wenn er noch nicht einmal Täter und Opfer auseinanderhalten kann.

Da schauderts einem vor so viel anbiedernder Phrasendrescherei und die Flatulenzen der Verzweiflung steigen auf. Was für ein Clown sammelt da nur 130.000 Follower auf seinem Witzkanal? Und was nur sagt das über unsere Gesellschaft und über die veganinteressierten Kreise aus? Aber lang genug sind die Vegandarsteller und Wächter der verkommenen Deutungshoheit des zurückliegenden Jahrzehnts mit solchen hanebüchenen wie opportunistischen Scheißhausparolen durchgekommen.

Ach ja, ungebildet ist er auch noch, der Ernährungsritter, denn sonst wüsste er, dass der Ausspruch mit dem Regenwurm eine Art stehender Begriff ist, der ausdrückt, dass ökologisch betrachtet der Mensch und gar diese ominöse Menschheit völlig überflüssig sind, der Regenwurm hingegen von zentraler Bedeutung für alles Leben auf diesem Planeten. Niko Rittenau jedenfalls ist für den Veganismus nicht von zentraler Bedeutung. Und nun ist er vom Nutznießer zum Schädling geworden, zum Saboteur, zum Verräter.

In Dantes *Göttlicher Komödie* gilt der Verrat als die schlimmste aller Sünden, schlimmer noch als Mord und Vergewaltigung. Wenn man Rittenaus Umtriebe der letzten Zeit verfolgt, ist man geneigt zu urteilen, dass der 9. Kreis der Hölle der richtige Platz für ihn ist.

Heute, ein Jahr später, ist der einstige selbsternannte vegane Ernährungsmessias Rittenau zum Hühnerbaron aufgestiegen. Er züchtet Hennen, ermordet Hühner und frisst wieder Tiere. In solchen Fällen ist jedes Wort eines zuviel.
Da kann nur noch die Inquisition helfen!
Amen.

Zu weit gegangen!
So verleumdete das Y-Kollektiv die Befreiungsbewegung der Tiere

Das Y-Kollektiv, mit über einer Million Followern der reichweitenstärkste Youtube-Kanal des Öffentlich-Rechtlichen, hat – ein Jahr nach dem Past-Forward-Desaster – zum Veganismus eine zweiteilige Reportage rausgehauen. Im Gegensatz zum anderen Machwerk blieb man dieses Mal im hier und jetzt und fokussierte sich auf die „radikale Tierrechtsbewegung". Statt ringel-pieztanzende Hippie-Sonderlinge in „Vegan – wie fing das an und muss das sein?" stehen nun Die militante Veganerin und die Organisation Anonymous for the Voiceless im Zentrum des Interesses.

Man könnte mit diesem Vorwissen erleichtert sein und Hoffnung schöpfen. Aber es wurde nicht besser. Es wur-de anders schrecklich. Bereits die Titel des zweiteiligen Beitrags „Radikal vegan - Geht sie zu weit?" und „Radikal vegan – offen nach rechts?" lassen vermuten, dass man sich – und täglich grüßt das Murmeltier – wahrscheinlich wieder ärgern wird über das, was da gegen uns in Stel-lung gebracht wird. Und eigentlich sollte es einem mit Blick auf das Sendeformat schon klar sein, dass es mög-licherweise auf braune Spurensuche hinausläuft, das ist ja Dauerthema bei dem Kanal. Gerade erst hat man die Entwicklung eines „Neonazis zum Islamisten" beschrie-ben und war „Undercover im rechten Netzwerk" unter-wegs und hat verdächtige Influencerinnen aufs Korn ge-nommen, was dem Format zwar dreimal mehr Dislikes als Likes einbrachte, aber es geht ja um was Größeres: die Wiedergeburt des böhmischen Gefreiten verhindern. Warum also nicht auch das rächtzoffene Lager der veganen Szene aufs Korn nehmen? Was viele nicht wissen: der Hass der Linken auf Tierbewegte hat eine lange Tradition, es wird ihnen also nicht allzu schwerfallen.

Vielleicht sollte man vorab noch erwähnen, dass das Y-Kollektiv hochwertig produzierte Reportagen in der Machart des sogenannten Popjournalismus (New Journalism) veröffentlicht. Dieser Reportagestil, der journalistische Stilmittel mit literarischen Elementen vermischt, ist nicht unumstritten, weil dabei leicht Fiktion und Wirklichkeit verschwimmen und entsprechend schon mal „die Wahrheit auf der Strecke bleibt" – so steht es jedenfalls bei Wikipedia. Da kann man sich auch aufregende Skandalgeschichten dazu reinziehen, ist hier nur nicht das Thema. Y-Kollektiv macht sich da auch ganz ehrlich: sie bezeichnen sich selbst als echt, nah, menschlich und subjektiv. Naja.

Charakteristisch für den Popjournalismus ist die Ich-Erzähler-Position, bei der journalistische Objektivität auf eine Weise geopfert wird, die der gewöhnliche und oberflächliche Fernsehzuschauer eher nicht wahrnimmt. Für die Tierrechtsidee ist es jedenfalls geradezu fatal, wenn sie über den Lebensstil von diesbezüglichen Vertretern kommuniziert wird, denn damit wird nachgerade zwangsläufig der zugrundeliegende universalistische Anspruch zu einem Akt persönlicher Lebensgestaltung herunterreduziert und damit größtmöglich banalisiert. Im Ergebnis wird daraus dann ganz schnell eine Freakshow.

Ob die Filmemacherin, die selbst nach eigenem

Bekenntnis mal Veganerin war und aufgrund einer Krankheitsgeschichte und dem Rat eines garantiert tierefressenden Arztes wieder auf die Seite der Täter zurückgewechselt ist, dafür die Verantwortung trägt, oder eine Entscheidung der verantwortlichen Redaktion von Radio Bremen dahintersteckt – es kann dahingestellt bleiben. Man bekommt zunächst den Eindruck, dass sie es ernst meint und nicht mit böser Absicht unterwegs ist. Katja Doehne bringt ihre Erschütterung über die Zustände in der Massentierhaltung und die Folter bei Tierversuchen mehrfach zum Ausdruck und sympathisiert dem Anschein nach mit den veganen Aktivisten. Ihre fragende und angenehm zurückhaltende Art unterstreicht das. An Katja ist nichts giftig Freches, nichts unverschämt Herausforderndes. Ihr süßer Hund bekommt einen Ehrenplatz in der Sendung, um Die militante Veganerin macht sie sich Sorgen, dass diese aufgrund ihres provokanten Vorgehens Opfer von Angriffen werden könnte. Katja ist offensichtlich etwas an Harmonie gelegen, was das Zwischenmenschliche angenehm macht, beim Überlebenskampf für die Tierheit aber heikel ist.

Man kann Katja nicht den Vorwurf machen, dass sie die Reportage unfair oder manipulativ gestaltet hätte – wenn man davon absieht, dass sie Material gehabt hätte, ein weniger befremdliches Bild unserer Bewegung zu zeichnen und Vorurteile zu relativieren. Ich weiß das, weil Katja und ich etwa 10 Stunden miteinander geredet haben, im Vorfeld und im Rahmen eines mehrstündigen Interviews. Ich werde darauf noch zurückkommen. Der verständnisvolle und scheinbar zugewandte Tenor macht es jedenfalls nicht ganz leicht, zu erkennen, dass da am Ende beim Zuschauer nicht viel Gutes hängen bleiben wird.

Auf das Wesentliche heruntergebrochen liefert die Sendung drei für uns wenig rühmliche Schmähbotschaften, die bei sorgfältigerem Blick und etwas gutem Willen in Staub zerfallen wären. Wir können damit leben, für die Tiere aber ist mal wieder eine klitzekleine Chance verspielt.

Die vegane Axt im Walde

Gleich zu Beginn bekommt Die militante Veganerin Gelegenheit, sich gründlich danebenzubenehmen und beim Zuschauer den schlechtestmöglichen Eindruck zu hinterlassen. Sie exerziert einer tierefressenden Hochzeitsgesellschaft per Megafon deren Sündenkatalog an der Tierheit vor. Ein Tabubruch für alle, denen traditionelle Werte noch etwas bedeuten, und das sind immer noch die meisten. Für Hinz und Kunz zählen Anstandsregeln und Familienrituale einfach mehr als das Lebensrecht der Tiere, insbesondere, wenn die Tiere sinnlich nicht wahrzunehmen und sie und ihr grauenhaftes Schicksal damit im Bewusstsein gar nicht vorhanden sind. Ob sie ernsthaft glaube, damit Leute auf die Seite des Veganismus zu ziehen, fragt die Journalistin mehrmals in der Sendung und ich frage mich, ob sie wohl ernsthaft glaubt, dass die Verkaufsmethoden eines schmierigen Autohändlers besser geeignet wären, die Leute über den Tisch zu ziehen. Wie unehrlich soll es denn bitteschön sein, dass es passt? In erster Linie spricht Raffaela nichts als die Wahrheit. Nur mit etwas mehr Dezibel.

Man darf dabei nicht aus den Augen verlieren, dass Raffaelas konfrontative Art auch das ungeschriebene

Gesetz der Macht verletzt, nach dem sich Meinungs-minderheiten unauffällig und bestenfalls unterwürfig zu verhalten haben. Es braucht als Meinungs-Outsider nicht viel, um als anstößig wahrgenommen zu werden. Quod licet Iovi, non licet bovi. Das wird natürlich anders ausgedrückt: Die sich selbst-ermächtigenden Tyrannenherrscher der Tierheit unterstellen uns Intoleranz, weil wir sie für ihre Verantwortung am Genozid an den Tieren nicht einfach davonkommen lassen, sondern zumindest zur Rede stellen. Wir können sie ja leider für die Beteiligung an diesem Unrecht nicht einer gerechten Strafe zuführen und in den Knast schicken, also bleiben uns nur die scharfen Worte als einzige Waffe.

Genau genommen sind wir immer noch geradezu unerträglich und völlig unangemessen tolerant. Zugegebenerweise allerdings nur, weil der Gesetzgeber dieses Tyrannenstaates über die Tiere uns dazu zwingt. Wir agieren bei Weitem noch nicht angemessen auf das zugrundeliegende Problem, das Pogrom an den Tieren, und auf diejenigen, die bei diesem teuflischen Komplott mitmachen.

Als dann die damit zur selbstgerechten Veganerin Gefehmte argumentiert, dass allen Pionieren von Gerechtigkeitsbewegungen immer zunächst mit Widerstand und Aggression begegnet wurde und dabei Jesus und Sophie Scholl als Beispiel erwähnt, diagnostiziert Katja Doehne Größenwahn. Als hätte Raffaela kein Recht darauf, ihre allenfalls harmlose Version von Größenwahn in einer Gesellschaft auszuleben, die gegenüber allen Arten außer der eigenen den barbarischsten und nihilistischsten Größenwahn auslebt, den diese Welt je gesehen hat. So anmaßend wie ihr Anderen kann Raffaela gar nicht sein, und wenn sie sich noch so anstrengt.

Eine kurze Beschäftigung mit Hegelscher Dialektik hätte ausgereicht, um zu verstehen, dass nur eine echte Antithese zum Zeitgeist diesen in Bewegung bringen kann. Wenn man die Welt verändern will, ist das empörte Geschrei die Bestätigung, nicht der Applaus. Der Katalog an Benimm- und Anstandsregeln hingegen ist der Zement, der Unrechtstatbestände befestigt. Es ist der Nebel, der die wirkliche Barbarei unsichtbar macht, sodass wir sie als Nichtbetroffene gut ertragen können.

In Wirklichkeit erwarten die Fresser und Mörder von uns den Verrat, die schlimmste aller Sünden in dieser gottlosen Tragödie, die Leugnung der Wahrheit, die Verleugnung der Tiere. Das, was die menschliche Gesellschaft der Tierheit antut, ist mit weitem Abstand das schwerste und umfangreichste Unrecht in unserer Welt, vor dem der Leidensdruck einer beleidigten Braut in seiner Bedeutung ein reiner Witz ist. Und genau diese barbarische Gesellschaft will uns nun den Kommunikationsstil vorschreiben, um genau das zu verschleiern.

Eines wie das Andere taugt jedenfalls wunderbar als Vorwand, sich mit der Inhaltsebene nicht mehr auseinandersetzen zu müssen. Man kann in der Kommentarleiste der Sendung zur Kenntnis nehmen, dass Raffaelas berechtigte Anklage an die Hochzeitsgesellschaft tausend Mal mehr erzürnte als die Bilder der Affenfolterung, über die niemand auch nur ein Wort verliert. Außer einem einzigen Kommentar, in dem man sich beschwert, dass kein Disclaimer davorgesetzt wurde. Und solche Adressaten soll man dann auch noch ernst nehmen und respektvoll behandeln? Das ist ja wohl ein schlechter Witz!

Immerhin stellt Katja Doehne die passende Frage dazu: Geht es hier um die Profilierung als Gutmensch oder tatsächlich doch um Überzeugungsarbeit, die man vielleicht erst auf den zweiten Blick versteht? Genau hier hätten weitreichendere Überlegungen angestellt werden müssen, Raffaelas provokanten Aktivismus etwas vielschichtiger zu betrachten. Unbestreitbar haben ihr konfrontatives Vorgehen, das Brechen von Anstandsregeln und ihre Chuzpe, als Vertreterin einer kleinen Meinungsminderheit vor der Mehrheitsmacht nicht zu buckeln und zu kriechen, der veganen Krawallschachtel eine enorme Reichweite verschafft, die sie mit höflich vorgetragenen Argumenten niemals auch nur ansatzweise erlangt hätte.

Als wir Anfang der 90er Jahre das Thema Tierrechte und Veganismus mit *ANIMAL PEACE* in die Medien trieben und ihm damit zu einem ersten Durchbruch verhalfen, war das ja nicht anders. Nur war unsere eingesetzte Provokation eine andere. Wir schafften es mit Rechtsbrüchen in die Öffentlichkeit: Besetzungen, Blockaden, Hausfriedensbrüche, unangemeldete Versammlungen, Tierbefreiungen, zu denen ich mich bekannte, um dem Publikum den Weg abzuschneiden, diese Öffentlichkeitsarbeit in ein dunkles Licht zu schieben. Ich zeigte mein Gesicht und musste mich immer wieder vor deutschen Gerichten von Kiel bis nach München verantworten. Bereits Ende der 80er Jahre liefen Ermittlungsverfahren gegen mich wegen 80 umgesägter Hochsitze und wegen eines versuchten Raubüberfalls auf einen Versuchstierzüchter. Die Aufmerksamkeit war riesig, der Hass gewaltig. Und auf einmal wurden die ersten veganen Restaurants eröffnet und der Veganismus begann, in unserer Gesellschaft Fuß zu fassen.

Es funktioniert also, über Grenzen zu gehen. Man muss das Blut der Selbstgefälligen in Wallung bringen, das weiß Raffaela. Trommeln gehört zum Handwerk. Man muss nur bereit und vorbereitet sein, einzustecken und einen hohen persönlichen Preis zu zahlen, um die wichtige Botschaft breitenwirksam in die Welt zu tragen. Nichts gibt es umsonst in dieser Welt. Die Befreiung der Tiere lässt sich bekanntlich nicht herbeischmusen.

Raffaela hat diese Gesetze nicht gemacht. Sie arbeitet nur damit. Und was macht sie schon Schlimmes, außer, den Leuten die Wahrheit ins Gesicht zu sagen? Was kann sie dafür, wenn die Leute lieber angelogen werden wollen? Was kann sie dafür, dass die Leute schwerhörig sind bei all dem Unrecht, von dem sie selbst nicht betroffen sind, weil sie einfach das unverschämte Glück hatten, auf der Seite der Sieger geboren worden zu sein. In den 90ern habe ich – vergleichbaren Vorwürfen der Radikalität ausgesetzt – den selbstmitleidigen Tugendwächtern ins Poesiealbum geschrieben, dass ich nicht wage, darüber nachzudenken, was wir demnächst tun müssen, wenn die Masse weiterhin so stumpfsinnig und gleichgültig bleibt wie bisher. Ich kann mich an Katjas etwas erschrockenes Gesicht erinnern, als ich ihr diesbezüglich sagte, dass ich gute Umgangsformen schon für eine gute Idee halte und Machiavelli als meinen diesbezüglichen Vordenker zitierte: Sei höflich, bis du sie vernichten kannst.

Ja, man kann die konfrontative Strategie von Raffaela hinterfragen und wie jede Strategie hat sie auch zweifelsohne Schattenseiten. Überall lernt man nur von dem, den man liebt, erkannte schon Goethe. Die Radikalität einer Aussage ist auch nicht zwingend an (vermeintlich) rüpelhafte Umgangsformen gebunden, letzteres dient der Aufmerksamkeit, die allem vorausgehen muss. Aber im schlimmsten Fall scheitert sie halt mit ihrem Anliegen. Das wäre ihr gutes Recht und wäre natürlich schade. Schaden aber tut sie nicht! Schaden tun nur diejenigen, die bei diesem Pogrom an der Tierheit ihre Finger im Spiel haben, die Mörder und die Fresser. Wer behauptet, dass Die militante Veganerin mit ihrem Vorgehen Leute davon abschreckt, vegan zu werden, benutzt sie nur als Vorwand, auf der Seite der Täter zu bleiben. Mehr ist dazu nicht zu sagen.

Allerdings: Es mutet schon seltsam an, wenn sich Leute zu Raffaelas Propaganda-Berater aufschwingen, die selbst Teil des Problems sind. Warum ist es ihnen nur so wichtig, dass Raffaela lieber andere, in ihren Augen erfolgreichere Strategien anwendet, während sie selbst gerade dabei sind, schöne, kluge und sensible Tiere in einen Haufen Scheiße zu verwandeln? Geht es ihnen vielleicht doch nur um ihre eigene Seelenruhe, die gestört wird, wenn jemand die Dringlichkeit der Problematik auch im Kommunikationsstil anklingen lässt?

All diese Aspekte habe ich gegenüber Katja zum Ausdruck gebracht, als wir uns an einem herrlichen Sommertag an einem weißen Ostseestrand für einen Dreh trafen, und uns einen ganzen Nachmittag lang über Veganismus und Tierrechte unterhielten, über Philosophie und Strategie und wie das vor 40 Jahren war, als ich Veganerin wurde. Sie freute sich aufrichtig darüber, dass ich Raffaela – im Gegensatz zu den meisten ihrer

Weggefährten – ernsthaft und reflektiert verteidigte.

Aber am Ende ist dieser Beitrag rausgeflogen – die Reportage wäre sonst zu lang geworden. Mit anderen Worten: da war kein Raum für erklärende, differenzierende und verteidigende Worte für Die militante Veganerin, obwohl ich die Botschaften auf einfaches Niveau heruntergebrochen hatte. Und freundlich war ich auch noch dazu! Das merken wir uns – vor allem vor dem Hintergrund, für was sonst genügend Zeit war.

Veganer Narzissmus

In einem zweiten Streich fokussiert sich Katja auf das vegane Sozialleben und inwieweit dieses zwischen Veganern und Tiere-Fressern überhaupt gelingen kann. Und hier kommt klar die leider systemimmanente Problematik des Veganismus zum Vorschein, die schnell zu einem moralischen Narzissmus entartet und im Gegenzug dann auf eine sektenartige Lebensweise reduziert werden kann, wo selbst die eigene Familie geopfert wird, wenn sie nicht den eigenen Ansprüchen entspricht, und wo keine Wärme und Menschlichkeit mehr zu finden ist. Totalitarismus in seiner kältesten Form, dass einem das Gruseln kommen kann.

Wir sehen – verpixelt – eine junge Frau, wahrscheinlich Vegetarierin, die an einem Cube der Organisation Anonymous for the Voiceless (AV) in München in Tränen ausbricht. Offensichtlich sind es nicht die schrecklichen Filmsequenzen aus der Hölle der Tiere, die sie verzweifeln lassen, letztlich bleibt das aber seltsam ungeklärt. Wir erfahren, dass Anton, einer der Aktivisten, die Frau ins Verhör genommen und ihr bewusst gemacht hat, dass sie – als Vegetarierin? – an all dem Schrecklichen Verantwortung trägt. Die Tränen der Frau erklärt er sachlich, sie rühren ihn nicht merklich an. Wir erfahren aus dem Off: „Vegetarier und Biofleisch-Esser werden besonders hart angegangen." Wer liest dann noch die Leitlinien der Organisation, die kurz eingeblendet werden, und die besagen, dass im Gespräch mit Passanten Vegetarier nicht anders als Fleischfresser behandelt werden sollen. „Nicht anders" heißt nicht, dass sie härter angegangen werden sollen.

Es sind diese sprachlichen Feinheiten, die aus wohlbegründbaren, konsequenten Positionen eine abstoßende Rigidität machen, die nicht mehr differenziert und die niemand mehr verstehen kann. Was wir aber lernen, ist: Veganer sind gegenüber Menschen unempathisch, selbstgerecht und lassen niemanden in Frieden leben, der nicht den eigenen hohen Standards entspricht. Halbe Schritte sind Rückschritte, ganz oder gar nicht. Ob es da ausreicht, dass Anton darauf hinweisen darf, dass die misshandelte Kuh noch viel energischer ihre Erwartungen zum Ausdruck bringen würde? Immerhin werden die Gründe benannt, warum Milchprodukte verurteilt werden. Es fehlt aber die Analyse, dass Vegetarier und diese angeblichen „Biofleisch"-Fresser sich in ihren ethischen Prämissen auf einer anderen Grundlage bewegen, die nur eine Spielart der herrschenden ist.

Gegen AV lässt man jetzt auch austeilen, glücklicherweise stehen für sowas immer Figuren aus dem eigenen Lager bereitwillig zur Verfügung. Diese Rolle fällt dem weichen Stefan aus Nürnberg zu, dessen Armband dem Zuschauer verrät, dass er sich als Autist versteht, der aber mit seinem behaupteten Sozialmanko dann so inbrünstig seine Empathie für Tierefresser zum Ausdruck zu bringt, dass einem glatt die Tränen kommen. Stefan ist bei AV nur kurze Zeit der glücklichste Mensch der Welt, dann setzt er ein hässliches Pamphlet gegen die Organisation ins World-Wide-Web und gründet seinen eigenen Club für Tiere. Die Gründer von AV hätten sich 2020 die Taschen mit Spendengeldern vollgemacht und ein Gehalt von 5500 Euro monatlich ausbezahlt. Wie dreist ist das denn? Nun, es ist die Hälfte des Salärs eines Bundestagsabgeordneten, der jeden einzelnen Tag seines beschissenen Daseins die Tierheit verrät, egal in welcher Dreckspartei er auch sein Unwesen treibt. Dass 5500 Euro im Vergleich zu den Vorständen von großen Umwelt- und Menschenkramorganisationen Peanuts sind und Habgier auch bei Veganern „nicht strafbar" ist – wen juckt das schon. Hauptsache, das üble Gerücht ist in die Welt gesetzt, dass bei all dem Moralgedöhns das Ego eben doch die zentrale Rolle spielt und man außerdem die Botschaft rausgehauen hat, dass Veganer kein Geld nicht wert sind.

Und dann ist da noch die Homestory bei Raffaela, die das Bild vom moralischen Narzissmus rund macht. Raffaela erzählt, dass sie mit ihrer Familie gebrochen hat, weil diese ihren Veganismus nicht respektierte. Wer genau hinhört, kann auch erfahren, dass die „Intoleranz" durchaus auf Gegenseitigkeit beruhte, und wer noch genauer hinhört, bemerkt, dass die „Intoleranz" der Mutter sich in handfesten Provokationen und persönlichen Verletzungen entlud und womöglich rein sachliche Kritik beleidigend beantwortet wurde. Bei solchen Grenzüberschreitungen den Rückzug anzutreten ist nur gesunder

Selbstschutz und der dürfte auch Veganern zustehen.

Die Fragen von Katja drehen es allerdings zu Ungunsten von Raffaela. Immerhin sei die Mutter doch von der Gesellschaft quasi legitimiert. Sie sagt: „Ich kann doch nicht von jedem, inklusive meiner Familie erwarten, dass sie meinen moralischen Ansprüchen genügen, obwohl sozusagen die Gesellschaft noch gar nicht so weit ist." Raffaela besteht darauf, die Standards nicht zurückzuschrauben, nur weil es Blutsverwandte sind. Katja konstatiert – meiner Einschätzung nach falsch –, dass sie selbst im Gegensatz zur militanten Veganerin noch einen Unterschied zwischen Menschen und Tieren mache, denn, klar, auch sie würde weglaufen, wenn ihre Familie Menschen misshandeln würde. Aber eben nur dann. Womöglich würden ihr aber nur die gesellschaftliche Ächtung und die persönliche Gefahrenlage für sich selbst Beine machen, wenn sie es mit Menschenmördern zu tun hätte. Aber egal.

Anderes Thema, gleicher Narzissmus: Es geht um die „Liberation Pledge", die Raffaelas Freund Tobi am Arm trägt und die symbolisiert, dass man nicht mit an einem Tisch sitzt, wo Tiere gefressen werden. Katja ist bei Raffaela zuhause, mümmelt Tofu und muss aufgrund ihrer Krankheitsgeschichte Enzyme dazu nehmen, die „vom Schwein" gewonnen werden, möglicherweise aber auch „nur" aus „Schlachtabfällen". Das würde Katja „beschäftigen". Warum die Enzyme in den Tabletten sie umtreiben, das Gewissen beim Schnitzel aber stumm bleibt, weil man eben im Gegensatz zu den unfähigen Veganern erfolgreich verdrängen kann, wird wohl auf ewig ungeklärt bleiben. Ob das eine Beleidigung sei, fragt sie in Anspielung auf die Gabel an Tobis Handgelenk, und Raffaela erklärt getreu der – meiner Meinung nach ja völlig misslungenen – Vegandefinition der Vegan Society, wann genau die ethischen Reinheitsgebote gebrochen werden dürfen und dass man mit veganem Aktivismus aufgeladene Schuld abtragen kann.

Was für ein Narzisstenspektakel! Immerhin lässt Kaja Raffaela genügend Raum, sich zu erklären, und diese nutzt es auch. Nutzt nur nichts, weil das Geplänkel beim gemeinsamen Frühstück in moralischem Narzissmus stecken bleibt, d.h. man spricht über sich. Und ja, das gehört auch zum Format, man möchte mit Menschen sprechen, also keinesfalls von Tieren, die – gefoltert und entwürdigt – in der Sendung nur als Stilmittel eingesetzt werden. Dass die vegane Philosophie ihnen und nur ihnen gerecht werden möchte, kommt in der Sendung nicht wirklich zum Ausdruck. So hält man das Thema im bedeutungsleeren und vor allem selbstbezüglichen Raum. Einfach nur Geschwurbel.

Als Veganer stehen wir – soviel ist sicher – vor einer großen Herausforderung, deren Lösungsansätze bisher in unserer Szene kein wirkliches Fundament haben. Wir leben nun mal – und das ist eine Binsenweisheit – in einer tief narzisstischen Gesellschaft, in der nur das dementsprechende Spektakel noch Gehör findet. Gehör wohlgemerkt, denn eine Wirkung kann derlei moralgesättigte Selbstinszenierung natürlich nicht zur Folge haben, weil im Zentrum des Interesses das Ego steht und damit keine Botschaft nach außen und auf ein Ziel zugeht.

In diesem Zusammenhang sollte auch erwähnt werden, dass uns auch die als problematisch wahrgenommenen Kommunikationsformen als Narzissmus angelastet werden, hier geschieht dies allerdings definitiv zu Unrecht und vor dem ideologischen Hintergrund einer selbstverständlichen Abwertung der Tiere.

Was hier nur zum Ausdruck kommt, ist, dass wir in unserer Wertehierarchie den Wert Tierrecht über den Wert soziale Umgangsformen stellen, und das geschieht eben nicht nur aus strategischen Gründen, sondern auch, weil es die mehr als angemessen ist. Für die Ebene der Transzendenz allerdings gibt es keinen Platz in der Psychologie und in der Küchenpsychologie à la Y-Kollektiv ganz sicher auch nicht.

Mit keinem Wort wird die Frage aufgeworfen, welche berechtigten Ansprüche eigentlich die Tiere an uns, die herrschende Spezies, stellen können. Sie sind ja schließlich auch da, als fühlende und denkende Individuen, denen wir unsere Stimme geben. Sie wurden allesamt und nicht anders als wir selbst ungefragt in diese Welt geworfen und möchten darin wie wir einfach nur klarkommen, ihre Neigungen und Talente ausleben, Familien gründen und ein erfülltes Leben nach ihren eigenen Vorstellungen führen. Und in erster Linie wollen sie ihr Leben erhalten, weil ihre Existenz für sie selbst von zentraler Bedeutung ist. Diese Erkenntnis, die eine schlichte Tatsache darstellt, ist die Grundlage des Veganismus. Daraus leitet der Veganismus die Schlussfolgerung ab, dass Tiere Zweck an sich sind und kein Mittel zum Zweck. Doch in der Sendung bleibt das Tier unbedeutendes und eigentlich auch völlig uninteressantes Objekt, der Fokus haftet auf uns und wie wir uns auf unterschiedliche Weise an ihnen abarbeiten, die einen als

Fresser, die anderen als aktivistische Veganer, die ihre Mitmenschen beschulmeistern.

Aber: Der Veganismus ist als Idee die radikalste und ehrlichste Form von Überwindung des Narzissmus, der nirgendwo hemmungslosere Gestalt annimmt als in unserem Verhältnis zu den Tieren. Denn was ist Narzissmus im Wesenskern? Er setzt sich zusammen aus der Überbewertung des ICH, der Minderbewertung des DU und der Unfähigkeit, sich Werten ernsthaft unterzuordnen. Stattdessen heftet er sich diese für das eigene gute Image wie ein Bundesverdienstkreuz an, so dass sie einem selbst bei den eigenen, selbstbezüglichen Vorhaben einen Vorteil verschaffen. Genau das kennzeichnet die Haltung unserer Menschengesellschaft gegenüber allen anderen Arten: Wir halten uns für was Besseres, etwas ganz Besonderes, wir degradieren die Tiere zu minderwertigen Idioten, wir benutzen universelle Werte zu unserem eigenen Nutzen und nicht, um dem Guten zu dienen.

Dieses Verhältnis gegenüber Tieren ist auch nicht schizophren, wie Katja behauptet und damit leider eine sehr populäre Phrase der Tier-Szene aufgreift; unser Verhältnis zu den Tieren ist durchgängig anmaßend, feindselig und gewalttätig. Hunde sind diesem skrupellosen Dünkel genauso rechtlos ausgeliefert wie Rinder, wir benutzen sie nur für andere Bedürfnisse. Die einen sind unsere Haussklaven und haben dabei bestenfalls ein bisschen Glück gehabt, die anderen sind die Hofsklaven, die keine persönliche Beziehung mehr vor Gewaltexzessen schützt. Ihre völlige Rechtlosigkeit ist das Problem, nicht unsere angebliche Widersprüchlichkeit. Das zu erkennen setzt aber voraus, sich über den eigenen Narzissmus hinwegzuheben.

Inmitten dieser Barbarei haben wir zunächst und als ersten Schritt nur die Möglichkeit, nach besten Kräften kein Teil dieser Tyrannei mehr zu sein, uns nicht mehr die Hände blutig zu machen, so gut wie das inmitten herrschender Barbarei eben geht. Das ist Veganismus. Er beginnt selbstbezüglich, weil er gar keine andere Wahl hat. Und es ist Aktivismus, Leute zu motivieren, die Täterseite zu verlassen und sich auf die Seite der Tierheit zu stellen. Denn für ihre Befreiung brauchen die Tiere uns in ausreichender Anzahl als Verbündete und nicht als Feinde, Fresser und Schwafler. Wir rekrutieren im Krieg gegen die Tierheit für die Seite der Tiere. Leider ist das vielen Aktivisten selbst noch gar nicht wirklich klar geworden, dass wir daran arbeiten, Machtverhältnisse zugunsten der Tiere zu verändern.

Es ist der Fluch des Veganismus, dass er sich immer als persönliche Lebensentscheidung erklären muss – als ginge es um die Wahl der Wohnzimmermöbel und des Urlaubsortes. Als ginge es um die eigenen Bedürfnisse. Um diese geht es beim Veganismus aber gerade nicht.

Und obwohl wir dafür einstehen, dass es diese freie Wahl gar nicht geben dürfte, über die Tiere herzufallen oder es bleiben zu lassen, – weil die Tierheit wahrhaft Besseres verdient hat als das gönnerhafte Wohlwollen des Einzelnen –, müssen wir zunächst in der Freiwilligkeit das Richtige tun. Dass sich dies ändert, und den Tieren endlich ihre wohlverdienten Rechte zurückgegeben werden, daran arbeiten wir. Doch um das auch nur ansatzweise zum Ausdruck zu bringen war – wir wissen es – keine Zeit.

Rechte für Tiere?

Die Art der Darstellung der Organisation AV und deren Öffentlichkeitsarbeit bereitet den Boden für die Hauptagenda des Beitrags über die vegane Tierrechtsbewegung. Ich fasse zusammen: Durchstrukturiert wie bei der Leibstandarte des böhmischen Gefreiten, auch noch alles in schwarz gehalten, Zwang zur Uniformierung, eiserne Disziplin, die Idee zählt alles, der Mensch als Individuum nichts, selbst von eigenen Weggefährten als „rechtsoffen" gebrandmarkt. Das ist das Bild von AV, wie das Y-Kollektiv die Organisation sieht.

Aktivist Anton erzählt, dass er aus einem Verein mit gleicher Zielsetzung rausgeflogen sei, weil er mit dem angeblich rechtsoffenen AV rumgemacht hat. Und bevor wir es vergessen: Gründer Paul Bashir hat während der Corona-Pandemie die Mutmaßung geäußert, dass die Regierungen da irgendwie mit drinhängen. Verschwörungstheoretiker auch noch, mein lieber Schwan! Das ist ja schon richtig Nazi. Immerhin hat er keine Werbung für eine unvegane Impfung gemacht, wie die Kasperln hierzulande, und ja, besser hätte er diesbezüglich öffentlich und in seiner Position die Klappe gehalten, denn politische Neutralität, so wie es AV praktiziert, verlangt halt auch, dass sie in alle Richtungen gilt. Und tut man es nicht, sind die ersten, die dabei verlieren, die Tiere. Das ist so sicher wie das Amen in der Kirche.

Während es in den anderen beiden Themenfeldern für unnötig erachtet wurde, verteidigende und auch erklärende Argumente für Raffaelas strategische Vorgehensweise Ausdruck zu verschaffen, um ungetrübt das Bild eines sozial inkompetenten, moralisch narzisstischen

Spektakels zu zeichnen, ist nun reichlich Raum für „kritische" Drittstimmen gegen die Organisation AV, die allen Anschein nach mit der Erziehungsdoktrin von Nazi-Pädagogin Johanna Haarer wie Einpeitscher mit maximaler Strenge die Bevölkerung zum moralisch korrekten Verhalten drangsalieren will, rigide, totalitär, gnadenlos. Der weiche Stefan, der seine soziale Kompetenz uns bereits eindrücklich darstellen und sich in das Vertrauen des Zuschauers einschleichen durfte, wird uns nun von einem unsäglichen Druck auf die Aktivisten erzählen, die gezwungen werden, maximal verurteilend auf die Passanten loszugehen, sonst wäre das Verrat an den Tieren. Ich war und bin nicht bei AV, Aktivisten, die ich persönlich kenne, können mir das so nicht bestätigen, nur eben die Konsequenz in der Sache. Und das bedingt sich halt nicht gegenseitig, wird aber gerne mal vermischt, um sich beleidigt das Thema vom Leibe zu halten.

Das Schlimmste jedoch, und da wird der weiche Stefan mit seiner maximalen Empathie für Tiere-Fresser auf einmal ultrahart, sei die Rechtsoffenheit der Organisation. Koordinatorin Ariane Sechs erklärt dazu, dass AV apolitisch sei und jeden willkommen heiße, der sich für Tiere einsetzen möchte – solange sich dieser nicht danebenbenimmt. Jeden? Also auch Abschaum? Apolitisch? Also rächtzoffen? Der Investigativreporter wittert da jedenfalls eine ganz heikle Spur.

Eigentlich wird durch das Statement klar: AV hält Parteipolitik aus dem Thema raus. Was nur vernünftig ist, aber das will man den Tierrechtlern nicht so wirklich zugestehen. Und während Chirurgen gebrochene Beine und Krebsgeschwüre operieren dürfen, ohne vorher nach dem Parteibuch des Patienten zu fragen, und die Feuerwehr auch beim Brand im Braunen Haus anrücken und löschen darf, ohne sich damit ins rechte Aus zu katapultieren – Gott bewahre uns auch vor solchen Zeiten – will man uns Tierrechtlern politische Neutralität bei unserer lebensrettenden Arbeit nicht zugestehen. Warum eigentlich nicht? Weil es apolitisch eigentlich nicht gibt? Weil es unserer Bewegung bis heute nicht gelungen ist, ein eigenes politisches Profil jenseits des links-rechts-Gedöhns zu entwickeln, obwohl die Befreiung der Tiere ein politisches Thema ist und die Tiere genuin politische Wesen? Ich denke, dass es auch daran liegt, dass wir immer wieder Spielball von politischen Interessen werden und uns jede Seite in das jeweils andere, verhasste Lager stecken will.

Mit Feroz Khan, der auf Youtube breitenwirksam die Migrationspolitik kritisiert, präsentiert man dem Zuschauer unseren veganen Quotennazi. Er wirbt für die AfD und Remigration, betreibt auch veganen Straßenaktivismus mit AV und er hält das „nicht nur für zusammenpassend, sondern auch für folgerichtig und konsequent". Wie kann er nur! Da ist sogar die Zeit, ihn seine rechte Position zur Migrationspolitik darstellen zu lassen. Frank und frei gibt er zu, dass seine präferierte Partei in Sachen Tierschutz so wie alle anderen Parteien auch nur ein großes Nichts zu bieten hat. Zu so viel Ehrlichkeit können sich die Rechtsparanoiker vom linken Flügel nicht überwinden. Khan glaubt zu allem Überfluss auch noch, dass die Tierrechtsidee eher politisch links verortet ist, was zwar faktisch falsch ist, aber im Zusammenhang dieser Sendung vielleicht sogar eine sinnvolle Falschaussage ist.

Dann fischt man noch Attila Hildmann – bemerkenswerterweise als „Figur" bezeichnet – aus der Versenkung. Der wurde vor mehr als einem Jahrzehnt als Vegankoch zum medialen Shootingstar aufgebaut und produzierte mit dem Becker-Jost-Verlag mehrere Kochbuchbestseller. In Pandemiezeiten hat man den Coronakritiker-Verschörungstheoretiker-Querdenker-und-weiß-der-Geier-noch-was als Antisemit aus dem Land gejagt. Was spielt es da noch für eine Rolle, dass Attila nie ein Tierrechtler war, sondern nur ein „Plant-Based"-Koch, der – wie so einige – das wertige Label Vegan für sein Geschäftsmodel benutzt hat. Benutzt wie das Kälbchen, das er für 500 Euro vom Bauern für einen PR-Gag quer durch Berlin vor seine Frittenbude karren ließ. Macht das ein Tierrechtler? Aber wenn einem die Tiere schon schnurz sind, fällt sowas auch nicht ins Gewicht. Dann kann man uns den Antisemiten schon anlasten, und damit haben wir mit Feroz Khan bereits zwei anrüchige „Figuren" in unseren Reihen, die wir rächtzoffen als offensichtliche politische Vollidioten dulden.

Immerhin verschont man uns mit dem angeblich vegetarischen Hundefreund aus Braunau, das war's aber dann schon mit der Gnade. Für die Rechtsverdächtigkeit wird das von den Nationalsozialisten verabschiedete erste Tierschutzgesetz ins Feld geführt, eine plumpe Polemik, denn zum einen wurden in diesen Jahren überall in Europa Tierschutzgesetze verabschiedet, nicht nur in Nazideutschland. Das Gesetz wurde zudem bereits in der Weimarer Republik vorbereitet, es war also wahrlich kein (reines) Naziwerk. Den Muslimen haben die Nazis sogar das Schächten erlaubt, im Verlauf des Krieges kam es zu einem Versuchstiermangel, was auch dem Umstand geschuldet war, dass „kriegswichtige" Forschungsprojekte auch an außeruniversitären Einrichtungen wie dem Hygiene-Institut der Waffen-SS durchgeführt wurden, die die Erlaubnis zum uneingeschränkten Überschreiten des Tierschutzgesetzes erhielten.

Vor allem aber steht kein einziges Tierschutzgesetz der Welt – auch dieses nicht – für ein Tierrecht, so wie wir es verstehen, sondern sie stehen für das glatte Gegenteil. Denn Tierschutzgesetze regeln und legitimieren nur den gewaltsamen Übergriff auf die Tiere, es sind Ermächtigungsgesetze, damals wie heute. Es ist schon eine Frechheit ganz eigener Güte, uns ein angeblich nationalsozialistisches Tierschutzgesetz anzulasten, das alles andere ist, als was wir für die Tiere als gerecht erachten.

„Auch heute gibt es die Vermutung, Deutschlands bekannteste Veganerin würde sich politisch zu weit rechts bewegen", raunt die Sprecherin im Off und schiebt eine Sequenz nach, in der Raffaela gegen das Schächten Stellung bezieht und leidenschaftlich den damit verbundenen Todeskampf der Tiere beschreibt. Wahnsinn!

Und überhaupt, wer setzt denn diese braune Fahne des Verdachts in die Welt? Kein Problem, in unserer Welt kann keine Idee krude genug sein, als dass es den Medien nicht gelingt, mindestens zwei Vertreter dafür aufzutreiben. Im Influencerunwesen des Internets findet man noch jedes Konzentrat an Erbärmlichkeit. Im Habitus eines Benediktinermönchs will ein veganer Linker auf seinem YouTube-Kanal den vegan bekehrten Sohn pakistanischer Einwanderer lieber Tiere fressen

sehen als in den Reihen der Veganer und findet es unge-
heuerlich, dass Raffaela diesen ultrarechten, rechtsext-
remen Rechtsaußen dafür auch noch feiert, vom Fleisch
abgefallen zu sein. Große Sorge treibt ihn um, dass sie
einem AFD-Politiker Reichweite und damit einen Nähr-
boden für seine faschistischen Umtriebe beschert.

Man fragt sich nur: warum denn bloß? Dass dieser als
Überzeugungstierfresser zur Schau trägt, nicht zu mehr
in der Lage zu sein, als hohle Phrasen zu dreschen und
seine Moralferne höchstpersönlich bloßzulegen? Ja,
ganz übel, dem brunzblöden Publikum die Hoffnung zu
nehmen, in Volker Beckham und der AFD eine Chance
für die Tiere zu sehen.

Ganz schwer wiegt in der Reportage der Holocaustvergleich, den Raffaela häufig bemüht. Ob sie wenigstens das nicht bitte sein lassen kann? Raffaela verteidigt den Vergleich auf einer inhaltlichen Ebene und will
sich von Unterdrückern nicht die Worte vorschreiben
lassen. Sie wolle, fasst Katja erklärend zusammen, den
echten Holocaust nicht abwerten, sondern das Schicksal
der Tiere aufwerten. Aufwerten? Das glaube ich kaum!
Wie sollte das auch möglich sein, wenn eine einzige
europäische Vernichtungsanlage in nur drei Tagen die
gleiche Anzahl an Opfern hervorstößt, für die der Natio-
nalsozialismus 12 Jahre gebraucht hat? Besorgt fragt die
Reporterin, ob der Vergleich nicht Menschen verletzen
könnte und lässt der Frage Video-Sequenzen von nach
Luft ringenden Schweinen in der Gaskammer folgen.
Das muss man erstmal fertigbringen!

Was nicht erwähnt wird: Der Begriff Holocaust
stammt aus dem Altertum und steht für die Brand-

opfer auf den antiken Altären. Der Begriff gehört also den Tieren und wurde erst ab dem 19. Jahrhundert für Massaker an Menschen verwendet. Wenn also einer das Markenrecht auf den Begriff Holocaust hat, dann sind das definitiv die Tiere, die Euch und Euren barbarischen Gewaltverbrechen zum Opfer fallen.

Warum die Begriffsverwendung trotzdem manche Figuren fuchst, liegt einzig und alleine darin, dass diese Subjekte Tiere verachten. Es ist deren ureigene verabscheuungswürdige Missachtung der Vertreter anderer Arten, die ihnen Schnappatmung bereitet. Dann wird's halt höchste Zeit, die unangemessene Hybris gegenüber Tieren abzulegen. Der armselige und pseudomoralisch aufgeblasene Versuch, unsere Sprache ihrem Standesdünkel anzupassen, ist eine Anmaßung, die uns nachgerade zur Verwendung des Begriffes zwingt – um die Machtfrage nicht zu verlieren und vor allem: um die Tiere nicht zu verraten, nur weil jemand selbstverschuldet Luftnot bekommt. Danke Raffaela, dass du dir solche Sprechverbote nicht auferlegen lässt und kriechst vor Leuten, denen das Blut an den Händen klebt.

Aber eigentlich will man ja gar nicht über die Tiere sprechen, sondern über sich und die eigene Welt, die von rechten Umtrieben bedroht ist. Kuschel- und Erklärbär Stefan kommt wieder ins Spiel, er befürchtet, dass man mit der Verwendung des Begriffs in der Tierrechtsbewegung ein gemütliches Plätzchen für echte Holocaustrelativierer schafft. Echt jetzt? Gibt's für solcherne nicht viel schönere und angenehmere Plätzchen? Da hat ja die Logik mitten im Satz einen Schlaganfall bekommen!

Mit einem Gestus, als befürchte er, dass ihm gleich

die Hoden weggemörsert werden, wenn er in Erwägung zieht, Pfui-Gack-Wähler unter gewissen Umständen möglicherweise doch in den Reihen seiner *Activists for the Victims* Tierrechtsarbeit machen zu lassen, verweigert Stefan schließlich die Aussage. Es ist kompliziert! Offensichtlich weiß er irgendwie selber, dass es wenig sinnhaft ist, überhaupt Leute davon abzuhalten, sich für Tiere einzusetzen, aber das traut er sich nicht zu sagen, um sich nicht in die Gefahr zu begeben, als größer Nazi aller Zeiten und den wir alle je sahen, ja quasi die Speerspitze des Faschismus, zu enden.

Und auch die Reporterin kommt am Ende zur Erkenntnis, dass sie nicht sagen kann, dass Raffaela eine verrückte rechte Veganerin ist. Was auch immer das heißen mag. Ihr Fazit: Die Tierrechtsbewegung scheint sich in den letzten Jahren über politische Themen zerstritten zu haben. Man geht getrennte Wege. Was sie eint ist der kompromisslose Kampf für Tierrechte. Ich frage mich: wie ernsthaft kann der kompromisslose Kampf sein, wenn er sich über unterschiedliche Meinungen zu themenfernen Inhalten spalten lässt? Dass die Reportage vom Y-Kollektiv leider kein Ruhmesblatt für uns geworden ist, ist wahrhaftig nicht (nur) die Schuld von Katja Doehne.

Ach ja: im Abspann dürfen sie dann endlich auftreten: ein Pferd, ein Schaf, ein Huhn, ein Schwein. Sie sprechen kein einziges Wort und doch sind diese letzten 15 Sekunden die besten und ausdrucksstärksten der ganzen Sendung.

Und deshalb – wegen ihnen - werden wir weitermachen. Weil sie es mehr als jeder andere verdient haben.

Schlusswort

„Nicht überall, wo ‚Tierrecht' draufsteht, ist auch Tierrecht drin" – mit diesem flapsig anmutenden Satz beginnt dieses Buch. Die Essaysammlung versteht sich als notwendige Bestandsaufnahme: unbequem, kritisch, mitunter schmerzhaft. Sie zeigt, wie tief die alte Welt noch in den Köpfen jener verankert ist, die eigentlich angetreten waren, sie zu überwinden. Wie schnell Prinzipien geopfert werden, wenn Opportunismus sich als Strategie tarnt – und wie leicht aus einer Bewegung eine Marke wird: kompatibel mit allem, was gerade läuft, und damit wirkungslos gegen das, was sich ändern müsste. Ich ziehe eine bittere Bilanz: Mir ist keine Bewegung bekannt, die ihre eigenen Ideale so bereitwillig verrät wie jene, die sich dem Tierrecht verschrieben hat. Doch das liegt nicht daran, dass Tierbewegte besonders labil, unernsthaft oder dumm wären. Es liegt daran, dass das Thema so tief greift – und der Terror über die Tierheit so umfassend ist. Die Unterjochung der Tiere ist maßgeblich kulturgestaltend. Den Tieren wurde die Rolle des äußeren Feindes zugewiesen, über dessen Ausgrenzung der innere Zusammenhalt der „Menschheitsfamilie" errichtet wurde.

Unübertrefflich hat Milan Kundera in *Die unerträgliche Leichtigkeit des Seins* dieses Dilemma benannt: *„Die wahre menschliche Güte kann sich in ihrer absoluten Reinheit und Freiheit nur denen gegenüber äußern, die keine Kraft darstellen. Die wahre moralische Prüfung der Menschheit [...] äußert sich in der*

Beziehung der Menschen zu denen, die ihnen ausge-
liefert sind: zu den Tieren. Und gerade hier ist es zum
grundlegenden Versagen des Menschen gekommen.“
Wir weichen, um mit Kundera zu sprechen, von der
Straße ab, auf der die ganze Menschheit als „Herr und
Besitzer der Natur" voranschreitet.

Dass diese Entscheidung alles von uns abverlangt, um da in der Spur zu bleiben, ist offensichtlich. Der Dienst an der Wahrheit ist der härtes-
te Dienst – der Dienst an den Tieren ist härter.
Meine Diagnose mag hart erscheinen – aber sie ist heil-
sam. Denn wer sich nicht länger belügt, kann sich befreien. Wer erkennt, dass das Argument gegen Machtstrukturen ins Leere läuft, wird beginnen, eben diese
Strukturen zu hinterfragen. Wer begreift, dass der Verrat an den Tieren kein Unfall, sondern System ist, wird
sich neu ausrichten – oder untergehen.

Diese Abrechnung ist kein Abgesang. Sie ist ein Auftakt.
Ein weiteres Buch wird diesen Faden aufnehmen und in
einer Vielzahl konstruktiver Essays darlegen, wie eine
kompromisslose, wirklich emanzipatorische Tierrechtsbewegung aussehen kann: intellektuell klar, den Opfern
loyal – und strategisch klüger.

Tierrecht beginnt dort,
wo die Selbsttäuschung endet.

DIE AUTORIN

Silke Ruthenberg ist ihrer Zeit voraus.

Bereits in den 1990er Jahren etablierte die vegane Veteranin und Mutter der Tierrechtsbewegung in Deutschland den Veganismus als gesellschaftliches Thema und verschaffte mit der von ihr geführten Organisation Animal Peace dem Tierrecht einen bis dahin nie dagewesenen öffentlichen Auftritt. „An ihr kommt selbst die Tages-

schau nicht vorbei", schrieb der Biograph von Kurt Biedenkopf und Edmund Stoiber, Peter Köpf, in seinem Buch über die Tierrechtsbewegung jener Zeit.

Mutig und unbeirrbar wie eh und je setzt Ruthenberg auch heute noch einzigartige Meilensteine für das Tierrecht. Sie baut dabei auf die wirklichkeitsstiftende Kraft der Sprache und verbindet sie mit Kenntnisreichtum, Humor, Leidenschaft und Logik zu einem Manifest für die Interessen der Tiere.

BÜCHER DER AUTORIN

SILKE RUTHENBERG

AM ANFANG WAR DAS WORT
ÜBER DIE UNTERJOCHUNG DER
TIERE UND DIE ETHIK IHRER BEFREIUNG
Verleumdet, diskriminiert, vernichtet! Tiere haben von ihren mächtigen zweibeinigen Stammesbrüdern nichts Gutes zu erwarten. Diese Sammlung an Abhandlungen bietet einen Überblick über die Manipulationen und das vielschichtige Lügengebäude, mit denen die Gewaltherrschaft über die Tiere eingeleitet und gleichzeitig unsichtbar gemacht wird.
Als Begründerin der Tierrechtsbewegung in Deutschland ist Silke Ruthenberg eine Ikone des neuen Verständnisses gegenüber den anderen Arten. Sie analysiert kenntnisreich und systematisch, auf welcher Grundlage die Gewaltherrschaft über die Tierheit ruht, und sie hält dagegen: Leidenschaftlich und liebevoll ergreift sie das Wort für die Tiere und plädiert für eine Ethik, die ihnen gerecht wird. Wer Tiere und ihre Rechte verstehen will, findet in diesem Buch verständliche und überzeugende Antworten.
220 SEITEN, 1 AUFLAGE 2024
TASCHENBUCH ISBN 9-783-7583-6497-6 € 12,95

SILKE RUTHENBERG

UND DIE TREUE
SIE IST DOCH KEIN LEERER WAHN
BRANDREDEN FÜR TIERE

Diese Sammlung an Brandreden für Tiere ist ein Lesegenuss für alle, denen die Sache der Tiere ein Anliegen ist. Die scharfsinnigen Texte der ‚Mutter des Tierrechts' setzen sich mit bekannten Tierschicksalen auseinander, darunter das Walross Freya, die verbrannten Affen im Zoo von Krefeld und der angebliche Killerhund Chico. Mit zielsicher gesetzten Tabubrüchen entlarvt die Autorin die Doppelbödigkeit gesellschaftlich etablierter Moral und erweitert systematisch die Grenzen des Sagbaren. Sie schafft damit einen neuen Raum des Denkens, in dem eine gerechtere Welt für Tiere überhaupt erst Gestalt annehmen kann.
208 SEITEN, 1 AUFLAGE 2022
TASCHENBUCH ISBN 978-3756821013 € 12,95

Silke Ruthenberg
ÜBERTIERE
Enzyklopädie der Gefühle und Gedanken
der Tiere von der Ameise bis zum
Artgenossen

Die Verleumdung geht der Vernichtung
voraus: Tiere hätten keine Kultur, keine Sprache, keine Moral, kein Selbstbewusstsein, keine Vernunft, keinen freien
Willen. Deshalb dürften wir mit ihnen machen, was wir wollen. Dieses Buch deckt
anhand von über 500 wissenschaftlichen
Quellen die große Lüge vom dummen,
gefühllosen und unbewussten Tier auf. Die
Grenze zwischen Menschen und allen anderen Tierarten ist ein
Hirngespinst. Von der Mücke bis zum Menschenaffen verbindet uns
eine gemeinsame Struktur, die uns durch das Leben leitet: die der
Gefühle und Gedanken. Die Wahrheit über den Verstand der Tiere,
gesammelt und respektvoll aufgeschrieben von einer „Legende des
deutschen Tierschutzes" (AGRARHEUTE), der Begründerin der Tierrechtsbewegung in Deutschland.

600 Seiten, 1. Auflage 2022
Taschenbuch ISBN9-783-7568-2824-1 € 22,-
Hardcover ISBN 783-7568-2820-13 € 36,-